U0446570

后冷战时代东盟国家的对冲战略研究
——以菲律宾、马来西亚和老挝为例

Hedging Strategies of ASEAN Countries in the Post-Cold War Era:
The Cases of Philippines, Malaysia, and Laos

杨美姣 著

中国社会科学出版社

图书在版编目（CIP）数据

后冷战时代东盟国家的对冲战略研究：以菲律宾、马来西亚和老挝为例 / 杨美姣著. -- 北京：中国社会科学出版社，2025.1. --（中国社会科学博士后文库）.
ISBN 978-7-5227-4272-4

Ⅰ.D833.0

中国国家版本馆 CIP 数据核字第 20248UN913 号

出 版 人	赵剑英
责任编辑	侯聪睿
责任校对	李　莉
责任印制	李寡寡

出　　版	中国社会科学出版社
社　　址	北京鼓楼西大街甲 158 号
邮　　编	100720
网　　址	http：//www.csspw.cn
发 行 部	010-84083685
门 市 部	010-84029450
经　　销	新华书店及其他书店
印　　刷	北京君升印刷有限公司
装　　订	廊坊市广阳区广增装订厂
版　　次	2025 年 1 月第 1 版
印　　次	2025 年 1 月第 1 次印刷
开　　本	710×1000　1/16
印　　张	15
字　　数	256 千字
定　　价	79.00 元

凡购买中国社会科学出版社图书，如有质量问题请与本社营销中心联系调换
电话：010-84083683
版权所有　侵权必究

第十一批《中国社会科学博士后文库》编委会及编辑部成员名单

（一）编委会
主　任：赵　芮
副主任：柯文俊　胡　滨　沈水生
秘书长：王　霄
成　员（按姓氏笔画排序）：

卜宪群　丁国旗　王立胜　王利民　王　茵
史　丹　冯仲平　邢广程　刘　健　刘玉宏
孙壮志　李正华　李向阳　李雪松　李新烽
杨世伟　杨伯江　杨艳秋　何德旭　辛向阳
张　翼　张永生　张宇燕　张伯江　张政文
张冠梓　张晓晶　陈光金　陈星灿　金民卿
郑筱筠　赵天晓　赵剑英　胡正荣　都　阳
莫纪宏　柴　瑜　倪　峰　程　巍　樊建新
魏后凯

（二）编辑部
主　任：李洪雷
副主任：赫　更　葛吉艳　王若阳
成　员（按姓氏笔画排序）：

杨　振　宋　娜　陈　莎　胡　奇　侯聪睿
贾　佳　柴　颖　焦永明　黎　元

《中国社会科学博士后文库》
出版说明

为繁荣发展中国哲学社会科学博士后事业，2012年，中国社会科学院和全国博士后管理委员会共同设立《中国社会科学博士后文库》（以下简称《文库》），旨在集中推出选题立意高、成果质量好、真正反映当前我国哲学社会科学领域博士后研究最高水准的创新成果。

《文库》坚持创新导向，每年面向全国征集和评选代表哲学社会科学领域博士后最高学术水平的学术著作。凡入选《文库》成果，由中国社会科学院和全国博士后管理委员会全额资助出版；入选者同时获得全国博士后管理委员会颁发的"优秀博士后学术成果"证书。

作为高端学术平台，《文库》将坚持发挥优秀博士后科研成果和优秀博士后人才的引领示范作用，鼓励和支持广大博士后推出更多精品力作。

《中国社会科学博士后文库》编委会

摘　要

冷战结束后，国际政治局势发生了深刻转变。新冠疫情的全球大暴发和其他诸多"战略意外"事件的频发，使得"百年未有之大变局"之下的国际社会更加不稳定、不确定和不明确。冷战后东南亚地区整体结构性压力的下降使得普遍采取对冲战略日益成为东盟中诸多国家的基本战略事实，也逐渐凸显了其国家战略的典型特征。本书的核心问题是：冷战后，为何东盟国家普遍采取对冲战略？在逻辑推导和案例验证的综合下，本书认为，后冷战时代中美之间的包容性竞争取代了冷战时期美苏之间的对抗性竞争，降低了东盟国家的外部结构压力，使其获得了进行对冲的战略空间，东盟国家普遍采取对冲战略以更大限度地维护本国及本地区利益。同时，国家能力的强弱和特定时期结构压力的变化则影响着具体的对冲形态和强度。

本书以新古典现实主义国际关系理论为依据，通过适度调整其中某些关键变量，提取出结构压力和国家能力两大变量，尝试构建了新的理论分析模型。这一理论模型囊括了体系、国家和个人三个层面的因素要件，同时兼顾到了主、客观两个方面的影响条件，理清了影响东盟国家战略选择的主要逻辑。本书提出了两大关键假设来解释东盟国家在后冷战时代普遍实施对冲战略的诱因。

为了证明本书研究问题的重要性，本书首先将东盟作为一个整体对其战略演变历程进行了探析，详细阐述了东盟自成立以来四个阶段所采取的战略抉择和表现，分别体现为争取中立但向美国倾斜；实行典型的对冲战略；向美日倾斜，但初心未改；实行对冲但挑战严峻。经过论证发现，始于"中立"、终于"对冲"

的东盟以特有的东盟方式创造性地、妥协性地、创新性地发挥着小国大道的影响。之后，本书根据后冷战时代国际局势的变化和东盟国家的现实情况，将冷战后东盟国家大体划分为三个类型：从对冲转为战略调整并倾向追随的国家、稳定对冲的国家和由追随到试图转变成对冲的国家。通过对意识形态、对冲的强度和形态、政治体制及与中美两国关系的把握，本书分别从这三类国家中各选取一个典型国家作为代表性案例进行考察，即菲律宾、马来西亚和老挝。继而，本书从三国的结构压力（包括国际环境和相对权力）和国家能力（包括国家实力和战略意图，前者包括经济实力和军事实力，后者包括战略文化和领导人认知）这两大变量及其包含的六大要素出发，对东盟国家与中美之间的非对称性权力关系结构、三国采取或偏离对冲战略的侧重点和依据、三国的战略目标及对冲战略的经验等情形进行了深入探究。

通过比较典型案例，本书不但证实了之前的解释性假设，而且也对东盟国家战略的特征、选择机制和规律有了崭新的且更为深入的认识。虽然对冲战略的实施早已成为国际社会的普遍现象，但国内外学术界对此现象的研究依然不充分。重新梳理后冷战时期东盟国家的战略进程对于理解动荡时代的权力过渡转移、非对称性权力关系、大国如何实施反对冲及其有效性、国际政治结构再认识及应对"一带一路"倡议深化实施过程中的挑战等问题都具有较强的启示价值。

总体而言，本书有以下创新之处：在新古典现实主义国际关系理论的基础之上尝试建构了新的分析模型，并验证了其学理解释力；尽可能全面而系统地研究了对冲理论，在一定程度上进一步拓展了对冲理论的深度和广度；尝试以对冲这一新视角分析东盟国家的战略演变历程及不同国家的对冲形态和强度。这一研究对于人们重新认识东盟国家战略和国际政治现状提供了某种意义上的新思路。

关键词：对冲战略　新古典现实主义　包容性竞争　东盟国家

Abstract

Since the end of the Cold War, the international political pattern has undergone profound changes. The emergence of the COVID – 19 and the frequent occurrence of many other "strategic surprises" have made the international community more unstable, uncertainable and unclear under the "unprecedented changes of the century". The widespread adoption or tendency to hedging strategy has increasingly become a basic strategic fact for many ASEAN countries and has gradually be a typical feature of their national strategies. The core question of this paper is: Why do ASEAN countries generally implement hedging strategies in the post-Cold War? Under the analysis of logical deduction of international relations theories and verification of international political realities, this paper figures out that the inclusive competition between China and the United States in the post-Cold War era has replaced the confrontational competition between the United States and the Soviet Union in the Cold War, which has reduced the external structural pressure on ASEAN countries, therefore these countries have gained the space to generally adopt hedging strategies. Against the background of independent and autonomous diplomatic pursuits and the reality of weak powers, ASEAN countries generally adopted hedging strategy. At the same time, the difference of state capabilities within ASEAN countries and the changes in perceived structural pressures at a given time affect the specific hedging shape and intensity.

This paper attempts to create a new theoretical analysis model based on neoclassical realism with some key variables adjusted appropriately. This theoretical model includes systemic level, national level, and individual level, while taking into account both subjective and objective influencing conditions. By analyzing structural pressures and national capabilities, this paper clarifies the main variables that influence ASEAN countries' strategic choices. This paper proposes two key hypotheses to explain the factors influencing the widespread implementation of hedging strategies by ASEAN countries in the post-Cold War era.

In order to prove the existence of the problem studied in the thesis, this paper firstly explores the evolution of ASEAN's strategy, detailing the strategic choices and performance adopted by ASEAN since its establishment, namely, from the establishment of ASEAN to the end of the Cold War: embodied in the fight for neutrality but tilted toward the U. S.; from the end of the Cold War to the financial crisis in 1997: a typical hedging strategy; the third phase is from 1997 to the beginning of the 21st century: tilted toward the U. S. and Japan, but the original intention has not changed; the fourth phase is from the beginning of the 21st century to the present: hedging but with serious challenges. The argument finds that ASEAN, which started with "neutrality" and ended with "hedging", has been struggling to play an important role in the hedging path. ASEAN has been creatively, compromisingly, and innovatively practicing the Way of Small States in the ASEAN way.

Then, based on the changes in the international situation and the realities of ASEAN countries in the post-Cold War era, this paper classifies ASEAN countries into three categories: countries that have shifted from hedging to following, countries that have stabilized hedging, and countries that have ranged from following to trying to hedge. By grasping the ideology, the intensity and form of hedging, the political system and the relationship with China and the United States, this paper selects one typical country from each of these three categories as a representative case for examination, namely, the Philippines, Malay-

Abstract

sia and Laos. Following that, this paper examines the structure of asymmetric power relations between ASEAN countries and China and the United States, the focus and rationale for the three countries' adoption or deviation from hedging strategies, the three countries' strategic goals and experiences with hedging strategies, and other situations are explored in depth.

By comparing typical cases, this paper not only confirms the previous explanatory hypotheses, but also provides a new and more comprehensive understanding of the characteristics, selection mechanisms and patterns of ASEAN countries' strategies. Although the implementation of hedging strategies has long been a common phenomenon in the international community, the phenomenon is still under-researched in domestic and international academia. The strategic process of ASEAN countries in the post-Cold War period is of strong revelatory value for understanding the transition of power in turbulent times, asymmetrical power relations, how China implements hedging and its effectiveness, the coping strategies of small states in the competition among major powers, and the reconceptualization of the international political structure.

Overall, this paper has the following innovations: it attempts to explain the foreign strategies of ASEAN countries in the post-Cold War era with a new scientific analytical model based on neoclassical realist international relations theory; it tries to reorganize and explain the strategic evolution of ASEAN and different types of countries within it; and it thoroughly and systematically examines the hedging theory that has become a typical national strategy as much as possible. This research provides some sense of new ideas for reconceptualizing the current state of ASEAN national strategies and international politics.

Key Words: Hedging Strategy, Neoclassical Realism, Inclusive Competition, ASEAN countries

目　录

第一章　导论 …………………………………………………… (1)
　　第一节　提出问题 ………………………………………… (4)
　　第二节　研究意义 ………………………………………… (7)
　　第三节　文献回顾 ………………………………………… (10)
　　第四节　研究设想 ………………………………………… (20)
　　第五节　本书的创新与不足 ……………………………… (28)
　　第六节　结构安排 ………………………………………… (32)

第二章　东盟国家对冲战略的理论分析框架 ………………… (34)
　　第一节　相关概念的界定 ………………………………… (35)
　　第二节　东盟国家的战略选择及调整对冲战略的动因 … (57)
　　第三节　作为整体的东盟之外交方式和对冲形态 ……… (65)
　　第四节　案例选择 ………………………………………… (77)
　　第五节　小结 ……………………………………………… (83)

第三章　菲律宾：从对冲到战略调整 ………………………… (85)
　　第一节　冷战结束至今菲律宾国家战略调整的原因 …… (87)
　　第二节　菲律宾国家战略转变的具体表现 ……………… (98)
　　第三节　菲律宾国家战略的可能发展趋势 ……………… (113)
　　第四节　小结 ……………………………………………… (119)

第四章　马来西亚：稳定对冲 ………………………………… (121)
　　第一节　稳定对冲的原因 ………………………………… (122)

第二节　稳定对冲的具体体现 …………………………（134）
　　第三节　马来西亚国家战略的可能发展趋势 …………（145）
　　第四节　小结 ……………………………………………（150）

第五章　老挝：从追随到对冲 …………………………………（152）
　　第一节　从追随到对冲的原因 …………………………（153）
　　第二节　从追随到对冲的具体体现 ……………………（164）
　　第三节　老挝国家战略的可能发展趋势 ………………（175）
　　第四节　小结 ……………………………………………（184）

第六章　结论 ……………………………………………………（186）
　　第一节　比较东盟国家的对冲战略 ……………………（187）
　　第二节　东盟国家战略选择的机制和启示 ……………（193）
　　第三节　对核心问题的综合回应 ………………………（200）
　　第四节　未来的研究 ……………………………………（203）

参考文献 …………………………………………………………（206）

索　引 ……………………………………………………………（217）

后　记 ……………………………………………………………（220）

Contents

Chapter 1　Introduction ·· (1)

Section 1　Problem Statement ·································· (4)
Section 2　Research Significance ································ (7)
Section 3　Review of Literature ································ (10)
Section 4　Research Design ···································· (20)
Section 5　Innovations and Limitations of the Thesis ·············· (28)
Section 6　Structural Arrangement ······························ (32)

Chapter 2　Theoretical Framework for Analyzing ASEAN
　　　　　 Countries' Hedging Strategies ···························· (34)

Section 1　Definition of Relevant Concepts ······················ (35)
Section 2　Strategic Choices of ASEAN Countries and
　　　　　 Motivations for Adjusting Hedging Strategies ·········· (57)
Section 3　ASEAN's Diplomatic Practices and Forms of
　　　　　 Hedging as a Whole ································ (65)
Section 4　Cases Study ·· (77)
Section 5　Summary ·· (83)

Chapter 3　The Philippines: From Hedging to Strategic
　　　　　 Adjustment ·· (85)

Section 1　Reasons for Strategic Adjustment in the
　　　　　 Philippines Since the End of the Cold War ············ (87)
Section 2　Manifestations of the Philippines' Strategic Shifts ······ (98)

Section 3	Future Trends in the Philippines' National Strategy	(113)
Section 4	Summary	(119)

Chapter 4　Malaysia: Stable Hedging (121)

Section 1	Reasons for Stable Hedging	(122)
Section 2	Specific Manifestations of Stable Hedging	(134)
Section 3	Future Trends in Malaysia's National Strategy	(145)
Section 4	Summary	(150)

Chapter 5　Laos: From Following to Hedging (152)

Section 1	Reasons for Shift from Following to Hedging	(153)
Section 2	Concrete manifestations of the Shift from Following to Hedging	(164)
Section 3	Future Trends in Laos' National Strategy	(175)
Section 4	Summary	(184)

Chapter 6　Conclusion (186)

Section 1	Comparing the Hedging Strategies of ASEAN Countries	(187)
Section 2	Implications of ASEAN Countries' Strategic Choices	(193)
Section 3	Comprehensive Response to the Core Issues	(200)
Section 4	Future Research	(203)

References	(206)
Index	(217)
Afterword	(220)

第一章 导论

计利以听，乃为之势，以佐其外。势者，因利而制权也。
——春秋时期杰出军事战略家 孙武

任何政府都不要以为它能选择绝对安全的道路，它必须了解只能采取非常有疑问的道路。因为在日常生活中，每当企图避免某一种困难时，往往就会遭遇另一种困难。所谓谨慎只不过是知道如何辨别困难的性质，并选择祸害较少的途径而已。
——15、16世纪著名政治家、外交家 尼科洛·马基雅维利

冷战后，国际政治体系发生了重大变化，传统的两极冷战格局被打破，形成了一个超级大国以及多个强国及地区国际组织并存的"一超多强"的局面。世界区域一体化的进程在不断加强，在欧洲、东亚、北美、非洲等地形成了多个令人瞩目的区域合作组织或框架。与此同时，美国的主导地位持续受到崛起强国及地区组织的挑战，其影响力在国际政治格局的变革下不断衰落。更重要的是，随着中国综合国力的提升，中国在亚太地区的影响力不断凸显。在冷战思维的主导下，美国认为中国的发展冲击了美国主导的国际政治经济秩序，表现出某种战略焦虑。[1] 为了防范或遏

---

[1] 这里的冷战思维指的是非敌即友、非此即彼、非黑即白、非善即恶的二元对立，是一种源于欧洲传统的形而上学。冷战格局强化了这种二元对立。冷战时期，美苏之间的对抗性竞争不仅体现在两大阵营之间的军备竞赛、意识形态和文化上，还体现在每个阵营内部，即在内部不断甄别敌友。而当今世界一方面体现出高度全球化和某种程度上的统一化，另一方面也呈现出碎片化和原子化，而要认知这种情势非二元对立思维所能完成，需要挑战更多的想象力和创造力。这一观点思想主要受教于戴锦华教授，她认为，二元思维是我们面对现实的悲哀。

制中国，美国将亚太地区视为关系美国命运的战略要地，继而调整其全球战略重心，先后通过"亚太再平衡战略"和"印太战略"实现战略转移。虽然"重返亚太"和"亚太再平衡战略"已成奥巴马政府的遗产，但是自此以后的美国政府都将"印太地区"作为其重要的战略领域。2022年2月白宫发布了《美国印太战略》报告，相对于特朗普时期的《美国印太战略框架》，本报告增加了5页实质性内容。

不仅如此，尤其是近年来，美国更为重视与传统盟友和伙伴国的关系建设，将它们拉入美国构建的"印太"联盟体系的进程不断加快，诸如2021年9月美英澳三国联合发布建立军事安全合作伙伴关系，成立了美英澳联盟（AUKUS），作为美国"印太战略"的一部分发挥影响力；2021年美日印澳四方安全对话（QUAD）恢复，先后举行线上首脑会谈和首次领袖面对面高峰会议，美欧之间也强化了彼此之间的联系，举行第二届美欧"中国议题"对话会并发表将与中国开展"系统性对抗"（system rivalry）的联合声明；2021年年末美国主导所谓全球"民主峰会"闹剧；而五眼联盟也逐渐向应对大国竞争的多边联盟转型等。

在国际政治领域，面对体系中的后起国或新兴大国，其他国家会为了维护自身的安全而做出多种战略选择。对于大国和强国来说，制衡是其能力范围内做出的常见选择；而对于小国和弱国而言，为了获得更多的安全保障，虽然可能会损失部分主权利益和国家能动性，但追随强者或者"搭便车"仍是一个惯常的战略考虑。这些都是基于传统的零和博弈和冷战思维而做出的选择，尤其是在冷战结束之前，这两种国家行为和思维模式更为常见。然而，从20世纪末以来，冷战的结束导致国际格局发生重大变化，除了美国这个超级大国，还出现了诸如中国、印度、德国、法国、俄罗斯、澳大利亚等多个地区性强国，诸如东盟、欧盟等多个地区组织的影响力也在日益增强。中美经贸摩擦的开展和升级、美国单边主义和贸易保护主义的猖獗，都使得国际社会的不确定性、不稳定性和国际局势的不明朗性更加突出。对于以往在美国安全保护伞下的国家而言，美国的霸主地位能够维持多久，以及它所提供的公共产品能够持续多久都是未知数。

新冠疫情在全球范围内的暴发、中美竞合态势的升级、逆全球化现象的不断涌现都刺激了国际社会的原有状态和表现模式，国际政治领域出现了不同于以往的新常态，主要体现为国际政治格局的演进速度明显加快，国际社会的不稳定性和不确定性增强,"战略意外"成为国际环境中的普遍现象。不定时发生的全球公共卫生危机(例如新冠疫情的全球性蔓延)、金融危机(如1997年和2008年的金融危机)、美国的单边主义和连续退群更使许多追随美国或在中美之间对冲的国家重新思考其国家的安全和选择。① 中国经济的崛起为亚太地区尤其是东南亚诸国带来了巨大的发展红利。"一带一路"倡议深化实施以来,东南亚很多国家都与中国建立了紧密的经济合作关系,不管是双方直接投资所带来的合作,还是第三方市场的合作都取得了巨大的成就。在国际政治现实发生重大转变的背景下,作为国际体系中最重要的行为体——国家需要及时做出应对。不仅如此,当代国家的行为选择也更加多样化了,除了制衡和追随,还包括接触、捆绑、推诿责任、软制衡、对冲和有限的联盟。② 其中,对冲战略逐渐凸显了其重要地位,国家在进行战略选择时逐渐摆脱了传统的二分选项,而是采取更为灵活的对冲行为。对冲不仅是当今国际社会中国家行为体普遍采取的战略事实,更是相当一部分国家进行国际交往和国家治理的最优方式。

事实上,自冷战结束后,无论是否是国家的能动性选择,其战略行为早已不局限于制衡或追随,采取或试图采取对冲战略也成为国家的普遍选择。在霸权国不断衰落、国际社会的不稳定性和不确定性上升、公共卫生事件对国家的综合治理能力提出严峻挑战的背景下,对于众多的中小国家而言,它们没有制衡主导国的能力,同时新兴大国与主导国竞争态势的不明朗使得中小国追随原来主导国的意愿也有所下降。反观对冲,它不仅能

---

① 在"美国优先论"和"美国中心论"的指导下,美国不断退出多个多边合作组织,据统计,特朗普政府时期美国退出了11个国际组织和国际条约,主要包括《跨太平洋伙伴关系协定》、《巴黎气候变化协定》、联合国教科文组织、《全球移民协议》、《伊朗核协议》、联合国人权事会、《维也纳外交关系公约》、万国邮政联盟、《中程导弹条约》、《开放天空条约》和世界卫生组织。拜登上台后开始修复美国与世界其他国家之间的关系。

② 相关文献可参见 Alastair Lain Johnston and Robert Ross, eds., *Engaging China: The Management of an Emerging Power*, New York: Routledge, 1999; John Mearsheimer, *The Tragedy of Great Power Politics*, New York: W. W. Norton, 2001; Robert A. Pape, "Soft Balancing Against the United States", *International Security*, Vol. 30, Issue. 1, 2005, pp. 7–45; Evan S. Medeiros, "Strategic Hedging and the Future of Asia-pacific Stability", *The Washington Quarterly*, Vol. 29, Issue. 1, 2005, pp. 145–167; John D. Ciorciari, *The Limits of Alignment*, Washington, DC: Georgetown University Press, 2010; T. J. Pempel, "Soft Balancing, Hedging, and Institutional Darwinism", *Journal of East Asian Studies*, Vol. 10, No. 2, 2010, pp. 209–238。

在一定程度上规避风险，还可能使国家获得某些利益，于是在这种情况下，对冲不仅是世界范围内国家追求自主性的普遍要求，也是国家在复杂的国际环境中维护和发展自身利益的较优选择。在一定范围内，霸权国不得已采用对冲以保持其持续影响力，次等大国用对冲手段减少发展过程中的风险，中小国家也用对冲增强国家自主性，在大国竞争的格局下维持自身利益。基于此，普遍采取对冲战略是国际社会的基本事实，同时也是后冷战时代世界格局的典型特征。

随着美国从奥巴马时代的"亚太再平衡战略"、特朗普的"印太战略"向当前拜登政府的"新印太战略"转变，再加上中国高质量共建"一带一路"倡议的不断深化实施，东盟国家的地区重要性也在不断提升，"印太地区"不仅演变成了中美两国角力的主要场所，也映射着当今国际格局的发展变化。东盟框架内的一些国家，在面对前所未有的形势变化之时，不断调整自己的国家战略，根据地缘政治局势和国家自身的利益考量，不同类型的国家做出了不同的战略选择。有些国家由在中美之间对冲转而进行战略调整，比如菲律宾；而有的国家采取了稳定的对冲战略，比如新加坡、印度尼西亚、泰国、缅甸和文莱；还有一些国家从追随中国逐渐转变为在中美两国之间进行对冲，比如老挝和柬埔寨。在国际政治领域，学者们对于制衡和追随已经有了比较充分和深入的研究，但是对于对冲战略的研究还不是那么充分，不管国家战略形势如何变化，对冲战略都是研究的关键内容，同时东南亚地区又是影响当今世界局势的热点地区，因此这一研究具有重要的学术价值和现实关照意义。通过类型学的分析方式，本书试图搭建影响东盟国家对冲战略的分析框架，同时剖析对冲的形态和强度的变化机制，通过理论分析和实证研究，更加客观和深入地认识当今的国际局势。

第一节　提出问题

本书要解决的核心问题是冷战后，为何东盟国家普遍采取对冲战略？这个问题的提出是基于在冷战期间的两极世界格局中，大多数国家都会在美苏两个阵营中选边站队，通过利益权衡而投靠其中一方阵营，比如菲律宾、马来西亚和泰国站在美国一方，印度尼西亚、缅甸以及越南投身于社会主义阵营之中。1991年冷战结束后，形成了美国一家独大与多个地区性大国共存的国际格局，中国综合国力的提升和国际影响力的扩大使得美国的不安全感不断增加，这也在潜移默化地影响和改变着东盟国家的战略考量。东盟诸多中小国家开始采取典型的对冲战略，在中国和美国之间进行利益选择，虽然在不同时期和不同议题上它们会选择向美国或者中国靠近，但是从冷战后这些国家战略选择的总体趋势来看，对冲战略是其主要特征，也是东盟国家进行战略选择的核心。当然，这并不排除某些国家在特定时期采取追随一国制衡另一国的存在，这也是因为其中的关键变量发生变化，对这些问题的探讨也是本书的重要内容。在这一问题之下可以引发出其他几个小问题，即面对新形势的变化，哪些因素促使这些国家采取或者放弃对冲战略？不同国家的战略出发点有什么不同？不同国家所采取的对冲战略又有什么区别？2019年开始暴发的全球范围内的新冠疫情和美国的单边霸凌行为对这些东盟国家的战略选择有什么样的影响？东盟国家的对冲战略形态和内容又发生了哪些变化？这些都需要本书的深入研究，对本书核心问题的探讨既来自对东盟国家的国家战略变化的甄别和研判，也来自对新古典现实主义国际政治理论的深入把握。

之所以提出这些问题，是因为在传统的国际关系中，制衡和追随是国际社会行为体的惯常选择，学术界关于此两种行为的研究也卷帙浩繁，这种非此即彼的二分法带有某种冷战思维的分析模式，抹杀了对国家行为选择多样性进行研究的可能性。进入21世纪以来，仍有很多学者在惯性之下沿用此种分析方法研究当前的国际形势，同时国家自身也没有意识到其国家行为早已跳脱出传统的制衡和追随框架，所以用传统的二分法逻辑显然已不符合国际社会现实和学术发展的需要。采取对冲行为已经成为国家战略的普遍事实和典型特征，对此进行深入而详细的研究也是学术发展和理解国际政治发展局势的题中之义。

国际社会不是铁板一块，而是有不同类型和不同层次阶段的行为体，国家就是其中最重要的行为体之一。在冷战期间形成了分别以美国和苏联为首的两大集团争夺世界霸权，苏联解体以后，国际社会形成了一超多强的局面。虽然美国综合实力在不断衰退，但仍是唯一的超级大国，多强则包括中国、日本、俄罗斯、澳大利亚、法国等，它们作为地区大国对地区发展乃至世界局势都发挥了重要的影响力。除此之外，在国际社会中，还有数量众多的中小国家，它们逐渐发展成了大国竞争的争取对象。有一点应该引起注意的是，自冷战结束后，尤其是21世纪以来，不同类型的国家都基于不同目的而采取不同形式的对冲行为。本书以新古典现实主义为理论基础，对一些关键变量进行大胆取舍，建构新的理论分析模型，使得分析影响国家行为的变量得到了进一步的区分和细化。

本书通过对影响国家战略选择的要素进行研究和权衡，得出结构压力和国家能力是影响国家对冲战略的主要变量，并且这两大影响因素的不同程度的变化也会引起对冲战略在形态和强度上的转变。本书以东盟国家为研究对象，在将这些国家进行分类之后，本书从中选取了较为典型的菲律宾、马来西亚和老挝进行验证，之所以选择这三个国家作为研究对象，不仅是因为它们更具典型性，更是因为以下几个方面的原因：第一，从对冲的强度和形态看，菲律宾、马来西亚和老挝分别属于三种不同的对冲类型，菲律宾是东盟国家中从对冲战略转为战略调整并在未来可能倾向追随的典型国家，马来西亚是实施稳定对冲的代表国家，老挝是从追随逐渐转为对冲的国家，所以从研究对冲战略的维度上而言更能体现全面性。第二，从意识形态上看，菲律宾是类似于资本主义形态的国家，老挝是类似于社会主义性质的国家，马来西亚代表的更多的是一种较为混合的状态，所以分别从三种类型中选取一个案例进行分析更具有政治代表性。第三，从与中美两国的关系看，菲律宾是美国的协约盟友，两国在政治、经济、安全防务等领域有较为密切的合作；老挝与中国是"山水相连的友好邻邦"，[1] 两国在2009年建立了全面战略合作伙伴关系，[2] 在"一带一路"倡议的实施中，老挝与中国的合作关系更加强化；马来西亚奉行中立的原则，与中美两国在经贸和安全的不同领域维持友好的合作关系，在中美之间实行对冲战略，以一种等距离外交的模式和大国平衡之术在中美之间斡旋。基于以上原因，本书以菲律宾、马来西亚和老挝为案例具有重要的学术价值和现实关照意义。

本书属于解释性的研究，旨在厘清对冲行为的因果机制。对于传统的

---

[1] 《中国同老挝的关系》，中国新闻网，2013年6月，http：//www.chinanews.com/gj/zlk/2014/01-15/177_2.shtm。
[2] 《中国同老挝的关系》，中华人民共和国外交部，2020年5月，https：//www.fmprc.gov.cn/web/gjhdq_676201/gj_676203/yz_676205/1206_676644/sbgx_676648/。

制衡和追随理论已经有了丰富的研究成果,[①] 但是对于对冲理论的学术研究仍较为欠缺。实际上,对冲行为早已被很多国家运用在其战略中,只是当时在面临大国霸权的压力时,制衡和追随还是两种主要的选择。但是在新的时代背景下,尤其是在当前"百年未有之大变局"的国际环境下,国家面临的国际局势更为复杂,在大多数情况下,国家不必在两个或多个敌对国之间进行绝对的、非此即彼的选择,而是以一种更为灵活的外交方式行事,这就为对冲提供了更多的发展空间。学术界对对冲战略的研究还处于起步阶段,主要围绕对冲的定义和类型或方式展开,即国家面对不同的国际和国内局势做出哪些不同类型的对冲行为。除此之外,还有学者针对对冲能力进行了衡量,但是衡量的标准选择并不统一,因此对于国际政治领域的对冲行为研究还需要进一步的深化,同时对东盟国家的战略研究也是认识和把握国际局势演变的重要方面,而这也是本书所致力要完成的研究目标。

第二节　研究意义

考察冷战后东盟国家的战略变化和对对冲战略的研究具有丰富的现实关照意义和重要的理论价值。首先从现实意义来看,第一,本书总结了新时期以来一些国家在中美之间进行外交斡旋的现实经验。冷战结束后,中国综合国力不断增强,尤其在亚太地区的影响力不断提升,美国为了防范中国不断上升的地区和全球影响力,避免其威胁自身地区乃至全球利益,实行战略转移,实施"重返亚太战略",以牵制中国的发展。结合中美两国竞合态势的变化和本国的国家利益,东盟国家需要因势及时地做出战略

[①] 在国际政治中,关于制衡和追随的研究成果卷帙浩繁,现在列举其中部分资料:[美]肯尼思·华尔兹:《国际政治理论》,信强译,上海人民出版社2008年版;[美]汉斯·摩根索:《国家间政治:权力斗争与和平》,郝望等译,北京大学出版社2006年版;[美]詹姆斯·多尔蒂、[美]小罗伯特·普法尔茨格拉夫:《争论中的国际关系理论》,阎学通、陈寒溪等译,世界知识出版社2013年版;[美]塞缪尔·亨廷顿:《文明的冲突与世界秩序的重建（修订版）》,周琪译,新华出版社2010年版;Robert Axelrod and Robert Keohane, "Achieving Cooperation under Anarchy: Strategies and Institutions", *World Politics*, Vol. 38, No. 1, 1985, pp. 226 – 254。

调整，努力寻求一种既能利用中美两国的优势又能在意外事件出现时全身而退的策略，东盟国家在现实中也确实开展了这样的行动，较为突出的是普遍的对冲行为，只是不同国家采取的对冲强度不同而已。分析对冲行为产生和变化的原因及条件，有助于为我们解释在当前的国际背景之下，特定国家采取特定行为的原因。这对中国公共外交的开展将会有重要的启示意义。

第二，获得中国处理与美国的冲突以及与其他国家关系的政策启示。中国实力和地位迅速上升，这给"一超多强"模式中的美国霸权带来了战略压力和不安全感。美国竭尽所能地压制中国可能带来的挑战，在两国交往中难免出现摩擦和矛盾，两国的竞争也远远超出了贸易领域，向着高新科技、人工智能、芯片技术等领域扩展。除此之外，基于地缘政治因素、意识形态因素、国家利益、权力观等原因，中国与其他一些国家也存在意见上的分歧，所以在"一带一路"倡议不断深化和拓展的过程中，中国需要一些实效的政策启示来帮助应对这些挑战。对对冲战略的研究能帮助我们更客观和理性地看待与别国的现实关系及地区局势，寻找得当的策略，通过这种方式维护和增强国家利益，提升中国在国际社会中的威望。

第三，预测国际政治格局未来一段时间可能的发展趋势。在美国贸易保护主义和单边霸凌之下，中国、东盟国家、英国、法国、俄罗斯等国会采取什么战略？拜登政府上台后，中美之间的竞合态势有了新变化，美国联合其亚太域内外盟伴国建立或加强诸如美日菲三边峰会、美日韩三边框架、美英澳联盟（AUKUS）、美日印澳四国集团（QUAD）、美日菲澳四国防长会谈、美加新英澳五眼联盟（FVEY）、美日澳英新"蓝色太平洋伙伴"（PBP）等众多"小多边"机制，形成跨太平洋、大西洋、印度洋的三洋联动之势，遏制中国的发展和影响力。对于中国而言，中美竞争和摩擦早已从经贸领域扩展到了其他诸如高科技、数字、人工智能等领域，中国对美国采取对冲战略在强度上是否会与其他国家有差异？其他国家或地区组织，尤其是东盟和日本在中美之间会做何反应？在厘清了影响对冲行为产生的原因以及变化的条件基础上，可以为这些现实问题做出较为合理的判断提供重要的思考路径。

除了显著的现实意义之外，研究东盟国家的对冲战略还具有明显的理论价值。第一，扩展当前国际体系下对国家行为选择的研究。冷战的结束对国际体系产生了深远影响，国际体系从原来的两极格局转变成了"一超多强"的政治体系，后疫情时代的中美竞合关系成为国际政治的常态，也对国际局势产生着不可估量的影响，这一重大现实的变化需要我们从理论上进行深入的研究。一方面需要进一步研究当前国际体系的状态所产生的效应，另一方面需要从传统的制衡—追随二分国家行为模式中跳脱出来，将对冲战略嵌入研究的主题中。同时需要运用现实的发展来检验和丰富对冲理论，从而建立更为丰富的国家行为理论分析框架。

第二，推进现实主义理论的发展。现实主义经过传统现实主义和结构现实主义的发展取得了丰硕的成果，[①] 后来的新古典现实主义也进一步为现实主义增加了研究思路，[②] 不管是哪个阶段的发展，其研究的核心都是外交政策和国家行为。本书在这些研究成果的基础上，通过分析对冲的产生和强弱变化条件，试图为现实主义理论的发展提供更为合理的研究路径和更科学的理论解释。

第三，加深对无政府状态下国际社会中国家战略的研究。即使在当今"百年未有之大变局"的背景下，无政府状态的国际社会依然没有发生根本变化，国际社会行为体为了自身的生存和发展，其外部行为具有多样性。现有的研究大部分集中在制衡和追随战略上，为了实现均势，国家在做出行为选择时也更多局限在这两种模式内，但是新时期新的国际情况为国家在选择模式方面提供了更多的可能性。对冲是一种既合时宜又具有发展空间的战略选择，这就激发了学者对无政府状态、国家的战略选择更深入的思考和研究。

总之，以新古典现实主义为理论出发点，建构更为科学的理论模型，对冷战后的国际政治现实进行分析和解释意义更为显著。在重要的现实意义和理论价值之下，本书将对冷战后东盟国家的对冲行为进行深入而细致的研究。

[①] 传统现实主义以汉斯·摩根索为代表，其代表作为《国家间政治：权力斗争与和平》，结构现实主义以肯尼思·华尔兹为代表，其代表作为《国际政治理论》。
[②] 新古典现实主义代表人物为诺林·里普斯曼，其观点主要体现在［加］诺林·里普斯曼、［美］杰弗里·托利弗、［美］斯诺芬·洛贝尔：《新古典现实主义国际政治理论》，刘丰、张晨译，上海人民出版社2017年版。

第三节　文献回顾

虽然对冲行为在国际政治领域的研究中还很欠缺，但是由于其更为合理和科学地解释了当代国际社会中国家行为体的种种行为选择，所以对冲战略有很大的发展前景。在既有的研究中，国内外关于对冲行为动因的分析主要包括以下几个方面，分别是针对一般对冲逻辑动因及方式的分析和区域及国家的对冲战略分析。

一　关于国家对冲战略动因研究的一般逻辑

在既有的关于对冲的研究中，进行一般意义上的分析较少，其中比较典型的有以下一些观点。布鲁克·特斯曼（Brock Tessman）从全球实力分布体系提出了一种对冲理论，他认为极的数量和权力集中的趋势建构了次等大国的行为，美国主导的单极霸权不断衰落，而在这一过渡的过程中，次等大国没有制衡它的能力，也缺乏追随的意愿，在这种背景下，对冲就成了次等大国的最优战略选择，这一方面有助于避免与美国的正面冲突，另一方面也可以通过合纵或自身发展而为自己国际影响力的提升创造机会。[①] 陈宗岩和杨昊认为不同国家由于对中国的威胁认知和与中国保持经济交往的预期不同而采取不同的对冲行为，威胁认知和经济交往预期的高低产生的对冲偏好强弱不同，[②] 这两个变量均从主观方面解释了对冲行为的产生，但是因为认知有时候会产生偏差，所以这种变量分析方式并不能客观地理解对冲行为。

王栋引用了相对能力和威胁认知两个变量来解释国家行为体的对冲行为，认为相对能力对国家实施对冲战略的形式起到了决定性作用，而威胁

[①] Brock Tessman, "System Structure and State Strategy: Adding Hedging to the Menu", Security Studies, Vol. 21, No. 2, 2012, pp. 192 – 231.

[②] Ian Tsung-Yen Chen and Alan Hao Yang, "A Harmonized Southeast Asia? Explanatory Typologies of ASEAN Countries Strategies to the Rise of China", The Pacific Review, Vol. 26, No. 3, 2013, pp. 265 – 288.

认知影响国家实施对冲行为的强度，当两个变量指标都比较高时，国家对冲的强度也就越高，随着威胁认知和相对能力二者强度的变化，国家的对冲形态也会发生变化。王栋认为国家在实施对冲战略时可以组合五种方式或类型，即接触、网住/束缚、防范、牵制和制衡。① 虽然他想要搭建对冲行为的一般理论框架，要兼顾国际体系中的所有国家类型，并给出了主客观两个分析变量来解释对冲行为的发生，但是在自变量的选择上仍存在一定的问题。按照作者的观点，当对冲国和被对冲国之间的相对能力差距大，并且威胁认知高的时候，此时的对冲倾向和对冲强度也是最高的，这一方面否认了当威胁认知足够高时，国家可能转而实施制衡或追随战略，而不是在对冲框架下选择某种组合形式；另一方面，威胁认知并不一定能转化成对冲这一政策反应，还与国内的诸多因素有关，比如领导人的意象、国内制度、国家的战略文化、国家与社会的关系等。②

二 区域及国别对冲战略动因的研究

（一）关于美国对冲行为的研究

除了以上从对冲行为产生的一般逻辑方面进行的研究外，还有诸多研究聚焦于区域与国别。伊文·莫德若斯（Evan S. Medeiros）认为在亚太地区，中美两国实行的是相互对冲策略，两国都采用合作性对冲和竞争型对冲的形式，一方面利用接触和一体化战略；另一方面强调现实主义，均与亚太国家加强外部合作（安全和经济层面）。③ 美国通过采取一系列合作性和竞争性的对冲策略试图将中国纳入现有国际体系的规则、规范或制度中，通过双边或多边的交往塑造中国，或者将中国"社会化"，同时又不想让中国改变亚太地区的安全秩序现状，阻止中国用强制或武力追求其利益。④

---

① 王栋：《国际关系中的对冲行为研究——以亚太国家为例》，《世界经济与政治》2018年第10期。
② [加]诺林·里普斯曼、[美]杰弗里·托利弗、[美]斯诺芬·洛贝尔：《新古典现实主义国际政治理论》，刘丰、张晨译，上海人民出版社2017年版，第6—33页。
③ Evan S. Medeiros, "Strategic Hedging and the Future of Asia-pacific Stability", The Washington Quarterly, Vol. 29, Issue. 1, 2005, pp. 145–167.
④ David M. Lampton, "Paradigm Lost: The Demise of Weak China", National Interest, No. 81, 2005, pp. 67–74.

理查德·威兹（Richard Weitz）站在美国的立场上研究了应该如何对冲中国的崛起，通过分析中国的相对军事能力和外交政策意图列出了未来中国可能在东亚的角色，并在此基础上认为遏制和完全认同的策略存在缺陷，需要进行历史性的思考，提出了构建或塑造政策和对冲或应急策略。[①]

上述学者都是站在美国的立场上分析中国可能在未来扮演的角色，这种分析有一定的概括性，但是其逻辑出发点仍是美国立场，没有换位思考中国的真实现状，仍是以一种冷战思维考量中国，没有认识到中国一以贯之的和平发展战略文化，美国也是以一种霸权国家的心态分析国际形势，所以这种分析存在偏颇之处。

（二）关于除美国之外的国家对冲行为的研究

在对美国之外国家的对冲行为研究的成果中，相当大一部分集中在对中国的研究，除此之外还有对韩国、日本、澳大利亚等国的研究。

（1）关于中国对冲战略的研究。萨拉曼（Mohammad Salman）等人认为中美在中东地区也展开了对冲竞争，美国在中东地区实行"硬实力"战略，而中国则基于以下几个原因对冲美国：首先，中国不会与美国展开军备竞赛，否则可能会对国内政治发展带来不良影响，冷战时期的苏联就是前车之鉴，[②] 所以中国更倾向于选择更为灵活和有弹性的外交处理方式。其次，一方面中国的经济发展和通胀深受中东事件引起的国际油价的影响，另一方面中国仍比较严重地依赖国际石油市场，[③] 所以会比较看重与中东国家的关系。最后，美国在中东地区的影响力不断衰退，但是在此过程中，美国的势力对于中东地区乃至国际油价都具有深远而重大的影响，在这一背景下，中国需要巧妙地平衡与两者的关系，在能源安全、伊朗核问题、恐怖主义、地区结构和西亚北非动荡问题上与美国展开对冲，因为这些都是影响中东地区和美国乃至全球安全的重要问题，所以在这些领域着力能较好地抓住与该地区和美国交往的关键。[④]

---

① Richard Weitz, "Meeting the China Challenge: Some Insights from Scenario-based Planning," *The Journal of Strategic Studies*, Vol. 24, No. 3, 2001, pp. 19–48.

② Rosemary Foot, "Chinese Strategies in a US-hegemonic Global Order: Accommodating and Hedging", *International Affairs*, Vol. 82, Issue. 1, 2006, pp. 77–94.

③ Yang, Fuchang, "China-Arab Relations in the 60 Years' Evolution", *Journal of Middle Eastern and Islamic Studies*, Vol. 4, No. 1, 2010, pp. 1–15.

④ Mohammad Salman, Moritz Pieper and Gustaaf Geeraerts, "Hedging in the Middle East and China-U. S. Competition", *Asian Politics & Policy*, Vol. 7, No. 4, 2015, pp. 575–596.

除了分析在中东地区中国对冲美国的行为，萨拉曼（Mohammad Salman）还指出了中国开展对冲行为的其他原因，他认为当前国际形势处于不稳定的单极体系之下，权力从原来的集中逐渐开始扩散，原来的第二层面国家都有可能及能力拉近与体系领导者的距离，中国作为一个急剧发展的国家更是如此，但是在这种权力分散的过程中，中国因为本身实力和体系结构的影响还是要避免与体系领导者发生正面冲突，所以对冲战略就成为一个最优战略选择。①

另有学者通过分析东盟国家对中国采取的对冲行为而将中国采取的一系列行为称为反对冲（counter-hedging），其具体举措主要包括站在中国立场上解决南沙群岛争端，尽可能不让非索赔国参与进来；削弱美国与东盟国家间的双边同盟关系，抵抗日本在该地区增强军事作用的行为；加强与东盟国家的政治、军事、基础设施联系；充当该地区经济增长的动力和金融支持者。中国通过倡导多极化和魅力外交的方式在多重问题领域展开对冲东盟国家和美国的行为。

通过上述分析我们可以发现，中国采取对冲行为的对象国或背景都是美国，中国为了维护自身的国际和国内利益，同时又避免与美国发生正面冲突而采取对冲行为，但是这些分析都将中国当成一个挑战美国霸权地位的国家，认为中国当前采取对冲行为是基于形势和现状需要的一种过渡行为，这既不符合中国实际的发展意愿也不符合国际社会的发展事实。

（2）其他国家进行对冲的研究。李继筠（Ji yun Lee）在分析东亚安全问题时以韩国为例进行了介绍，认为韩国实施对冲行为是因为当前中美竞争是国际社会的大背景，处于竞争核心区的亚太地区内的其他国家就需要做出战略选择，这种选择不像战争年代危机紧迫时可以果断地选择合纵还是连横那么简单，因为当今中美虽然在竞争，但是这种竞争态势还不明朗，所以国家在选择时就不能明显地"选边站队"，而只能选择对冲，所以韩国一方面加强与美国的同盟关系、有限追随美国以抑制中国的军事威胁，另一方面遵循经济实用主义加强与中国的经贸合作，加入亚投行等，以抵消未来中美某一国与韩国关系恶化时的战略风险。② 黄黎洪认为韩国

---

① Mohammad Salman, "Strategic Hedging and Unipolarity's Demise: The Case of China's Strategic Hedging", *Asian Politics & Policy*, Vol. 9, No. 3, 2017, pp. 354–377.
② Ji yun Lee, "Hedging Strategies of the Middle Powers in East Asian Security: the Cases of South Korea and Malaysia", *East Asia*, Vol. 34, Issue. 1, 2017, pp. 23–37.

实施对冲与对中美的认知有关，一方面美韩同盟具有深厚的基础，美国影响力的衰落并没有从根本上改变美国对韩国的重要性，尤其是安全领域的重要意义；另一方面中国经济的发展为韩国带来了巨大的红利，中韩经贸合作是影响两国关系的重要因素，所以韩国一边与中国构建战略合作伙伴关系，一边加强与美国的同盟。①

尼古拉斯（Nikolas Vander Vennet）等人认为第二层面的国家对冲的是两种未来的风险，第一种是当和体系领导者的关系恶化时，可能采用军事对抗；第二种是体系领导者衰弱时，不愿意再提供与对冲国安全相关的公共产品或者补贴。可以说这既是它们要对冲的对象也是对冲的原因，国家就是为了避免出现这种情况带来的风险，而在单极体系下对其进行管控和约束。②

而在对日本的研究中主要分为两派，一派观点认为自21世纪以来，日本在中美之间采取了对冲战略，另一派则认为日本并非在对冲，其外交战略较为复杂。认为日本进行对冲的研究包括国家定位说和生存安全说，国家定位说从对国家定位的角度展开分析，添谷芳秀（Yoshihide Soeya）认为日本属于中等强国（middle power），其长远战略应采取一种中等强国的中间路线，中国既给日本带来了风险，也提供了巨大的经济发展机遇，日美同盟在很大程度上从军事上对冲了中国带来的经济危机。③ 洛佩兹（Ll. López i Vidal）和安赫尔（Àngels Pelegrín）认为，在国际政治中，中小国家为了规避风险并追求利益最大化，往往不会采取单纯的制衡或追随战略，而是会实施对冲战略。日本从其国家定位来看属于中等国家，日本的实力没有强到能够制衡中国，也没有弱到需要追随中国的地步，因此处于中间地位的日本采取的是一种混合遏制和接触的对冲战略。④ 生存安全

---

① 黄黎洪：《韩国对中美的对冲战略分析》，《当代世界》2013年第1期。
② Nikolas Vander Vennet and Mohammad Salman, "Strategic Hedging and Changes in Geopolitical Capabilities for Second-Tier States", *Chinese Political Science Review*, Vol. 4, Issue. 1, 2019, pp. 86 – 134.
③ Yoshihide Soeya, "Japan's Middle Power Diplomacy: Postwar Japan's Choices and Conceptions", delivered during the 14th session of the Japan-US future leaders policy dialogue (the Tokyo-Reischauer Group), The Tokyo Foundation for Policy Research, January 15, 2009, https://www.tkfd.or.jp/en/research/detail.php?id=61.
④ Ll. López i Vidal and Àngels Pelegrín, "Hedging Against China: Japanese Strategy Towards A Rising Power", *Asian Security*, Vol. 14, No. 2, 2018, pp. 193 – 211.

说是基于日本的历史经历及危机感展开论述，理查德·萨缪尔（Richard J. Samuels）提出了一种"金发女孩战略"（Goldilocks Strategy），这是一种既不制衡也不追随的中间"刚刚好"策略。此外萨缪尔认为日本需要平衡国家实力与国家自主性之间的关系，不能太依赖美国也不能太受制于中国造成的威胁，只有选择一条中间路线才更有利于日本的安全。① 凯·古贺葵（Kei Koga）从日本的经济和军事因素考量，认为日本在1997年至2005年间及2010年至2017年间实行的都是对冲战略，而冷战后的其他时间均是在制衡中国，他认为需要将对冲放在均势理论的制衡—追随谱系中去定义，对冲是第三种战略选择。②

米歇尔·马斯坦杜诺（Michael Mastanduno）、科里·沃兰斯（Corey Wallance）等学者认为，日本担心会产生被美国抛弃的风险，需强化自身经济和军事实力以及自主性来对冲此风险。③ 米歇尔·格林（Michael J. Green）和本杰明·赛尔夫（Benjamin L. Self）、艾瑞克·赫金博赫姆（Eric Heginbotham）和理查德·萨缪尔、迈克·望月（Mike M. Mochizuki）、杰弗里·霍恩（Jeffrey W. Hornung）等认为日本一切战略的出发点都是日本的国家利益，日本信奉经济自由主义学说，日本与中国的紧密经济联系刺激了双方的共同战略利益，因此繁荣的中国对日本而言是非常有益的。④ 中国学者蔡亮认为日本既想竭力稳定原有秩序又想提升自身国际地位，于是着力构建针对中国的多维对冲安全保障体系和经贸多边制度框架，通过

---

① Richard J. Samuels, "Japan's Goldilocks Strategy", *The Washington Quarterly*, Vol. 29, No. 4, 2006, pp. 111–127.

② Kei Koga, "The Concept of 'Hedging' Revisited: The Case of Japan's Foreign Policy Strategy in East Asia's Power Shift", *International Studies Review*, Vol. 20, Issue. 4, 2018, pp. 633–660.

③ Michael Mastanduno, "Global Costs and Benefits of the U.S.-Japan Alliance: An American View", in Takashi Inoguchi and John Ikenberry eds., *The U.S.-Japan Security Alliance: Regional Multilateralism*, New York: Palgrave Macmillan, 2011, pp. 75–90; Corey Wallance, "Japan's strategic pivot south: diversifying the dual hedge", *International Relations of the Asia-Pacific*, Vol. 13, Issue. 3, 2013, pp. 479–517.

④ Michael J. Green and Benjamin L. Self, "Japan's changing China policy: From commercial liberalism to reluctant realism", *Survival*, Vol. 38, Issue. 2, 1996, pp. 35–58; Eric Heginbotham and Richard J. Samuels, "Japan's Dual Hedge", *Foreign Affairs*, Vol. 81, No. 5, 2002, pp. 110–121; Mike M. Mochizuki, "Japan's Shifting Strategy Toward the Rise of China", *The Journal of Strategic Studies*, Vol. 30, No. 4–5, 2007, pp. 739–776; Jeffrey W. Hornung, "Japan's Growing Hard Hedge Against China", *Asian Security*, Vol. 10, No. 2, 2014, pp. 97–122.

这种对冲策略来实现与中国的兼容性竞争。①

而另有相当一部分学者认为，从安全保障、价值观和地区主导等方面来看，在美国的印太联盟体系中，日本的外交战略并非对冲而是体现了更为复杂的特征。安全保障说的基本观点是日本需要美国为其提供安全保障，而美国恰能满足日本对安全的需求，因此日本采取了明确追随美国的战略。亚当·利夫（Adam Liff）认为日本将中国视为安全隐患而非合作伙伴，为了自身安全考量，日本在明确而坚定地追随美国的策略。②妮弗·林德（Jennifer Lind）认为"二战"后日本一直处于被动地位，无力积极塑造自身周边环境，但它践行了一种推诿责任（buck-passsing）的策略，不会为了迎合美国而增强它认为非必要的军事能力，在美日联盟中也不愿承担更多角色。③价值观说认为，日本与美国具有相似的意识形态和民主观念，价值观上也更加吻合，这些都刺激了日本追随美国的动力。铃木·正吾（Shogo Suzuki）从建构主义的视角指出，日本与美国更亲近源于更多的利益重合、相似的意识形态和民主观念，中国被视为"他者"（other），甚至是潜在威胁。④克里斯托弗·休斯（Christopher Hughes）和辰己由纪（Yuki Tatsumi）等学者认为，日本调整战略及加强与美国之外其他国家的关系也意在强化日美同盟，这是在对美国期待日本在"印太地区"所扮演的角色做出回应。⑤地区主导说基于日本对地区主导权的追求展开了论述，凯瑟琳·达尔皮诺（Catharin Dalpino）认为，美国对东南亚的关注和安全承诺可信度的下降，造成类似于权力真空的形态，东南亚国家希望日本发

---

① 蔡亮：《多维度对冲与兼容性竞争："印太构想"下日本的对华战略剖析》，《日本学刊》2021年第2期。
② Adam Liff, "Unambivalent Alignment: Japan's China Strategy, The US Alliance, and The 'Hedging' Fallacy", *International Relations of the Asia-Pacific*, Vol. 19, No. 3, 2019, pp. 1–39.
③ Jennifer M. Lind, "Pacifism or Passing the Buck? Testing Theories of Japanese Security Policy", *International Security*, Vol. 29, No. 1, 2004, pp. 92–121.
④ Shogo Suzuki, "The Rise of the Chinese 'Other' in Japan's Construction of Identity: Is China a Focal Point of Japanese Nationalism?", *The Pacific Review*, Vol. 28, Issue. 1, 2015, pp. 95–116.
⑤ Christopher Hughes, "Japan's Emerging Arms Transfer Strategy: Diversifying to Re-centre on the US-Japan Alliance", *The Pacific Review*, Vol. 31, Issue. 4, 2018, pp. 424–440; Yuki Tatsumi, "Japan's Defense Policy Decisions in 2018", *The Japan times*, January 2018, https://www.japantimes.co.jp/opinion/2018/01/05/commentary/japan-commentary/japans-defense-policy-decisions-2018/.

挥地区主导作用,而日本也试图在东亚地区发挥主导权。①

韦宗友分析了澳大利亚的对华对冲战略,他认为,澳大利亚当前的对华战略是一种明显的对冲战略,那么澳大利亚为什么实行对冲战略呢?主要有以下几方面的原因,其一,新时期以来,中国综合实力增长迅速,澳大利亚与中国经贸往来密切,中国逐渐成为澳大利亚最大的贸易伙伴国和国际市场;其二,澳大利亚在文化传统和心理认同上一直视自己为西方国家而不是亚洲国家,由于这种文化上的影响它更愿意选择英美西方国家为其提供安全庇护;其三,澳大利亚对中国在澳不断增长的投资感到忧虑,也对中国的战略意图产生怀疑;其四,加强与美国的同盟关系也可能会使得中国不满和产生其他风险。基于上述诸多原因,澳大利亚形成了典型而复杂的对冲关系,一方面它继续加强与中国的政经关系,另一方面深化与美国的安全同盟关系,同时还加强与印度、日本等大国的联系,以提升澳大利亚的战略选择空间,保障国家安全。②

苏科(Sukhee Han)认为在当前形势下,韩国从接触战略已经转变成了对冲战略,韩国之所以对冲中国主要有国际环境的影响、地缘政治的影响和国内的影响。在国际方面,20世纪90年代之后,中国的经济、外交和文化都对东北亚地区产生了深远影响,韩国作为东北亚的一个国家也深受中国的影响,但是与此同时,韩国作为美国在东亚地区的盟国,其在安全上仍然需要美国的保护。在地缘政治方面,韩国与中国地理位置毗邻,中国的发展使其成为韩国最有影响力的邻国,所以韩国需要与强大的邻国维持一个良好的合作关系,而不能在周边树立强大的敌人。在国内方面,卢武铉政府采取了偏向中国的外交政策,这为中韩两国的良好关系打下了基础。③

对于其他国家对冲战略动因的分析给我们提供了更为广阔的分析视角,从中我们可以发现一些共性,在现有的国家研究中,它们对于对冲的研究基本都是以中国为客体,认为正是因为中国经济实力增强、地区影响力提升而挑战了现有的国际秩序和国际体系,所以这些国家既想搭

---

① Catharin Dalpino, "Japan-Southeast Asia Relations: Both Push and Pull: Japan Steps Up in Southeast Asia", *Comparative Connections*, Vol. 19, Issue. 1, 2017, pp. 123 – 130.
② 韦宗友:《澳大利亚的对华对冲战略》,《国际问题研究》2015年第4期。
③ Sukhee Han, "From Engagement to Hedging: South Korea's New China Policy", *Korean Journal of Defense Analysis*, Vol. 20, No. 4, 2008, pp. 335 – 351.

中国发展的便车，又试图防范中国。在这个逻辑中，这些国家想当然地将美国当成一个合理合法的秩序维护者，虽然它们的对冲行为中有对美国采取的一系列举措，但是作者们在分析时无一不是将中国当作对冲的对象，而将美国当作背景。这些研究在逻辑构建中要么存在安全决定论的意味，要么过于强调意识形态的作用，都未能建立科学的分析框架。这一方面体现了当代国际话语体系的滞后性，另一方面也说明了国际社会话语权的获得需要一个过程，这与当今国际格局的过渡转变差不多是同步的，当国家获得了体系主导能力和资格时，国际社会逻辑思维会发生方向性的转变。

3. 关于东盟中小国家的对冲行为研究

郭清水（Cheng-Chwee Kuik）分析了小国的对冲行为，主要以东盟国家对中国的对冲为例。他认为冷战结束后，东盟国家普遍采取了对华对冲策略，因为对冲最恰当地解释了小国在国际社会中的战略选择。小国更偏好选择对冲行为与小国本身的脆弱性有关，小国或弱国比大国和强国更频繁地面对外部压力和不确定性，经常需要在与大国结盟或者疏离中选择。不管国际社会是稳定还是动荡，小国受到的不良影响都会更大，因为在国际稳定时期，小国有可能成为大国合作的牺牲品，而在动荡时期，小国就不得不选边站，不管选择哪边都存在风险，倘若不选边更是身无所依，招致对抗双方的质疑。所以基于小国本身的属性和国际社会的现实，小国不得不进行对冲从而为自身创造更多战略空间，它们会根据自身国家的战略需要组合经济实用主义、捆绑接触、有限追随、否认主导和间接制衡五种措施。东盟国家对华实行对冲的原因也是如此，不管是东盟国家还是东南亚其他中小国家，都是在高风险和高度不确定的环境下进行的应急风险行为。[1]

这种观点较为全面地分析了小国实施对冲行为的原因和特征，既有小国本身的脆弱性和敏感性，又有当前的国际形势，可以说这为我们认识中小国家的对冲提供了较为全面的视角。但是作者认为中小国家对冲的背景是高风险和高度不确定性这一观点还有待商榷，因为国家选择对冲战略是

---

[1] 相关观点可参见，Cheng-Chwee Kuik, "How Do Weaker States Hedge? Unpacking ASEAN States' Alignment Behavior Towards China", *Journal of Contemporary China*, Vol. 25, No. 100, 2016, pp. 500 – 514; Cheng-Chwee Kuik, "Malaysia Between the United States and China: What do Weaker States Hedge Against?" *Asian Politics & Policy*, Vol. 8, No. 1, 2016, pp. 155 – 177.

考虑到有某种国际或国内风险,对当前大国的霸权执政或毗邻国之间的竞争存在不确定性时就会采取不选边站的态度,与竞争的双方或多方行为体都保持一种良好的关系,这是国家生存的需要,也是战略选择的需要,所以不必将国际环境限定在高风险和高度不确定的状态,否则反而会限制对对冲战略的客观认识和研究。

刘丰和陈志瑞认为,东亚中小国家采用对冲战略是因为受到了体系压力和国家战略偏好的影响,东亚地区局势可以分为强弱两种对抗方式,中小国家以自主性、安全和福利为战略目标,在当前地区处于弱对抗的局势下,该地区中小国家没有明显的地区体系压力来选择制衡或追随,同时为了追随国家战略目标,它们会实行一种平衡策略,而对冲战略的持续时间则随着战略偏好的变化和地区结构的转变而发生变动。[①] 罗金义和秦伟业分析了老挝的国家情况,认为当前老挝采取的也是一种对冲策略(他们称之为避险,英文单词为 hedging),老挝由于其体量较小,没有足够维护安全的能力和影响力,它在历史上的特殊时期与中国发展了良好关系,同时意欲加强与越南的关系以平衡对中国的过度依赖,简而言之就是采用相互抵消的政策以维持自己在双方之间的模糊立场。[②] 在马航事件发生后,有学者分析了马来西亚对中国的政策,认为马航事件让马来西亚对中国的矛盾心理和双方的不对称关系增强了,对于马来西亚而言,任何过激行为都是战略上不必要、政治上无效和经济上不明智的。马来西亚实施对华对冲不仅是经济上的实用主义,还因为中马在地理位置上临近,权力不对称,中国将是马来西亚外部环境中的一个永恒存在。[③]

乐洪海(Le Hong Hiep)分析了1991年中越关系正常化之后越南对中国采取的对冲策略,认为越南之所以采取对华对冲行为是基于历史经验(20 世纪 90 年代之后在不断强大的中国影响下,制衡和追随都不符合越南的安全需要,此外越南传统的战略文化也刺激了它采用对冲战略),同时

[①] 刘丰、陈志瑞:《东亚国家应对中国崛起的战略选择:一种新古典现实主义的解释》,《当代亚太》2015 年第 4 期。
[②] 罗金义、秦伟业:《老挝的地缘政治学:扈从还是避险?》,香港:香港城市大学出版社 2017 年版,第 1—20 页。
[③] Cheng-Chwee Kuik, "Malaysia's China Policy after MH370: Deepening Ambivalence amid Growing Asymmetry", in Gilbert Roztn and Joseph Chinyong Liow eds., *International Relations and Asia's Southern Tier*, Library of Congress, 2018, pp. 189-205.

国内和双边情况、国际战略环境和越南外部关系的变化也产生了影响。[1]在这种复杂的因素影响下，越南的对华战略体现出明显的对冲特征。丹尼·罗伊（Denny Roy）则认为，东盟国家对中国的策略已经摆脱了传统的制衡和追随策略，是典型的对冲，但是这种对冲又是一种"低强度的制衡"，这一策略包含一系列的组合方式，一方面低强度地制衡美国，另一方面与中国保持一种有效的合作关系，作者对东盟国家进行分类，菲律宾和新加坡为一类，越南、马来西亚和印度尼西亚是一类，泰国是一类，缅甸是一类，这些国家与中美发展了不同程度的制衡、对冲和追随关系，并将域外大国俄罗斯、日本和印度纳入东南亚地区事务以限制中国，同时它们又与中国发展了一定的经贸关系，以此来抵消地区和国际风险。[2]

上述研究中有分析从历史的角度进行纵向思考，这是一个很好的叙述思路，能够清晰地看出一个国家的战略是怎样转化为或偏离对冲战略的，能从历史中找出一些重要原因；还有学者对东盟国家进行分类，以区分实施对冲的强弱。从东盟国家对冲战略的研究中可以清晰地看到，东盟国家的对冲对象也集中在了中国，但是相对于第二梯队国家而言，这一地区的国家实施对冲战略的原因更为复杂，我们在分析这一区域时需要进行更为缜密的研究和探讨。

第四节　研究设想

本节将主要阐述理论基础、核心假设和研究方法，建立较为完善的研究框架，这对于探究国际政治现象背后的理论机理具有重要意义。

一　理论基础

本书的理论基础是新古典现实主义，但是并没有完全采纳新古典现实

---

[1] Le Hong Hiep, "Vietnam's Hedging Strategy against China since Normalization", *Contemporary Southeast Asia*, Vol. 35, No. 3, 2013, pp. 333 – 368.

[2] Denny Roy, "Southeast Asia and China: Balancing or Bandwagoning?", *Contemporary Southeast Asia*, Vol. 27, No. 2, 2005, pp. 305 – 322.

主义的影响变量,而是根据国际政治现实和理论发展的需要重新对一些变量进行了分化组合。在国际政治中,体系因素和结构性的调节因素都会对国家战略的变化产生重要影响。当国际环境发生某种刺激,需要国家对其作出反应时,国家内部的中介变量发挥着非常重要的作用。不仅如此,领导者个人有时也会对国家某些行为发挥微妙的作用,最为典型的是美国的特朗普政府,相较于美国的历任总统,特朗普的个人性格特征深刻影响了美国的外交政策。[1] 新古典现实主义认为国家是国际社会中最为重要的行为主体,但国家行为的做出又是一个多重复杂的过程,政策反应不仅仅是体系要素的影响结果,国家这个棱镜对此的认知和应对也会带有不同国家类型、强弱各异的国家能力和不同地区的特征。面对相似的国际挑战时,不同国家在认知、制定决策以及政策执行过程中的侧重点会有所不同,国家内部感受到的体系压力和对其约束力会有所区别,做出的行为反应也会大相径庭。[2] 有时国家行为并不是通俗意义上的最优政治选择,而是更具有本国政策惯性或限制的特点,所以在现实主义的理论内核基础上,新古典现实主义重新"找回国家",深刻剖析了国家这个层面的各种影响因素。在这一理论框架中,领导者个人要素也被囊括进了国家这一分析层次,可以说在分析国际关系的过程中主观要素和客观要素都产生了相应的影响。

如图1-1所示,从这一模型可以看出,国家行为的产生需要经过外部因素和内部因素的双重结合作用。当产生某种体系刺激之时,国家结构内部会经过一个认知—决策—政策执行的过程,在此基础上,研究者提取了四个对这一过程产生重要作用的变量,即领导人的意象、战略文化、国家—社会关系以及国内制度,之后变量之间通过相互影响并最终做出了相应的政策反应。从对国家行为过程的分析上来说,新古典现实主义的分析模型涵盖的分析层次更全面、参与要素也更为多样,但是其中还是存在某些问题。首先,在国家这个"黑箱"之中,政策行为需要经过复杂的政治系统,可以将其概括为政治认知、决策和执行,但是选

---

[1] 杰维斯在其著作中指出,在不确定的国际环境中,由于诸多内外因素的影响,决策者很容易产生错误知觉,领导者个人的性格特征和认知有时也会在国家的政策中有所体现,详见 Robert Jervis, *Perception and Misperception in International Politics*, Princeton University Press, 1976。
[2] Norrin M. Ripsman, Jeffrey W. Taliaferro, Steven E. Lobell, *Neoclassical Realist Theory of International Politics*, Oxford University Press Inc, 2016, pp. 26-33.

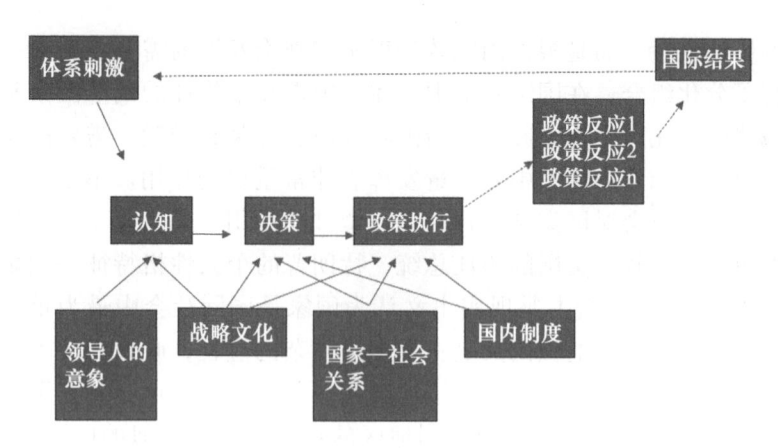

图1-1　新古典现实主义的分析模型

资料来源：笔者自制，参考资料为：Norrin M. Ripsman, Jeffrey W. Taliaferro, Steven E. Lobell, *Neoclassical Realist Theory of International Politics*, Oxford University Press Inc, 2016。

取哪些要素指代这一过程则更为关键。新古典现实主义选取的这四个政治变量相互之间存在交叉重叠之处，战略文化、国内制度和国家—社会关系三个要素彼此影响，且在很多方面的区隔不是那么清晰，比如特朗普移民政策的出台既有战略文化的影响还有国家社会关系的作用，日本与中国在第三方市场开展合作便是这三个要素综合的结果。其次，新古典现实主义认为各种政策反应产生了不同的国际结果，国际结果反而又可能产生某些体系刺激，但是在现实的国际社会中，国家政策反应、国际结果、体系刺激三者之间并没有必然的因果关系，这涉及国家类型和国家能力的问题，弱国相对于强国而言，其产生的国际影响似乎并没有那么大，但是也有例外，在一些小国具有绝对优势地位的议题上这一影响逻辑可能会倒置。[①]

在此基础上，笔者通过稍加修改某些变量，大胆取舍关键要素，影响国际关系的变量得到了进一步的区分和细化。本书根据国际政治的现实建立了一个新的分析模型，具体如图1-2所示：

这一理论框架兼顾了体系层次、国家层次和个人层次的影响要素，针

[①] Darren J. Lim and Rohan Mukherjee, "Hedging in South Asia: balancing economic and security interests amid Sino-Indian competition", *International Relations of Asia-Pacific*, Vol. 10, 2019, pp. 1-30.

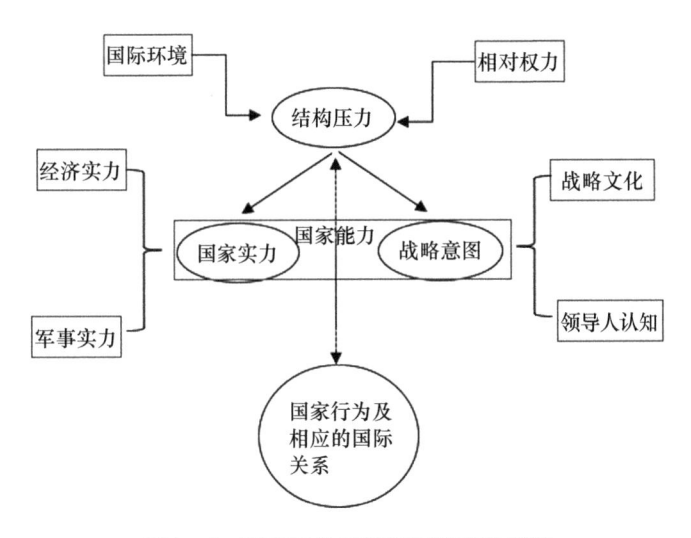

图 1-2　国家行为因果逻辑的理论框架

资料来源：笔者自制。

对具体的国家行为逻辑而言，国际环境和该国的地缘政治是影响其体系刺激的重要变量，这两个要素既可以同时发生作用也可以单独对体系产生刺激，从而使国家做出必要的政策反应。之后，体系刺激会作用于国家和个人的要素。之所以将个人要素从国家结构中分离出来，是因为领导者个人的领导风格与对危机管控的认知发挥着越来越重要的作用，有时候甚至能够左右国家行为。除此之外，在国家能力发挥作用这个环节，国家能力和战略意图是最为突出的变量，有国家能力—有战略意图、有国家能力—无战略意图、无国家能力—有战略意图和无国家能力—无战略意图四种不同的组合所建构的国家形象是完全不同的，所以综合分析这两个因素对于我们剖析政治系统的运作具有启示作用。在最后一个环节，通过国家和个人对结构压力的反应，国家会做出符合其国家利益的行为，当然，一国的国家行为是否以及如何对国际社会重新产生某种刺激，则会根据现实国际局势的变化和国家的差异而有所区别。

在国际政治的发展过程中，随着国际形势的变化产生了多个解释现状或预测未来的国际关系理论，"一战"的爆发使得人们认为在对战争的限制和约束上，国家体现了某种无力感，需要通过集体安全、公开外交和国际法律来促进国际社会的和平与稳定。以威尔逊的"十四点原则"为代表，西方国家成立了国联来监管国际事务，但是"二战"宣告了理想主义的破产。人类欲望的无限和资源的稀缺使得国家的安全困境无法得到有效的缓解。①《国家间政治：权力斗争与和平》的问世代表了传统现实主义的诞生，以权力界定利益是普遍使用的国际准则，国家要在创造权力、维护权力及扩展权力上努力。② 随着国际行为体相互依赖的产生，出现了新自由制度主义，它认为传统的分析模式只是将特定的国际体系作为侧重点，即使面对不同的国际问题也可能推导出相似的政治进程和政治行为。③ 但国际社会的现实是国家并不是唯一重要的行为体，安全也不是主导性的目标，武力不是解决问题最为重要的工具，当今国际社会处于复合相互依赖之中，这种状态影响着国际行为体的观念和行为。华尔兹认为以往的理论存在某些还原主义的问题，不能准确地解释国际政治现象，因此他化繁就简提炼出了结构现实主义的分析框架，认为结构虽然不直接造成某种政治结果，但会影响政治系统内部的行为，而单元的排列原则、功能以及能力的分配是定义国内政治结构的主要变量，其中最为重要的是单元间能力的分配，所以从这个层面看，华尔兹认为在无政府状态下能力分配的变化会直接导致系统的变化。④

新古典现实主义认为结构现实主义的分析路径存在缺陷，国际体系发出威胁或机遇信号的频率以及明确性，还有领导人、决策者、国家在面对体系刺激时的反应和行为都会受到其他因素的影响，因此需要考虑中介层次的新变量。根据上文的分析可以得知，新古典现实主义从两个层次、三个方面把主观要素和客观要素分在体系、国家和个人要素中，这为认识国际政治形势提供了更多可供思考的路径，但是由于它在变量的选择和系统过程的分析上还存在一定的瑕疵，所以我们在其原来模型的基础上建构了新的分析框架。至此可以看出，最新的分析框架的说服力更强，其所能反应的影响因素也更为全面。

---

① Hobbes Thomas, *Leviathan*, New York: W. W. Norton, 1997, Chapter I – VI.
② Morgenthau Hans, *Politics among Nations: The Struggle for Power and Peace*, New York: Alfred A. Knopf, 1989, pp. 37 – 40.
③ Robert O. Keohane and Joseph S. Nye Jr, *Power and Interdependence*, Pearson Education, 2011.
④ Kenneth N. Waltz, *Theory of International Politics*, Addison-Wesley, 1979, pp. 79 – 93.

二 核心假设

结构压力和国家能力发生变化都会改变对冲的选择以及对冲的强度和形态,如表1-1所示。当结构压力上升时,对于利害攸关的大国而言,其国家战略中的竞争性也会增强;对于利害攸关的中小国家而言,对冲性会减弱;对于利害不相关的国家而言,国家战略的竞争性和对冲性可能都不会发生明显变化。在国家能力中,战略文化和社会凝聚力不是恒变因素,所以它们可能在较长一段时间内不会对国家行为产生明显的影响,但是当国内发生动荡或者危机之时,则可能会深刻改变国家的战略选择。当由于国内需求不满而造成内部矛盾增加时,国家会在其战略上做出反应。此外,领导人的认知也深刻影响着国家的行为选择,这既与领导人的风格有关,又受到领导人能否准确把握国际形势的影响。拜登认为美俄属于敌对关系,而中美是竞争关系,同时美国极力维护其在"印太地区"的盟友利益,因此美国在与俄罗斯、中国、日本、韩国、澳大利亚等国的交往中表现出了截然不同的态度。

表1-1 结构压力和国家能力对不同类型的国家战略产生的影响

影响因素及动态变化		不同国家类型在国家战略方面的反应		
		利害攸关的大国	利害攸关的中小国家	利害不相关的国家
结构压力	↑	竞争性↑	对冲性↓	—
	↓	竞争性↓	对冲性↑	—
国家经济和军事发展的环境	紧迫性↑	竞争性↑	对冲性↑	—
	—	—	对冲性改变(↑或↓)	—
战略文化和社会凝聚力	变化的紧迫性↑	竞争性↑	对冲性↓	—
	—	—	对冲性↑	—
国家战略意图以及领导人的认知	准确	竞争性↑	对冲性↑	—
	不准确	竞争性改变	竞争性↑	—

注:↑表示增强,↓表示下降,—表示没有明显变化。
资料来源:笔者自制。

核心假设一： 后冷战时代，东盟国家的安全环境发生了深刻变化，中美之间的包容性竞争态势降低了东盟国家的结构压力，东盟国家获得了普遍采取对冲的战略空间，结构压力的整体性下降决定了东盟国家普遍采取对冲战略。但国家能力强弱不同，对冲的形态和强度也有所区别。

由于国际社会纷繁复杂，国家所面对的国际问题也层出不穷，外部体系因素的影响和国内某些因素的影响其实很多时候是叠加态，比如国家的战略文化和社会凝聚力可能随着结构压力的变化而发生一定的变化。当结构压力增大时，对于利害攸关的大国，其国家战略中的竞争性可能也会上升，反之，其竞争性上升的程度可能没有那么高，但是相对于利害攸关的中小国家和利害不相关的国家而言，利害攸关的大国所体现的战略竞争力还是更强一些。

我们认为结构压力和国家能力是塑造国家战略选择的关键变量，如表1-2所示。在明晰了不同因素改变国家战略中竞争性和对冲性的机制之后，需要进一步聚焦到两个影响变量对东盟国家对冲形态和对冲能力的改变上。当结构压力增强时，国家不太可能实施对冲，而是会采取追随其中一方而防范威胁方的策略；当结构压力减弱、国家能力增强之时，国家的对冲倾向和对冲能力也会随之上升；当结构压力减弱、国家能力较弱时，选择对冲的倾向也会上升，但是相对来说对冲的能力并没有那么强。

表1-2　　结构压力和国家能力对国家对冲战略形态和强度的影响

		国家能力 强	国家能力 弱
结构压力	强	对冲倾向↓、追随倾向↑（代表国家是菲律宾）	对冲倾向↑（代表国家是越南）
结构压力	弱	对冲倾向↑、对冲能力↑（可归为稳定对冲，代表国家是新加坡、马来西亚、印度尼西亚、泰国）	追随倾向↓、对冲倾向↑（可分为两类，一类是稳定对冲，如缅甸和文莱；另一类是转为对冲战略，如柬埔寨和老挝）

注：↑表示增强，↓表示降低。
资料来源：笔者自制。

核心假设二： 东盟国家内部国家能力的强弱和特定时期所感受到的结构压力影响着具体的对冲形态和强度。具体而言，主要体现在以下三个方面：

其一，在特定时期，结构压力增强时，国家进行对冲的倾向就会下降，追随意图占主导。菲律宾是典型的由对冲转为战略调整并在未来可能倾向追随的国家，越南由于受到的结构压力大，国家能力又弱，所以其对冲的倾向也比较弱。

其二，当结构压力降低时，国家选择对冲的意愿就会上升，此时对冲的形态和强度主要由国家能力影响。当结构压力小，国家能力强时，国家会采取稳定对冲的策略，诸如新加坡、马来西亚、印度尼西亚和泰国。

其三，当结构压力降低，国家能力弱的时候，国家可以在两种策略之间选择，一是采取长久对冲策略，诸如缅甸和文莱，二是由追随逐步转为对冲，比如柬埔寨和老挝。

根据当前"印太地区"局势的变化和东盟国家的实际情况，我们可以在既定的分析框架中将东盟国家的对冲战略分为三类，分别是从对冲转为战略调整并在未来可能倾向追随的国家、稳定对冲国、由追随到试图转变为对冲的国家。这三类的代表国家分别有菲律宾、越南；新加坡、印度尼西亚、马来西亚、泰国、缅甸和文莱；柬埔寨和老挝。就第一类国家而言，中国在深化与其共建"一带一路"倡议的过程中可能会产生一些负面影响，需要及时地总结和调整。同时诸多地区争端的出现，诸如南海岛礁问题、资源开发问题等，使得菲律宾和越南感受到中国带来的结构压力不断增加，与此同时美国"印太战略"的调整使其加大了对这一地区的投资和关注，在此基础上它们逐渐摆脱了对冲战略，追随美国的倾向不断显现。在第二类国家中，它们感受到的体系刺激较弱，反而在中美两国之间可以两面下注，进行经济和安全相分离的策略，所以不管是新加坡、马来西亚还是缅甸和文莱，它们在中美两国之间的对冲倾向都较强。第三类国家逐渐从追随中国的策略转而在中美之间对冲，这不仅是基于小国本身的脆弱性和避险的本能所致，还与它们想要获得更多的发展机会和资本有关。

三 研究方法

本书采用实证主义的研究方法，主要体现在具体的研究过程中，需要提出明确的经验问题，并就此提出核心的理论假设，通过逻辑证据对关键变量进行检验。这种方法的主要特征是具有解释性，即解释自变量和因变量之间的因果机制。在国际政治的研究中，科学方法主要有案例分析法、以统计分析为主的数据分析法和以数学建模为主的形式论，本书主要采用案例分析法和部分统计分析法。本书主要是在提出核心问题的基础上进行关键假设，将变量之间的逻辑关系进行演绎推理，将假设转变成可以通过事实加以验证的命题。

在当今时代的国际社会中，除了大国，还有为数众多的中小国家，中美竞争将问题聚焦在了"印太地区"，不管是《全面与进步跨太平洋伙伴关系协定》（CPTPP）、《区域全面经济伙伴关系协定》（RCEP）、《中欧全面投资协定》（CAI）还是"印太战略"，都表明了"印太地区"是影响国际局势的热点区域。同时一些域外大国也逐渐追求加强在"印太地区"的影响力，如英、法、德等国。

东南亚地区聚集了一众中小国家，不管在历史上还是当代，它们的国际影响力都在不断增强，并且其国家战略经历了一个完整的转变，从传统的制衡或追随到现在的对冲是一个完整的链条。由于此地区国家众多，不同国家实施的对冲形式和强度又各不相同，在对冲战略理论框架的基础上，本书从东盟国家三类不同对冲形态的国家中各选其一，进行这一工作需要对东盟地区的历史有较为深入的了解，在众多文献中梳理出东盟十国在冷战后不同的战略选择，并对其科学分类。同时还需要对作为典型案例的三个国家的国际关系史和国家战略有清晰的把握。本书的研究主要依据文献资料和实时的过程追踪，同时引用一些必要的数据，加以解释说明，在数据库的选择上也将主要选择国际政治中一些常见的数据库和各国政府、著名国际组织等机构公布的官方数据。在此基础上，对本书进行清楚的逻辑论证和假设检验。

第五节　本书的创新与不足

本书运用以新古典现实主义理论为基础的新模型分析冷战结束以来东盟国家对冲战略演变过程，对冲战略也是中国国际关系领域中的前沿理论。这项结合了创新模型、前沿理论和经典周边外交的研究具有某些创新之处，同时也存在一些不足。在厘清本文的创新与不足的背景下，能进一步促进笔者和其他学者对此研究的客观把握，也将为进一步的调整和深化奠定基础。对这些问题的研判和评估有助于掌握和探究国际政治领域更有价值的知识和领域。

一 创新之处

首先，本书在新古典现实主义国际关系理论的基础之上尝试建构了新的分析模型，并与国际政治现实相结合，具有一定的学理解释力。面对国际政治理论中对国家因素的大而化之，新古典现实主义重新"找回国家"，全面而深入地分析了国家内部各种因素的影响作用。新古典现实主义理论认为，政策反应的产生需要经过内部和外部双重因素的综合作用，当国际社会中某种体系刺激产生时，国家结构内部会形成认知—决策—执行的政治过程，而这一过程的发生以领导人的意象、国家社会关系、战略文化和国内制度这四个关键变量为载体，继而会形成多个反应和某些国际结果。但新古典现实主义本身还存在诸多问题，首先，国内分析变量值的界限不清晰，在内涵和外延上存在重叠与交叉之处。其次，由于存在国家能力的问题，不同国家类型对国际社会的影响以及对体系的刺激作用不同，政策反应、国际结果和体系刺激之间并无必然的因果关系。正是认识到了新古典现实主义的优点和缺陷，本书结合国际政治的现实，对框架进行了一些调整，大胆取舍关键变量，使得分析的逻辑更科学和严谨。新的分析模型将体系、国家和个人的要素结合起来，提取出结构压力和国家能力两个关键变量。在结构压力中，以国际环境和相对权力加以约束，国家能力则以国家实力和战略意图来衡量，同时对国家实力和战略意图又进行了深入的细化。这一模型综合了有国家能力—无战略意图、无国家能力—有战略意图、无国家能力—无战略意图和有国家能力—有战略意图这些不同的组合，不同组合所建构的国家形象是截然不同的。不同要素既可以同时发挥作用，也可以分别对体系产生某种刺激，国家根据情况的差异会做出一定程度上必要的政策反应。本书建构的分析模型具有一定的理论创新意义和一定的学理解释力，这对于理论的进步和发展都有一定的启示。

其次，本书尽可能全面而系统地研究了对冲理论。虽然国际政治中的对冲理论在国外学术界早已进行了较为广泛和深入的研究，但中国学术界对此理论的讨论还不充分，在此背景下，本书通过掌握大量文献并对其梳理，结合国际现实的演变，深入探讨了对冲战略理论。在传统国际政治思维模式的支配下，学术界对国家行为的思考基本采用了制衡或追随的两分法。面对体系中某个国家谋求成为霸权国时，其他国家会为了维护自身的安全而做出多种反应，对于大国和强国来说，制衡是一个常见的选择；而对于小国和弱国而言，追随强者会为它提供安全保障，这些都是基于传统的均势思维做出的战略选择。尤其是在冷战结束之前，这两种国家行为更是常见。然而，进入21世纪以来，冷战的结束导致国际格局发生变化，"黑天鹅"现象频发，诸多"战略意外"也时有发生，不确定性、不稳定性和不可预测性日益成为新时代的国际政治特征。再加上新冠疫情这一全球公共卫生事件，更加剧了国际格局的演变进程。在这种重大的现实转变情况之下，国家也需要及时作出应对的策略，除了选择制衡或追随，还包括接触、捆绑、推诿责任、软制衡、对冲和有限的联盟。[①] 其中，对冲战略逐渐凸显了其重要地位，不仅成为当今国际社会中国家行为体普遍采取的战略，更是相当一部分国家进行国际交往和国家治理的相对较优方式。本书尝试全面系统地提出对冲战略理论，对其进行尽可能深入的辨析，在一定程度上进一步拓展了对冲理论的深度和广度。

最后，本书尝试以对冲战略这一新视角分析东盟国家的战略演变历程及不同国家的对冲形态和强度。东盟国家一直是中国周边外交"睦邻、安邻、富邻"政策的关键。在以往对东盟国家的研究中，要么是分析某一个国家战略的转变，要么是对东盟十国进行笼统概括，即使加入了对冲战略理论的分析要素也是如此。到目前为止，尚没有对东盟国家的战略演变进行横向辨析和纵向深入的结合研究，在认识到这一问题的情况下，本书以此为切入点，系统分析了冷战结束以来，在对冲战略成为国际社会普遍特征的背景下，东盟国家对冲战略的演变过程。根据东盟十国对冲战略转变的大致特征和方向，本书将其分为三类，分别是稳

---

① 相关文献可参见 Robert A. Pape, "Soft Balancing Against the United States", *International Security*, Vol. 30, Issue. 1, 2005, pp. 7 – 45; Alastair Lain Johnston and Robert Ross eds., *Engaging China: The Management of an Emerging Power*, New York: Routledge, 1999; John D. Ciorciari, *The Limits of Alignment*, Washington, DC: Georgetown University Press, 2010; T. J. Pempel, "Soft Balancing, Hedging, and Institutional Darwinism", *Journal of East Asian Studies*, Vol. 10, No. 2, 2010, pp. 209 – 238。

定对冲、从对冲转为追随、从追随转为对冲。在分类的基础上，以对冲的强度和形态、意识形态、与中美关系等为综合标准，笔者选取了菲律宾、马来西亚和老挝这三个典型国家作为实证研究的对象。本书既从纵向对三个国家的国家战略进行了严密的剖析，又横向比较了三国的对冲战略演变异同，同时在对单个国家进行纵向分析的过程中，还插入了国家内的横向研究。这一研究过程，对于人们重新认识东盟国家战略和国际政治现状提供了某种意义上的新角度。

二 研究不足

第一，研究的推论还不够成熟。研究推论的不够成熟主要是因为时间不充分和知识不充足。本书从选定研究的方向和主题到基本完成只有大约两年的时间，这对于钻研一个既需要理论模型创新，又需要积累大量知识储备，还需要对其进行纵横方向上的比较研究选题而言，时间是远远不够的。东盟国家的对冲战略研究不仅涉及东盟国家的战略发展史和战略方向转变的性质，还涉及国际与国内、主观与客观等诸多方面的因素，同时对冲战略实施有效性也是值得考量的问题。同时，新古典现实主义基础上的框架模型也是一个需要深入探索和细致修正的精深理论。即使在天长日久、铢积丝累的研究和学习中可能也只是形成某些管窥之见。所以为了避免受限于时间和知识而最终难以完成研究，本书以冷战结束为节点，以三国战略转变的历程为基础，以结构压力和国家能力为分析框架，基本不涉及国家对冲战略的有效性。虽然本书尽力以科学、合理、客观、严谨的逻辑，细致、深入地剖析研究对象，提出了东盟国家对冲战略的新解释，但是到目前为止，本书的研究推论仍是初步的和不够成熟的。在今后的研究中，仍需要继续深入发展和推进。

第二，研究资料不够丰富。这主要是两方面的因素造成的，一方面，到新古典现实主义理论为止，现实主义国际关系理论还未形成新发展，对不同现实主义理论的综合辨析性资料也较少；另一方面，笔者未能掌握菲律宾、马来西亚、老挝当地语言的材料。本书理论框架的基础是新古典现实主义，并在此基础之上进行了一定的调整和修正，由于在理论界还未有综合研判的材料，需要笔者自己梳理、比较和提取，最终形成的模型是基于国际政治的现实演变和现实主义理论的不同分析框架而提出的新逻辑，虽然最终的分析模型暂时满足了对东盟国家实践案例的研究，但是仍在一定程度上受到了资料不足的限制。对菲律宾、马来西亚、老挝进行纵横深入的研究时，虽然国际学术界比较有权威的资料大多数是以英文的形式出现，但是如果掌握了菲律宾语、马来语和老挝语，会进一步丰富可供掌握的材料。为了避免这两方面不足对本研究造成较大的不良影响，本书尽力掌握英文、中文的文献资料，并对其深入细致地钻研。在未来的深入研究中，笔者将尽力掌握更丰富的资料和信息，获得更好的文献分析方法，克服这些不足造成的缺憾。

第六节　结构安排

除了本章之外，本书将进一步分五章展开。第二章是本书的理论框架，在这一章，本书将依据上述的主要解释性推论阐述冷战后东盟国家选择对冲策略的理论依据，这一框架模式将呈现后冷战时代，东盟国家安全环境的深刻变化、结构压力和国家能力这两个影响对冲的两个关键变量对不同国家的不同影响、变量的变化对对冲强度和形态的影响，并对冷战后东盟国家的国家战略进行分类，为阐释菲律宾、马来西亚和老挝的对冲策略提供合理的框架。第三章、第四章和第五章是根据本书的理论框架进行的案例阐释。

第三章主要分析冷战后菲律宾的国家战略经历了从对冲到追随再到战略调整的变化。冷战后由于南海问题和美国的"印太战略"，菲律宾的结构压力由小变大，领导人的对华认知也发生了变化，美菲同盟不断强化再加上菲律宾对美国文化的认同，这就使得其国家能力也产生了转变。自冷战结束到现在，菲律宾的国家战略经历了过渡期、对冲期、追随期和战略调整期，而由于结构压力和国家能力的因素影响，菲律宾未来一段时间内还是会选择追随美国的道路。

第四章阐释冷战后马来西亚实行稳定对冲的案例。马来西亚政治精英坚持实用主义的原则，与中美两国在不同领域都有相对较密切的合作关系，不明朗的地区局势和地缘政治形势都为"二战"后马来西亚稳定对冲提供了解释。马来西亚在稳定对冲的过程中对中国和美国都有不同的态度表现,并且根据理论框架和现实国际形势可以推测,在未来一段时间内马来西亚仍将坚持对冲策略,并更倾向于利用多边合作机制和倚重东盟平台,扩展合作范围和朋友圈。

第五章分析冷战后老挝从追随中国到在中美之间对冲的转变。从20世纪初到现在,老挝先后追随越南、偏向中国、转向对冲,在不同战略时期老挝的国家行为都有不同的表现。并且在未来一段时间内,国际社会的不稳定性和不可预测性更为突出,从老挝的战略文化及其领导人对国际形势的判断可以推断出老挝会继续采取对冲战略,同时老挝的对冲具有不同于其他国家的新特点。

第六章为结论部分,将对东盟国家的对冲战略进行对比,从中得出东南亚不同国家进行战略选择的机制和重要启示,同时在结论部分对本书的核心问题和观点进行概括性的回应,之后本书将阐述未来需要进一步研究的方向和课题。

第二章 东盟国家对冲战略的理论分析框架

在太平洋的所有政治形式中，隐藏着一种浓缩性特征：这种特征的目标在于内聚，从而对自身的生存空间进行最为集约的经济利用。

——[德]卡尔·豪斯霍弗：《太平洋地缘政治学——地理与历史之间关系的研究》

在我们现在的复杂世界中，军事、经济、政治、心理等因素之间的界限几乎已经消失，所以一种远较宽广的战略观念对于生存是有所必要的。

——"二战"时期盟军中国战区参谋长 阿尔伯特·魏德迈将军

对冲战略是冷战后相当一部分国家的重要战略选择，传统国际关系领域的制衡和追随二维分析模式已经不能有效解释当今的国际政治格局，需要加入更多的分析模式和解释框架，对对冲战略的研究可以有效扩展国家关系的理论范围。东盟国家是当今世界国家矛盾冲突最为突出的地区之一，研究东盟国家在冷战后的战略特征对于我们认识中美之间的竞争、中国的周边外交、东南亚的地缘政治局势以及国际局势具有重要的意义。

本章的主要任务是以新古典现实主义的改造理论模型为基础，提出一个解释东盟国家在冷战后对冲选择的基本框架。本章主要包括以下四个部分：对冲及其影响因素的相关概念界定；东盟国家的战略选择及调整战略的动因；作为整体的东盟之外交方式和对冲形态；选择菲律宾、马来西亚和老挝这三个国家为案例的原因和典型意义。

第一节 相关概念的界定

一 对冲的概念

对冲一词的英文表述为 hedging,是指为了避免损失而采取的防范措施,尤其是与金钱有关的行为,此外还有为了防范风险,而采取的围住、避免正面回答、不直接许诺和拐弯抹角之意。对冲最早被应用于金融学领域,其含义是,金融市场存在风险和不稳定性变化,为了应对这些风险而采取的避险或将风险降到最小化,并试图将收益最大化的一种策略。[1] 在金融学领域中,市场参与者主要采取的策略是,利用反向操作建立某种负面相关性的投资偏好,通过投资金融资产和设立期权来抵消可能出现的投资风险,或者巧妙安排投资组合中的"做空"和"看多"来抵抗金融市场的不稳定性。[2] 随着资本的全球化发展,资本市场从一国领域扩展至多国、从一个地区扩展至全球,范围急剧扩大,金融领域涌入了大量类型多样的行为体,金融市场中的对冲主体数量大幅度增加。此外,随着金融产品的增加、金融投资技术的不断进步,对冲的形式也类型多样,纷繁复杂。

其实,对冲在金融学中早已是一个颇具影响力的概念。那么金融学中的对冲概念为什么会运用到国际政治中呢?主要原因是市场主体与国家主体有很多相似的属性:其一,两者都具有理性,都符合理性选择理论,都

---

[1] 在金融学中,研究对冲的资料参见 Holbrook Working, "Futures Trading and Hedging", *American Economics Review*, Vol. 43, No. 1, 1953, pp. 314 – 343; J. R. Hicks, *Value and Capital: An Inquiry into Some Fundamental Principles of Economic Theory*, Oxford University Press, 1946, pp. 135 – 142; R. W. Gary, "The Search for a Risk Premium", *Journal of Political Economy*, Vol. 69, No. 3, 1961, pp. 250 – 260; C. W. Smith and R. M. Stultz, "The Determinants of Firms' Hedging Policies", *Journal of Financial Quantitative Analysis*, Vol. 20, No. 4, 1985, pp. 391 – 405; P. H. Cootner, "Speculation and Hedging", *Food Research Institute Studies*, Supplement to Vol. 7, 1967, pp. 65 – 105。

[2] Joseph D. Koziol, *Hedging: Principles, Practices and Strategies for the Financial Markets*, New York: John Wiley & Sons, 1990, p. 6;[加]约翰·C. 赫尔:《期货期权入门》(第三版),张陶伟译,中国人民大学出版社 2001 年版。

需要在复杂的内外部环境下做出理性选择，并趋利避害地做出符合实际情况的最优排序，或者由于某种原因而遵循一种选择惯性；其二，两者所处的环境性质类似，市场主体不仅需要面对国内市场，还有全球化时代下的国际市场，反观国家，它也需要基于国家理性处理众多层出不穷的国内问题，同时进行维护和增强国家利益的国际社会交往；[1] 其三，两者都具有管控风险的能力，随着贸易的全球化，很多市场主体发挥着类似于国家的功能。据研究了解，20世纪90年代末期罗伯特·萨特（Robert G. Sutter）和罗伯特·曼宁（Robert Manning）等人最早利用对冲来分析国际政治事件，他们研究了中国可能面对的挑战，美国如何对冲中国，未来亚太的外交模式如何转变等。[2] 当时"中国威胁论"的传播正浓，中国周边诸国以及一些世界守成大国产生了某种战略焦虑，在对体系压力认知不断深入的情况下，其不安全感逐渐增加，它们开始思考防范中国崛起或将中国"社会化"的策略，在此背景下国际政治领域中的对冲战略应运而生。

（一）对冲在国际政治中的内涵

澳大利亚学者吴翠玲（Evelyn Goh）认为对冲是指，当制衡、追随或中立等战略都无法满足国家做出恰当的决定时，国家会转向一组相互弥补的策略，以避免遭受损失的可能性，[3] 所以她认为，对冲是一系列行为方式的组合。同样持此观点的是美国学者布洛克·特斯曼（Brock Tessman）和沃伊特·沃尔夫（Wojtek Wolfe），他们也认为对冲包含一系列相互镶嵌的行为模式，这些行为有助于国家在单极世界格局中应对诸多不能确定的挑战。不仅如此，对冲还属于一种保险策略，能通过抵抗诸如对冲国与体系主导国间关系恶化的情境，以及在体系领导者为国际社会提供公共产品

---

[1] 关于国家理性的观点可参见 Robert Jervis, "Realism in the Study of World Politics", *International Organization*, Vol. 52, No. 4, 1998, pp. 971–991; Joseph M. Grieco, "Realist International Theory and the Study of World Politics", in Michael W. Doyle and G. John Ikenberry eds., *New Thinking in International Relations Theory*, Colorado: Westview, 1997; Kenneth Waltz, "Refections on Theory of International Politics: A Response to My Critics", in Robert O. Keohane ed., *Neorealism and its Critics*, New York: Columbia University Press, 1986, pp. 330–331。

[2] Robert G. Sutter, "Korea: Improved South Korean-Chinese Relations-Motives and Implications", *CRS Report for Congress*, 1997; Robert Manning and James Przystup, "Asia's Transition Diplomacy: Hedging Against Future Shock", *Survival*, Vol. 41, No. 3, 1999, pp. 43–67.

[3] Evelyn Goh, "Southeast Asian perspectives on the China challenge", *Journal of Strategic Studies*, Vol. 30, No. 4, 2007, pp. 809–825.

的意愿不存在的情况下，维护国家的利益。① 但是这些学者并没有把对冲的内涵界定得那么清晰和科学，之后，马来西亚学者郭清水（Cheng-Chwee Kuik）发展了他们的研究，将对冲战略的形式和目的进行了深入细化。他认为，为了能从不同国家获得高收益的回报，并且同时还能抵消因环境可能恶化而带来的长期风险，国家会在高风险和高度不稳定的环境中，采用一系列相反或者含糊的政策来应对强国的挑战，一旦环境发生不利于自己的改变，这些国家就能退而自保，可以说对冲是一种可能会有收益的保险行为。② 上述学者的概念对于我们认识对冲战略具有一定的帮助，但是吴翠玲的定义有某种循环论证的嫌疑，其只是模糊地指出了对冲就是制衡和追随的一种中间状态，并没有对此中间状态展开详细论述和剖析。特斯曼和沃尔夫关于对冲的认识又比较笼统，分析得不太细致。郭清水对对冲的定义相比而言已经较为深入，但是他关于对冲环境的性质分析可能存在一些问题，限制在高风险和高度不确定的环境中可能就排除了和平年代国际社会存在不确定性和风险不那么高的情况，同时冷战时期也存在对冲的国际现象，这就拓展了对冲的范围。

之后的学者在前述基础上进一步拓展了对冲战略的研究维度。罗金义和秦伟业合著的《老挝的地缘政治学：扈从还是避险？》一书，将 hedging 译为"避险"，认为它包含相反（抵消、对冲）政策，采取接触加抵抗的策略，同时结合合作与竞争、围堵与接触、对意外风险的间接平衡，追求报酬最大化，体现了有限顺从的灵活外交方式。因此他们认为，避险就其内容而言，包含了原有的矛盾或相反行动。③ 与此类似的是，北京大学的王栋借用金融学中的对冲理论对国际关系中的对冲进行了界定，他认为对冲是"国家行为体面对不确定性而采取的审慎的保险策略，这一策略旨在实现如下目标：减少或使战略风险最小化、维持或增加行动自由度、使战略选项多元化以及塑造目标国的偏好与选择。国际政治中的对冲战略是一个策略组合，其中混合了接触、围住/束缚、防范、牵制、制衡等不同的

---

① Tessman, Brock and Wojtek Wolfe, "Great Powers and Strategic Hedging: the Case of Chinese Energy Security Strategy," *International Studies Review*, Vol. 13, No. 2, 2011, pp. 214–240.
② Cheng-Chwee Kuik, "How Do Weaker States Hedge? Unpacking ASEAN States' Alignment Behavior Towards China", *Journal of Contemporary China*, Vol. 25, No. 100, 2016, pp. 500–514.
③ 罗金义、秦伟业：《老挝的地缘政治学：扈从还是避险？》，香港：香港城市大学出版社2017年版，序。

战略手段和工具。为了将不确定性带来的风险最小化，国家行为体在进行对冲时将组合运用在光谱不同位置，从接触到制衡的多种战略手段。"① 但是与上述两位学者不同的是，刘丰和陈志瑞在新古典现实主义的框架基础上从合作性和对抗性两个维度限定了对冲战略，他们认为对冲的合作程度大于接触而小于绥靖，其对抗强度大于约束而小于防范。② 这些学者一方面探索着对冲的不同形式和范围，这为我们认识对冲战略提供了丰富的材料，不同学者间的争论也彰显出了学术共同体中对对冲的不断关注；另一方面他们的分析也在一定程度上忽视了针对对冲的对象的区分和扩展，并且未详细指出不同对冲形式的强度和形态的不同变化。

（二）关于对冲类型的研究

不同的学者针对对冲战略的类型提出了不同的分类方式，其中有两类型说、三类型说、五类型说，在梳理既有文献并进行归纳、分类、总结的基础上，本书厘清了研究对冲战略的基本思路。不同的分类方式为我们进一步研究对冲提供了新的视角和维度。

第一，两类型说。美国学者埃文·梅代罗斯（Evan S. Medeiros）将对冲战略按照性质划分成两大类，分别是合作性对冲和竞争性对冲。其中合作性对冲的方式有接触、嵌入和制衡，竞争性对冲可能会采取强制外交、合纵等方式。③ 美国采取了一系列针对中国的合作性和竞争性的对冲策略，旨在将中国纳入现有的美国主导下的国际体系的规则、规范或制度中，通过双边或多边的框架协议按照美国的预期塑造中国，或者将中国"社会化"。除此之外，美国不允许中国改变或挑战"印太地区"的安全秩序，试图阻止中国追求其发展利益。④ 韩国学者李智运（Ji yun Lee）并没有严格地区分对冲包含何种具体类型，但是在行文论述中他从经济因素和军事关注两大方面研究对冲，认为经济和军事最能体现国家的对冲态度和对冲

---

① 王栋：《国际关系中的对冲行为研究——以亚太国家为例》，《世界经济与政治》2018年第10期。
② 刘丰、陈志瑞：《东亚国家应对中国崛起的战略选择：一种新古典现实主义的解释》，《当代亚太》2015年第4期。
③ Evan S. Medeiros, "Strategic Hedging and the Future of Asia-pacific Stability", *The Washington Quarterly*, Vol. 29, Issue. 1, 2005, pp. 145–167.
④ David M. Lampton, "Paradigm Lost: The Demise of Weak China", *National Interest*, No. 81, 2005, pp. 67–74.

行为。①

第二，三类型说。李世勋（Lee，S.-H）将对冲分成软对冲、硬对冲和双重对冲。他认为一个中等国家采取软对冲的前提是，它想通过其他大国来提升自身的影响力，或者增强其所在地区的稳定性。硬对冲对间接制衡更加强调，其目的是避免国际局势朝着最坏的态势发展，策略方式是传统军事策略。双重对冲顾名思义融合了前两种对冲形式，它试图营造的是一种既能获得最大安全收益又能维持地区稳定的战略环境。②

第三，五类型说。郭清水认为，冷战后东盟针对中国的崛起和地区影响力的提升以及美国"重返亚太"的外部环境采取了对冲策略。他将对冲分为五种类型，分别是经济实用主义（economic-pragmatism）、捆绑接触（binding-engagement）、有限的追随（limited-bandwagoning）、否认主导（dominance-denial）和间接制衡（indirect-balancing）。他认为，并非所有对冲战略都会同时采用这五种形式，在具体的国际环境中可以根据情况进行即时组合。③ 王栋也认为国家在实施对冲战略时可以组合五种方式或类型，即接触、网住/束缚、防范、牵制和制衡。④

不管是两类型说、三类型说还是五类型说，都具有条理地分析了国际社会行为体进行对冲时所采取的策略和手段。两类型说从对冲的性质加以区分，三类型说从对冲的程度进行分类，五类型说从对冲的具体形态进行了划分，这为学者们进一步研究对冲提供了重要的理论基础。同时，这些划分也存在一定的问题，就五类型说而言，其内部并没有提出一个统一的划分标准，经济实用主义完全可以嵌入其他四种类型之中，间接制衡和否认主导在语义上也存在某些重合。根据作者的逻辑可以看出防范、牵制和制衡三者之间并没有明显的区别，这就存在分类过泛的问题，并且将制衡分为外部制衡和内部制衡，更是和前面的分类有重叠之处，所以在进一步的研究中应该批判和理性地看待这种分类方式。

---

① Ji yun Lee，"Hedging Strategies of the Middle Powers in East Asian Security：the Cases of South Korea and Malaysia"，*East Asia*，Vol. 34，Issue. 1，2017，pp. 23 - 37.
② Lee，S.-H，"The Hedging Strategy of Great and Middle Powers in the East Asian Security Order"，*Korea and World Politics*，Vol. 28，Issue. 3，2012，pp. 1 - 29.
③ Cheng-Chwee Kuik，"How Do Weaker States Hedge? Unpacking ASEAN States' Alignment Behavior Towards China"，*Journal of Contemporary China*，Vol. 25，No. 100，2016，pp. 500 - 514.
④ 王栋：《国际关系中的对冲行为研究——以亚太国家为例》，《世界经济与政治》2018 年第 10 期。

(三) 关于对冲主客体的研究

从对冲的主体来看，对冲的早期研究大部分集中在小国领域，后来学者们逐渐将对冲主体扩展到了中等国家和大国。比如，小国、弱国相对于大国和强国而言面临着更多的外部压力和不确定性，所以小国似乎具有某种天然的脆弱性和敏感性，同时由于不同小国的地缘政治位置和资源禀赋不同，不同小国的具体发展情况又有很大差异。[1] 有学者认为之所以聚焦于研究小国的对冲战略就是与小国的这种属性有关，小国对外部环境的敏感性意味着它可能在战略选择方面寻求的方式更多样，不管国际社会是稳定还是动荡，小国都更可能受损。[2] 后有学者将对冲主体扩展到中等国家或第二阶层国家（second-tier states），之所以研究中等国家的对冲战略主要是因为：其一，中等国家在国际社会中扮演着重要角色，可以充当催化剂、协调者和管理者；[3] 其二，作者试图搭建一个研究中等国家对冲战略的一般性分析框架。[4] 而研究第二梯队国家是因为，从动力和可能性来讲，作者认为它们在国际体系中最有动力也最可能采取对冲策略。[5] 还有学者分析了中美两国之间的对冲，通过分析中国的相对军事能力和外交政策意图，模拟出了未来中国可能在东亚的角色，分别是变成敌人、成为潜在威胁、令人讨厌和没有威胁。作者进一步认为遏制和完全认同的策略存在缺陷，会产生"一刀切"或非此即彼的极端行为，而复杂多变的国际形势需要进行历史性和历时性的思考，基于此，提出了构建或塑造政策和对冲或应急策略。[6]

从对冲的客体来看，客体发生了性质转变，即从对冲具体的某一国家到对冲一系列风险的转变。在早期的对冲研究中，有很多是围绕东亚尤其

---

[1] 韦民：《小国与国际关系》，北京大学出版社2014年版，第65—94页。
[2] Cheng-Chwee Kuik, "Malaysia Between the United States and China: What do Weaker States Hedge Against?", *Asian Politics & Policy*, Vol. 8, No. 1, 2016, pp. 155 – 177.
[3] Cooper A. F. and Higgott R. A., *Relocating Middle Powers: Australia and Canada in a Changing World Order*, Vancouver University Press, 1993.
[4] Ji yun Lee, "Hedging Strategies of the Middle Powers in East Asian Security: the Cases of South Korea and Malaysia", *East Asia*, Vol. 34, Issue. 1, 2017, pp. 23 – 37.
[5] Gustaaf Geeraerts and Mohammad Salman, "Measuring Strategic Hedging Capability of Second-Tier States Under Unipolarity", *Chinese Political Science Review*, Vol. 1, Issue. 1, 2016, pp. 60 – 80.
[6] Richard Weitz, "Meeting the China Challenge: Some Insights from Scenario-based Planning", *The Journal of Strategic Studies*, Vol. 24, No. 3, 2001, pp. 19 – 48.

是东盟国家对冲中国的案例。还有基于地缘政治因素,研究对冲某一崛起邻国的情况。① 随着中国成为世界第二大经济体,美国霸权地位不断衰退,美国防范中国提上日程,再加上国际金融危机的影响和全球公共卫生事件的突发,对冲国逐渐意识到应将目标转向这些不稳定和不确定的风险上。其中,萨拉曼(Mohammad Salman)等学者认为,国家对冲的是两种未来的风险,第一种是当和体系领导者的关系恶化时,可能会进行军事对抗;第二种是当体系领导者衰落时,它可能不再愿意提供与对冲国安全相关的公共产品或者补贴。②

总体来看,对冲的主体和客体都实现了不断的扩展。主体逐渐从小国扩展到了中等国家或第二梯队国家和大国,即使诸如中国、美国等大国也都会思索对冲战略的可能性,同时在此基础上思考如何有效地反对冲。不同国际社会行为体都面临着体系的不确定性和结构变化带来的风险和挑战,需要采取积极有效的措施进行应对。对冲的客体也逐渐从对冲某一国家到一系列的风险转变,相对而言,这更符合国际社会的现状。对这些方面的研究有助于形成对对冲战略的全面把握。

(四) 关于对冲其他方面的研究

除了关于对冲内涵、对冲类型、对冲主客体的研究之外,还有一些围绕对冲其他方面展开的研究,只是这类研究的文献不是那么集中和普遍,所以我们在这里将其一起稍加梳理。首先,关于对冲能力的研究。目前学术界研究对冲能力的学者主要是特斯曼(Brock Tessman)、古斯塔夫(Gustaaf Geeraerts)、萨拉曼(Mohammad Salman)和尼古拉斯(Nikolas Vander Vennet)。特斯曼在针对中国能源安全的对冲战略进行分析时提出

---

① 相关文献可参见 Jackson Van, "Power, trust and network complexity: Three logics of hedging in Asian security", *International Relations of the Asia-Pacific*, Vol. 14, Issue. 3, 2014, pp. 331–356; Johnston Alastair Iain and Robert Ross, *Engaging China: The management of an emerging power*, New York: Routledge, 1999; Storey Ian, "Singapore and the rise of China: Perceptions and policy", in Herbert Yee & Ian Storey eds., *The China threat: Perceptions, myths and reality*, London: Routledge Curzon, 2002, pp. 208–230; Chien-peng (C. P.) Chung, "Southeast Asia-China Relations: Dialectics of Hedging and Counter-Hedging", *Southeast Asian Affairs*, ISEAS-Yusof Ishak Institute, 2004, pp. 35–53。

② Mohammad Salman, Moritz Pieper and Gustaaf Geeraerts, "Hedging in the Middle East and China-U. S. Competition", *Asian Politics & Policy*, Vol. 7, No. 4, 2015, pp. 575–596; Mohammad Salman, "Strategic Hedging and Unipolarity's Demise: The Case of China's Strategic Hedging", *Asian Politics & Policy*, Vol. 9, No. 3, 2017, pp. 354–377。

了三个影响对冲的指标，分别是经济能力、军事能力和中央政府的能力。①之后，其他学者在或多或少借鉴了这一分析方法的基础上，细分出了其他衡量对冲强度的要素。② 其次，关于对冲影响及对策的研究。埃文·梅代罗斯认为中美相互对冲可能会产生三个危害中美关系稳定及亚洲安全的问题，并提出了发展亚洲安全秩序的进一步举措。③ 温尧在分析东盟国家的对华对冲行为时从转化的角度为我们提供了一个新思路，即对冲还是一种转变力量，其产生的负面影响很可能会使东盟国家重回制衡或追随的二维轨道。④

总之，不管是关于对冲内涵、类型、主客体、能力还是其影响的研究都深化了我们关于对冲战略的认识，同时为构建对冲战略的理论框架和把握东盟国家的战略变化提供了更多路径。对冲战略不仅是当今国家战略中的一个重要选择，对对冲战略的研究更是打破传统的制衡与追随二维分析逻辑的重要转折。本书以对冲行为和战略为主要的分析要素，剖析冷战后东盟国家的战略走向和特征，并在此基础上进一步思考在地缘政治的视角下，针对东盟国家在以中国为核心进行的对冲战略背景下，中国如何实施有效的反对冲，因此厘清本书逻辑语境下的对冲内涵就显得尤为重要。

（五）本书关于对冲的定义

在综合分析和批判性认识以往学者关于对冲战略的研究后，本书将国际政治中的对冲战略界定如下：所谓对冲，乃是指在不确定的国际和国内

---

① Tessman, Brock and Wojtek Wolfe, "Great Powers and Strategic Hedging: the Case of Chinese Energy Security Strategy", *International Studies Review*, Vol. 13, No. 2, 2011, pp. 214 – 240.

② Gustaaf Geeraerts and Mohammad Salman, "Measuring Strategic Hedging Capability of Second-Tier States Under Unipolarity", *Chinese Political Science Review*, Vol. 1, Issue1, 2016, pp. 60 – 80. 文中在经济、军事和中央政府之下将对冲衡量要素细分成了六个指标，认为如果想要提高国家的战略对冲能力，所有六个指标的指数都必须要高，任何一个指标的下降都会导致对冲能力的下降。两年后，尼古拉斯（Nikolas Vander Vennet）和萨拉曼（Mohammad Salman）继续采用经济、军事和中央政府这三个要素分析了第二层面国家的战略对冲能力，不同之处在于经济能力的指标由原来的三个变成了五个，增加了通胀率和国家信誉。详见 Nikolas Vander Vennet and Mohammad Salman, "Strategic Hedging and Changes in Geopolitical Capabilities for Second-Tier States", *Chinese Political Science Review*, Vol. 4, Issue. 1, 2019.

③ Evan S. Medeiros, "Strategic Hedging and the Future of Asia-pacific Stability", *The Washington Quarterly*, Vol. 29, Issue. 1, 2005, pp. 145 – 167.

④ 温尧：《东南亚国家的对华对冲：一项理论探讨》，《当代亚太》2016 年第 6 期。

环境中，国际社会行为体为了降低或规避风险，同时追求收益最大化而采取的一系列灵活组合策略。我们可以试着对对冲行为的构成要件进行说明，从而阐述在什么条件下国家或地区组织会做出对冲的行为。在客观上，包括对冲的环境、对冲行为体和对冲形态。其中，对冲的环境主要是指在域内或域外，能对对冲行为体产生重要影响的强国或组织之间存在包容性的竞争态势，使得对冲行为体所在的政治环境较为宽松。对冲行为体是指实施对冲的国家或组织。对冲形态包括接触、嵌入、有限追随、防范、束缚、合纵和牵制。其中接触、嵌入和有限追随属于合作性对冲形态，防范、束缚、合纵和牵制属于竞争性对冲形态。对冲行为是处于大于防范小于制衡、大于接触而小于追随的行为模式，如图2-1所示。在主观上，能够实行对冲行为的国家或地区组织有意愿为维护自己的国家利益，追求独立自主的外交政策，在不同强国之间进行斡旋，以获得最大国家利益时，此国家或地区组织才能调动国家资源实行对冲战略，这构成了对冲行为的主观要件。

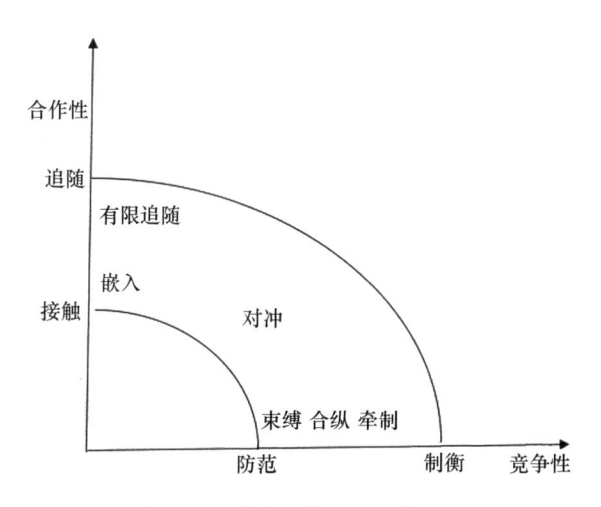

图2-1 对冲的范围及具体形态

资料来源：笔者自制。

接下来，本文将详细区分不同对冲形态的内涵。接触是指以非强制性的途径，通过利益方式承诺实施恩惠，而并不采取惩罚性的威胁，以此对对象国的行为产生影响。① 这一定义较为准确地描述了对冲国对冲时所采取的合作性行为的最基本方式。在此基础上，对冲国实施接触方式的主要表现为，与对象国建立对话关系或外交关系，加强高层领导人之间的互访，增强经贸领域的合作联系，密切科教文卫领域的人员往来等。接触是相对于行为体之间的敌对和"冰冻"关系而言的，行为体之间打破非接触的界限，在政治、经济、社会、文化，甚至军事方面都有了一定的互动。

嵌入是指对冲国基于对象国强大的经济、军事等实力和影响力，通过制度性的参与而进入对象国所构建的框架之中，这层概念还包括，对冲国对国际体系或国际机制的认同和融入，比如中国加入世界贸易组织、诸多国家主动或被动地卷入全球化等。王逸舟教授在研究中国外交转型时提出"创造性介入"的观点，其核心论点就是中国外交应该适应全球的进步时代和广泛而深刻的社会转型，通过创造性介入推动中国外交的转型。② 这其实也是本书所研究的嵌入的一个体现。

有限追随指的是通过有限的顺从获得政治、经济和安全利益，其强度低于追随。基于对对象国安全保护的依赖，小国在强大的结构压力之下会采取追随战略，突出表现为结盟关系。但"有限"就体现了对冲的色彩，对冲国不再完全顺从和依赖对象国，而是通过经济多样化、拒绝主导和间接制衡的方式在密切关系的基础上尽可能地降低依赖程度、分散风险。③ 对冲国实施有限追随时对安全利益的考量超过了经济利益，此时对冲国可能面临着较高的安全风险或者自我认知的外部压力。

防范是指通过采取预防性的途径，防止战略形势不利于己。防范的实施需要决策者对内外形势有较为准确和清晰的把握，是一种先发制人的主动出击模式，其手段包括有意降低对象国的影响力、减少对象国的相对收益、从制度上约束对象国，甚至发动预防性的战争。比如随着法国和俄国不断地加强军备，尤其是快速工业化背景下俄国工业化的快速增长，德国决策层认为，越往后敌我力量对比对自己越不利，甚至德国

---

① [美]阿拉斯泰尔·伊恩·约翰斯顿、[美]罗伯特·罗斯主编：《与中国接触——应对一个崛起的大国》，黎晓蕾、袁征译，新华出版社2001年版，第9页。
② 参见王逸舟《创造性介入：中国外交的转型》，北京大学出版社2015年版。
③ Cheng-Chwee Kuik, "How Do Weaker States Hedge? Unpacking ASEAN States' Alignment Behavior Towards China", *Journal of Contemporary China*, Vol. 25, No. 100, 2016, pp. 500 – 514.

可能遭到法、俄的主动进攻，所以德国率先挑起了预防性战争：第一次世界大战。[①]

束缚是一种与嵌入在方向上大致相对的对冲形式。嵌入是主动参与，束缚则是试图将对象国纳入对冲国所支持或参与的制度性框架之中，通过双边或者多边机制，在制度和规范上对其形成一定的约束，这不仅可以尝试将对象国"社会化"，也可以利用体制内多国之间的利益关联对其形成内部制约。这是一种既可能获得眼前利益又可能改变长远国际交往关系的努力。比如东盟利用东盟框架将中国吸纳进来，形成"10＋"的模式，增加对话渠道。

合纵起源于战国时期，是当时的纵横家所宣扬的外交模式之一，与其相对的是"连横"，"天下之士合纵相聚于赵而欲攻秦"指的就是东方六国联合以对抗给它们带来（或将会带来）安全威胁的秦国。在现代的外交政策中依然有合纵的体现，中小国家考虑到自身实力衰弱，单凭一己之力无法对抗某一地区强国或干涉本地的域外大国或者是层出不穷的国际风险，于是"抱团取暖"成立地区性国际组织或者合作框架。欧盟、东盟、非盟等地区组织的成立就是合纵的现实案例。就东盟而言，东南亚中小国家结成地区组织，目的就是以更大的体量和影响力争取在国际社会获得更多的利益和选择权利，从其成立之初就隐含着对冲的基调。

牵制则指的是运用经济、政治、军事、法律等方式限制对方的行为和影响，主要包括直接和间接两种途径，直接的牵制是对冲国自身通过各种方式直指对象国做出了一系列行为，而间接牵制包括支持对方的竞争者或对手，增强其实力和能力，对对象国形成外部的限制。

如要更清晰地把握对冲这一关键概念，还应明晰其以下几点特征：首先，从对冲的主客体来看，对冲的主客体范围都进行了拓展。对冲的主体不仅包括众多中小国家（在国际政治中，尤其小国的对冲色彩更为强烈），还包括诸如中国、美国、德国、法国这样的国际性大国和中等国家，此外利益攸关的大国之间也可能会实行相互对冲的策略，比如21世纪初的中

---

① 此观点主要受教于梅然老师，他认为，德国挑起"一战"的原因并非传统观点所认为的帝国主义经济政治发展不平衡，大国为了争夺殖民地和势力范围、为了抢夺市场和原料产地，而是德国基于国家安全的考虑而采取的军事自保行为。

美两国。① 对冲的客体从对冲某一国家变成对冲不确定、不稳定的内外部风险。在20世纪末和21世纪头十年的研究中，关于对冲客体的研究基本集中在诸如中国、美国、日本、新加坡等国家行为体上，但是在之后的研究中，学者们就将研究的维度进行了扩展，认为单纯对冲某一国家并不能准确描述国家行为的真实情况，因为国家角色和对外行为都可能发生转变，行为体所要对冲的是本身所要面对的不确定的内外部风险。因此本书关于对冲的内涵的界定也是基于拓展之后的内容进行的进一步研究。

其次，从对冲的实施范围来看，对冲的环境既包括内部环境也包括国际环境。因为作为国际政治学行为体最主要因素的国家，不仅要面临国内统治合法性和发展的问题还要接受国际社会的刺激和挑战，所以两种环境都会对国家的对冲战略产生重要影响。而对国家之外的国际行为体而言，以规模日益庞大的地区性国际组织为例，它们构建了一套体系内的制度和管理框架模式，因此其所面对的环境不仅包括国际社会环境，还包括协调和平衡体系内个体国家所组成的组织内环境。所以综合来看，内部环境（国内和组织体系内）和国际环境都是对冲战略的实施范围，也是其发挥作用的重要场域。

再次，从对冲的策略形式来看，其形式包括多种，是在制衡和追随两个极端中存在的某种中间状态。具体而言，对冲的合作程度大于接触而小于追随，对抗强度大于防范而小于制衡。就合作性而言，对冲的基础要求是行为体之间存在接触行为，而最大限度的合作莫过于追随，如冷战时期北约和华约集团中众多中小国家采取的策略分别是追随美国和苏联，在超级大国的庇佑下形成一致的对外行为。而就竞争性而言，其基础始于在利益冲突背景下对一个行为体形成防范，最大强度在于形成制衡策略。在此范围内都可以大致归于对冲行为，当然对冲所包含的行为可以是多样的，我们可以进行一个大致的分类，在合作性的对冲方面包含嵌入、有限追随等，在竞争性或竞争性的对冲方面则可能包含束缚、牵制、合纵等方式。当然在实际的对外行为中，这些方式的出现并非非此即彼或不能共存，它们可能同时被应用于对外交往中，这就需要

---

① Evan S. Medeiros, "Strategic Hedging and the Future of Asia-pacific Stability", *The Washington Quarterly*, Vol. 29, Issue. 1, 2005, pp. 145 – 167.

具体情况具体分析了。

最后，从行为体追求的目标来看，其目标有两类，一类是降低或者规避风险，将国内/内部和国际风险降到最低；另一类是通过灵活的外交策略从中获得收益，以抵消可能会遭受的损失，但是避险是国家对冲的出发点。根据现实主义的逻辑要义，不管是国家行为体还是国际组织，其行为的主要目的都是维持权力并在此基础上扩展权力。随着国内事件的国际化和国际事件的内部化，行为体不仅需要规避内部风险还需要时刻对国际风险保持警惕，比如全球公共卫生事件新冠疫情的暴发可能会带来"失范性冲突"的风险，这就对世界上绝大多数国家的经济、社会、政治等产生了消极影响。对冲的实施就是在权衡众多类型风险的前提下巧妙地将风险系数降到最低，同时以其他形式的国际行为弥补风险可能带来的损失，更好的状态是对国家利益有所助益。

总之，虽然到目前为止学术界尚未形成关于对冲确定的内涵外延界定，但本书在进一步以对冲为关键要素的研究中，从对冲的主客体、实施范围、策略形式以及追求目标方面进行了尽可能细致的区分，这对接下来的分析和比较起到了重要的奠基作用。在讨论和界定了对冲的概念之后，接下来本书将进一步区分容易与对冲概念相混淆的一些概念。

其一，两面下注、等距离外交与对冲。目前在学术界，尚无对于这三个概念的明确区分，更多时候学者们都将这些概念混用了。[1] 但是通过认真研究它们的语境、内容、对象等方面，会发现这三种概念存在某些差别，两面下注和等距离外交各自都有偏向的话语体系和强调的内容，而在当今的国际形势中，国家行为体的战略选择都可以以对冲来概括。两面下注体现了一种投机的心态，与对冲在不确定的国际环境中寻求避险不同，两面下注的出发点更多偏向从中获益。等距离外交只是对冲战略的其中一种表现形式，可以囊括在对冲战略的框架之内。

其二，对冲与中立。有学者认为对冲包含三个必要条件，分别是不

---

[1] 混用对冲、两面下注、等距离外交概念的文献可参见刘宏宇、吴兵《两面下注：新形势下日本对华政策的变化》，《战略决策研究》2019 年第 1 期；Cheng-Chwee Kuik, "Malaysia's China Policy after MH370: Deepening Ambivalence amid Growing Asymmetry", in Gilbert Roztn and Joseph Chinyong Liow eds., *International Relations and Asia's Southern Tier*, Library of Congress, 2018, pp. 189 - 205；Cheng-Chwee Kuik, "Malaysia Between the United States and China: What do Weaker States Hedge Against?", *Asian Politics & Policy*, Vol. 8, No. 1, 2016, pp. 155 - 177。

在竞争性的国家之间选边站；采取相对或相互抵消的措施；留出全身而退的余地。只有同时满足这三个条件才是完整的对冲行为。① 中立是指在武装冲突的情况下，对参战的任何一方都不采取行动，同时中立国还具有明确的权利和义务。② 很明显，中立诞生的基础是战时，虽然也存在和平时期永久中立国的战略行为，但是中立仍然只是不选边站的一种形式。

同时需要特别说明的是，虽然东盟国家大都是类型各异的中小国家，但本书主要聚焦于东盟国家及其典型国家菲律宾、马来西亚和老挝的战略研究，而非对具体的国家体量，即大国或小国、强国或弱国等进行详细探讨。在国际政治研究中关于大国的成果浩如烟海，但相对而言，小国研究则呈现一种滞后性，且在学术界单就小国的概念也尚未达成共识。保德·苏哈森（Baldur Thorhallsson）曾撰文专门分析了欧盟国家的规模问题，作者认为冷战后国际体系发生了根本变化，欧盟一体化是建立在经济合作和政治协作上进行的，以往单纯根据四变量的规定衡量标准已经不合时宜，所以作者在整合以往研究的基础上，认为国家规模的衡量标准应该包含四个变量：人口、领土、国内生产总值和军事能力，同时划分了六种规模，不同的规模可以给国家行为带来不同影响。比如固定规模中包含人口和领土，主权规模主要是对内最高统治权和对外自主权，政治规模主要从军事能力、行政能力和国内凝聚力分析，经济规模是根据国内生产总值、市场规模等衡量，此外还有认知规模和偏好规模，前者包括国内外行为体对该国的看法，后者主要是国内精英的统治策略及对国际体系的观察。除了划分六类规模，作者认为在辨析国家规模和国家行为时还需要考虑两个重要因素，即国家的行为能力和脆弱性。③ 作者为定义国家规模尤其是欧盟中的国家规模建构了一个类别框架，这将传统的四个主要衡量标准（人口、领土、国内生产总值和军事能力）包含了进去，并将国家行为能力和脆弱性也作为两个极其重要的考量标准，但是在具体案例中，作者根据各个类

---

① Cheng-Chwee Kuik, "How Do Weaker States Hedge? Unpacking ASEAN States' Alignment Behavior Towards China", *Journal of Contemporary China*, Vol. 25, No. 100, 2016, pp. 500 – 514.
② 海牙第五公约《中立国和人民在陆战中的权利和义务公约》和第十三公约《关于中立国在海战中的权利和义务公约》对中立国的权利和义务作出了规定，公约于1907年在海牙签署。
③ Baldur Thorhallsson, "The Size of States in the European Union: Theoretical and Conceptual Perspectives", *European Integration*, Vol. 28, No. 1, 2006, pp. 7 – 31.

别划分行为能力强弱或者脆弱性强弱之时并没有具体的数据支撑,只是根据案例进行主观判断这一指标到底是强还是弱,此时带有严重的主观随意性。

之后保德·苏哈森和安德·威尔在合作的一篇文章中批判了以往小国概念的说法,比如有学者避重就轻,认为小国就是非大国;有学者从人口、权力资源等角度衡量国家规模;还有学者认为要进行主观因素和客观因素的综合考量,但是作者认为这些定义的随意性过大,不具有科学性和合理性,他们转而提出了一种"相对概念"的说法,关注点从特定问题领域转移到了某些小国的历史背景上来,更加重视权力的运用而不是权力的占有。作者自己也分析了这种定义方式具有较强的弹性,可以根据特定的时空背景从现实主义、自由主义或者建构主义的角度进行解释。[1] 相较以往,这一概念确实体现了更多的灵活性,因为它是一个弹性的概念,需要特定的历史背景或研究领域为前提,但是这种相对概念的提法给研究带来了一定的困扰,不同的学者可能在某些领域参照的背景标准不同,这就会出现多种小国划分,带来研究上的混乱。

但是作者提出的"相对概念"与戴娜·潘珂(Diana Panke)的看法较为相近,只是潘珂并没有直接定义小国的概念,而是认为规模是被建构出来的,小国或者大国形象并不能标签化,小国不是政治侏儒或者权力掮客。之后作者举了一系列的例子说明规模和小国参与谈判的积极性不是线性因果联系,小国可以通过谈判策略或者系统地学习和专业技能弥补规模造成的困难,加入欧盟时间的长短、是否担任欧盟主席或者谈判代表专业水平的高低都可能会影响国家的影响力。[2] 潘珂以一种建构主义的视角重新定义了国家规模,认为小国只是被人为建构出来的概念,作者在文中运用的案例和访谈的数量也很庞大,但是并没有那么强的代表性,对一些人的访谈并不能作为验证某个观点的直接证据,但总体而言,还是为我们认识小国提供了一种新的角度。

之后潘珂进一步分析了国家规模的问题,她认为规模是一个相对而言

---

[1] Baldur Thorhallsson, Anders Wivel, "Small States in the European Union: What Do We Know and What Would We Like to Know?", *Cambridge Review of International Affairs*, Vol. 19, No. 4, 2006, pp. 651–668.

[2] Diana Panke, "Small States in EU Negotiations: Political Dwarfs or Power-brokers?", *Cooperation and Conflict*, Vol. 46, No. 2, 2011, pp. 123–143.

与背景紧密相关的概念，只有在特定的语境中存在可比较对象时才有存在的意义。小国不具有一个绝对定义，在世界贸易组织的经济谈判中，小国就是国内生产总值在平均值以下的国家；在欧盟的投票中，小国就是在部长会议中持有低于平均投票数的国家。同时作者也给出了例外情况，即在某些议题中分不清到底何种要素最为关键时，可以以经济手段来衡量，即国内生产总值的多少。[1] 作者在这里给出了一种全新的定义小国的视角，是一个相对的和关联的概念，需要看具体研究的领域然后选取衡量的标准，但是作者认为财政是最为重要的衡量因素，这未免与前面的衡量标准有些冲突，并且其一切障碍都是由于较少的财政资源造成的，这似乎有些经济决定论之嫌。

鲍尔·萨顿（Paul Sutton）则认为虽然小国的概念既不精确也具有争议，但是在具体的研究中，文章的作者如何定义小国，那么小国就是什么。小国不一定是弱国，并且小国与脆弱经济体、小经济体、小主权国、发展中的小岛国等概念是有很大区别的，经济体量上的"小"跟安全中的"小"也不可相提并论。人口在150万以下以及脆弱性仍然是衡量小国的关键特征。[2] 作者并没有简单地定义小国的概念，而是指出了小国与弱国或者小经济体等相近而不相同概念之间的区别，这为以后的领域研究提供了很好的视角，但是作者在最后的分析中仍落入窠臼，将人口和脆弱性当作界定小国的关键特征，而并没有给出具体可操作性的衡量标准。

国内小国研究专家韦民将小国界定为人口规模为1000万以下的主权国家，认为将人口规模作为衡量国家规模的标准相对更为简洁可行，[3] 这为接下来作者的进一步研究划定了范围，对于小国的划分比较清楚明了，但是这种单一的人口规模决定论过于简单化，没有考虑到其他客观要素，也没有涵盖主观上的衡量要素，比如经济实力、军事实力、人口素质、国际影响力等。虽然区分大国、中等国家、小国等研究具有重要的学术价值，但这些问题并非本书所要重点研究的内容，在此并不多做探讨。

---

[1] Diana Panke, "Dwarfs in international negotiations: how small states make their voices heard", *Cambridge Review of International Affairs*, Vol. 25, No. 3, 2012, pp. 313–328.

[2] Paul Sutton, "The Concept of Small States in the International Political Economy", *The Round Table*, Vol. 100, No. 413, 2011, pp. 141–153.

[3] 韦民：《小国与国际关系》，北京大学出版社2014年版，第51页。

二 结构压力

国家的对冲行为会受到结构压力的影响,这里的结构压力主要由两个要素决定,分别是相对权力和国际环境。华尔兹认为国际政治结构由三部分组成,首先是它的排列原则,其次是单元所具有的功能,最后是单元间能力的分配。[1] 由于体系排列原则和单元的功能都具有一定意义上的稳定性,所以单元间能力分配的变化对于国际体系转变的影响最大,在无政府状态之下,国家会时刻注意其权力位置的变化,格里科因此认为国家是"位势主义者"(positionalist),[2] 施威勒认为国家间的竞争是"位势竞争"(positional competition)。[3] 由于对相对权力及在体系中排序的重视,一般意义上国家在交往中更关注相对收益而非绝对收益,当国家在交易中获得收益,但其对自身的相对权力地位产生削弱作用时,国家可能就不再考虑其将获得的绝对收益。[4] 基于此,相对权力是指国家在国际体系中的排序位置。当然,对于体系位置的衡量有不同的标准,但物质性权力是其中较为主要的考量因素。就冷战后的国际政治体系而言,美国以其优越的综合实力高居世界首位,2010 年中国经济实力超过日本成为世界第二大经济体,不管是在全球范围内还是在地区的政经格局中,国家相对权力都发生了重要变化。也正是因为这种相对位势的转变,亚太地区逐渐成为美国全球战略的中心,美国先后提出"重返亚太"和"亚太再平衡战略"以及"印太战略",不仅着力于继续强化亚太联盟安全网络体系,还要与新兴大国构建更深的伙伴关系、强化区域机制、建立可靠的和可以促进经济增长的

---

[1] Kenneth Waltz, *Theory of International Politics*, Boston: Addison-Wesley Publishing, 1979, p. 329.
[2] Joseph M. Grieco, "Realist International Theory and the Study of World Politics", in Michael W. Doyle and G. John Ikenberry, eds., *New Thinking in International Relations Theory*, Boulder, Colorado: Westview, 1997, p. 167.
[3] Randall L. Schweller, "Realism and the Present Great Power System: Growth and Positional Conflict Over Scarce Resources", in Kapstein and Mastanduno, eds, *Unipolar Politics: Realism and State Strategies After the Cold War*, Columbia University Press, 1999, p. 28.
[4] 此外还有类似观点表述,参见 Powell Robert, "Absolute and Relative gains in International Relations Theory", in David A. Baldwin ed., *Neoclassical and Neoliberaalism: the Contemporary Debate*, New York: Columbia University Press, 1993, pp. 209 - 233。

经济架构。① 国家相对实力的变化会对其感受到的结构压力产生重要影响，对于大国而言，在正常时期，其结构压力主要来源于相对权力所产生的压力，但是对于广大的中小国家而言，由于其相对权力在国际体系中的变动并未受到大的国际影响，同时对国际社会也很难产生实质性的影响，所以其结构压力受到相对权力的影响就有所削弱。

影响结构压力的另一个关键要素是国际环境。这里的国际环境不仅指国家当前所处的国际社会的稳定程度，还包括国际社会中的一些机遇和挑战。冷战后，两次大的金融危机和一次恐怖袭击对国际社会产生了重要影响，2019年开始陆续在全球范围内暴发的新冠疫情再一次对世界上所有的行为体提出了严峻挑战。单纯只依靠国内因素实现权力重大转移的可能性是微乎其微，而国际竞争通常是引起形势突变的重要原因，不断的国际竞争持续考验着一国的综合实力和治理能力。② 这里所说的国际竞争包含多种表现形式，既有冲突的极端形式战争，又有通过政治和道德文化等约束的文件约定，以及密切的经贸往来所形成的相互依赖关系。对不同国家行为体而言，国际环境对其作用的层次也会有所区别，具体到本书所探讨的东盟国家，它们除了受到国际安全、卫生、经济等危机的影响，也受到中美竞争态势变化的影响。对于东南亚中小国家而言，其对冲行为主要受

---

① 2013年3月美国白宫首席安全顾问托马斯·多尼伦（Thomas E. Donilon）在主题为"新闻头条外的亚洲"（Asia: Beyond the Headlines）研讨会的亚洲协会上发表了"2013年的美国与亚太地区"（"The United States and the Asia-Pacific in 2013"）报告，在这一报告中，多尼伦阐述了美国"亚太再平衡"的步骤和措施，他认为当前是亚洲重要的转型期，在此大变局情势下，美国进行再平衡显得尤为重要，并进一步讲述了美国"亚太再平衡"战略的具体内容和措施：第一，继续强化亚太联盟关系。这包括美国与日本、韩国、菲律宾、澳大利亚、泰国的盟友关系将会进一步增强。第二，构建与新兴大国更深的伙伴关系。这包括美国支持和帮助印度崛起，维护和巩固美印之间的"21世纪决定性的伙伴关系"，美国与印度尼西亚建立了全面伙伴关系，并继续深化与印度尼西亚的合作。第三，与中国建立建设性的新型伙伴关系，从经济合作、军事对话、政治协商等方面继续深化努力，并在网络安全等方面创造新的沟通渠道。第四，强化区域机制。美国将继续推进地区合作机制的强化，与东盟签署友好条约，参与东盟峰会以及在区域领土纠纷中扮演角色。第五，建立可靠的和可以促进经济增长的经济架构。比如搭建跨太平洋伙伴关系并将其作为再平衡的经济核心战略。参见Tom Donilon, "Remarks by National Security Advisor Tom Donilon", As Prepared for Delivery, November 15, 2012, https://obamawhitehouse.archives.gov/the-press-office/2012/11/15/remarks-national-security-advisor-tom-donilon-prepared-delivery.

② [英]艾瑞克·霍布斯鲍姆：《革命的年代：1789—1848》，王章辉等译，中信出版社2014年版，第25页。

到中美竞争的影响,中美竞争态势缓和之时,它们对冲的空间就较为充裕,反之,对冲空间就会受到挤压。相对于国家之间的相对权力,国际环境的影响范围更大,也更具不可预测性。

在国际政治中,行为体之间的相对位置和关系构成了权力场域,权力场域是关系的系统,而行动者之间的关系受其所占位置、角色等制约,同时行动者也受其本身所拥有的资本的限制,行动者必须根据场域的各种关系来制定策略。资本不仅是资源,更重要的是权力,是行动者凭借它在场域中发挥作用的权力,也是行动者凭借它占据某种位置并因而可以支配场域的权力。有四种资本形式,分别是经济资本、社会资本、文化资本和象征资本。其中经济资本是经济学意义上的概念,指可以直接兑换成货币的资本形式,并可制度化为产权形式。社会资本则是指一种资源,其来源可以包括人们获得会员权或参与权,或基于出身或某类型学校而拥有的社会关系网,行动者可以运用这种社会关系网络以实现某些目的。[1] 文化资本是指借助不同的社会化过程和教育行动而获得的文化能力和文化知识。文化资本可以转化成其他资本形式,并可制度化。象征资本,也被称为符号资本,是一种更高层级的资本形式,在经济资本、社会资本和文化资本综合发挥作用下产生,所形成的行动者在社会或某个场域中的名誉和声望。[2] 在国际政治领域,国家行为体所做出的国家行为都会受到其自身的历史记忆、内政外交制度、社会结构、文化传统等方面的影响,通过对具体情势加以辨析,最终做出体现为"国家策略"的某种国家行为。

在无政府状态的国际社会,国际社会行为体对于在国际格局中位势的追求是一个永恒的主题,位势的高低影响着行为体主导权的多少,也直接影响了其对国际事务的决定权和话语权。相对权力和国际环境都深刻影响着一国所受的结构压力,这种压力会随着国际形势的转变发生变化。国际环境带来的机遇和挑战是国际体系中所有国家生存和发展的背景,相对权力是一直以来国家竞争关注的核心要素。

---

[1] [德] 汉斯·约阿斯、[德] 沃尔夫冈·克诺伯:《社会理论二十讲》,郑作彧译,上海人民出版社 2021 年版,第 346 页。

[2] Pierre Bourdieu, "The Social Space and the Genesis of Groups", *Theory and Society*, Vol. 14, No. 6, pp. 723–744.

三 国家能力

国家能力是指国家进行内政和外交的能力。新古典现实主义认为，政策反应的做出需要体系刺激，然后经由国家这个棱镜进行过滤，其中国家的政治系统有认知、决策和政策执行三个环节，但是会受到领导人的意象、战略文化、国家—社会关系以及国内制度的影响。[1] 就对冲战略而言，它本身属于一种政策反应或者外交行为，在做出这一行为之前也会受到国家内部的层层过滤。但是本书对国家政策影响要素进行了调整，认为国家实力和战略意图是影响国家能力的关键要素，其中国家实力主要选取经济和军事实力为主要衡量要素，战略文化和领导人的认知对一国的战略意图有着重要影响。这主要是因为影响一国能力的要素不仅有经济和军事实力，还应该包括其战略意图，国家对国际形势的把握和对本国所面临的机遇挑战的预判的准确性，制定出最大化国家利益战略的效率，以及将实力和战略转化成实际行为的能力，这一综合过程体现、考验也决定着国家的能力。

（一）国家实力

国家实力受到多重因素的影响，不仅包括政治、经济、社会、文化、军事，还包括战略、外交、科技、人口等，但是在进行理论建构的过程中，包含一切变量的要素所产生的说服力也是令人质疑的，所以我们在研究影响国家实力的要素中，主要考察了国家经济和军事实力这两个因素。经济和军事实力对于一个国家综合国力的重要性不言而喻，衡量国家经济实力的标准也有很多，但主要包括其国内生产总值（GDP）、货物贸易量、国家的外汇储备、资源潜力等，军事实力主要体现在军费开支、军队人员数量、军备武器研发等。从某种程度上讲，经济实力和军事实力直接反映了一国的国家实力以及在国际社会中的影响力。"仓廪实而知礼节，衣食足而知荣辱"代表了中国古代先贤很早就意识到了经济建设的重要性，除此之外，不管是评价国家的综合国力还是国际影响力，经济都是核心的考量要素之一。

---

[1] ［加］诺林·里普斯曼、［美］杰弗里·托利弗、［美］斯诺芬·洛贝尔：《新古典现实主义国际政治理论》，刘丰、张晨译，上海人民出版社2017年版，第20—33页。

从民族国家创立之初军事的重要性便得以彰显，不管是实施防御性战略还是扩张性战略，都表明军事实力是国家安全的重要保障，也是保持和实现国家利益增长的后盾。这在"一战"和"二战"期间表现得最为突出，美苏冷战之际，两大集团之间也是通过军备竞赛展开全球较量，可以说军事实力在国家安全受到威胁之际最能彰显和代表国家实力。经济实力和军事实力共同体现着国家的综合实力，正因为这两个因素如此重要才使得国际政治中几乎所有国家都会时刻关注实力接近国家的发展可能带来的权力转移。雅典的迅速崛起引起老牌陆地强权斯巴达的恐惧，最终爆发战争两败俱伤，所以修昔底德认为在维持世界运行的原则之中，正义只是势均力敌的强国之间讨论的话题，强者行其所是，弱者忍其所受，[①] 这里的强者、弱者主要是由其经济实力和军事实力构成的。就本书而言，冷战后，东盟国家在中美的不同竞争态势中生存发展，基于对历史和现实的权衡，不同国家会做出不同的战略选择，但是不管是追随美国、追随中国，还是在中美之间保持一种对冲的姿态，本国的国家实力都是它们在做出这些选择时的基础和缘起。对于小国而言，经济发展动力不强，在国际社会中更为敏感和脆弱，如果中美竞争形势严峻，这些小国的选择空间就会大大缩小，更好的策略是追随其中一方而制衡另一方，但是反过来对于经济和军事实力较为雄厚的国家而言，国家能力就能为自己营造更多的选择机会。

（二）战略意图

战略意图是指国家实施某种战略的意愿及目标，这涉及国家的战略文化和领导人的认知。广义的战略文化是指根植于大众和精英之中的根深蒂固的信仰、世界观和对世界的共同期望。[②] 理想模式的战略文化包含相互关联的信仰、规范和假定，它形成了领导人、社会精英乃至公众的战略理解，通过制度化和社会化，即使在无政府状态下，集体期望都可以通过战略文化限制国家行为及其自由。[③] 战略文化能够影响国家认识国际体系的刺激以及权力结构转变的方式。比如"二战"期间德国和日本都具有浓厚

[①] Thucydides, *The Peloponnesian War*, New York: New American Library, 1951, p. 331.

[②] Charles Kupchan, *The Vulnerability of Empire*, New York: Cornell University Press, 1994, pp. 27–29.

[③] [加] 诺林·里普斯曼、[美] 杰弗里·托利弗、[美] 斯诺芬·洛贝尔：《新古典现实主义国际政治理论》，刘丰、张晨译，上海人民出版社2017年版，第64页。

的军国主义色彩，但是它们在"二战"中的失败以及相关大国的改造重新建构了战后日本和德国的战略文化，反军国主义规范限制了德日两国采取强势外交的政策。[①] 战略文化可以随着时间的变化而改变。美国从传统的孤立主义变为积极融入世界发展，后来经由两次世界大战升为世界强国，尤其冷战结束以来，形成了以美国为中心的一超多强的国际局势，现在美国国际影响力有了一定程度的下降，美国保护主义势力重新抬头，这些都在不同时段影响了美国的国家政策。

在领导人的认知方面，根据杰维斯的观点，国家决策者在不确定的国际环境中，很容易发生错误知觉，并且大多数错误知觉都是在夸大对方的敌意，视对方为具有冲突意愿的对手，当决策者的知觉产生错误时，其理解也是错误的，继而其反应是错误的，这种知觉对于决策有非常重要的影响。[②] 领导人的认知除了可能会产生错误知觉之外，还会受到其核心价值、信仰、意象、个性、年龄、经验以及其他因素的影响。领导人的认知并不一定是正确的，即使其认知正确，也不一定能完整地转变成政策反应，这个过程还要受到诸如战略文化、国家与社会关系以及发展需要等的影响。但是并不能由此认为，领导人的认知不重要，因为统治精英通常掌握着重要的私人信息、垄断着外国的信息情报，是很多外交政策和大战略调整的来源。在当前的国际形势下，领导人的认知对于国家对冲战略的实施具有关键作用，比如美国决策者认为不断发展的中国会对美国的霸权构成挑战，因而调整了其外交政策，将注意力集聚在亚太地区，通过加强与亚太其他盟友之间的关系而约束中国的影响力。

国家能力既体现在国家的综合实力上，还体现在其战略意图上。国家实力是国家研判形势的基础，战略文化和领导人的认知会对国家将意图转化成能力的有效性提出挑战。结构压力和国家能力决定着东盟国家的对冲选择和对冲空间，也影响着不同国家的对冲策略。冷战结束后，东盟国家的整体结构压力有所下降，这为它们营造了相对宽松的战略选择空间，相当一部分国家在安全上依靠美国，在经济上与中国加强合作，实行一种经

---

① Thomas U. Berger, "Norms, Identity, and National Security in Germany and Japan", in Peter J. Katzenstein ed., *The Culture of National Security: Norms and Identity in World Politics*, New York: Columbia University Press, 1996, pp. 317 – 356.
② [美] 罗伯特·杰维斯：《国际政治中的知觉与错误知觉》，秦亚青译，上海人民出版社2015年版，"译者前言"第Ⅴ—Ⅶ页。

济和军事安全相分离的"等距离外交"模式,但是在一些具体的冲突议题上,不同国家会在对冲背景下基于本国的国家利益选择倾向于美国或者中国。新古典现实主义基础上的理论框架较为科学准确地解释了冷战后东盟国家的战略选择,以结构压力和国家能力这两个核心变量为基础,东盟国家包括稳定对冲的国家,诸如新加坡、马来西亚、泰国等;从对冲转为追随的国家,如菲律宾;由追随转为对冲的国家,如柬埔寨和老挝,不同国家所受结构压力的不同和国家能力的强度和形式影响着国家的对冲强度。接下来本书将进一步明确结构压力和国家能力对东盟国家对冲战略的影响,以及其中的因果逻辑关系。

第二节 东盟国家的战略选择及调整对冲战略的动因

冷战时期,美苏两极争霸是东盟国家的主要国际背景,对于中小国家而言,最大限度维护自己国家利益的策略就是在两大集团中选择并依靠一方,菲律宾、泰国、马来西亚、新加坡等国选择追随美国,印度尼西亚、缅甸、越南等国靠近社会主义阵营。冷战的结束既宣告了两极世界体系的崩溃,也代表着东盟国家所面临的紧张的国际环境得到了一定程度的缓解。冷战后,虽然美国仍是老牌的霸权强国,但是随着中国的迅速崛起,美国在东南亚的影响力有所衰弱,中国的睦邻政策和稳定周边的外交策略、亚投行的成立以及"一带一路"倡议的实施都使得东盟国家与中国在经贸合作、人员交流、政治往来方面建立了不同程度的紧密联系。同时,美国在国际社会中的霸权行为、随意背信弃义的行径和全球影响力的衰落给东盟国家带来了不安感,中美竞争态势相对而言也不明朗,所以大部分东盟国家都受到这种外部形势不确定的影响,为了本国的国家利益,它们转而选择一种更有弹性的对冲行为,在中美两个大国之间寻找本国的发展道路。可以说,冷战后东盟国家受到的结构压力下降,较为宽松的国际环境塑造了东盟国家的整体对冲特征。但是东南亚是一个集聚诸多类型和形态国家的地区,聚焦到每个具体的国家,由于其国家能力各有不同,与周边国家的关系也各异,比如是否与中国存在岛礁之争、在美国亚太战略中的地位有何不同、在中国"一带一路"倡议中的地位和参与度等，它们的战略选择也会有所区别。可以说，国际环境建构了冷战后东盟国家整体的对冲选择，国家能力影响着国家的对冲形态和对冲强度，同时领导人对国际形势的研判以及将国家实力转化为能力的水平也关乎国家倾向对冲的强弱。

一　结构压力与对冲战略

本书的理论基础是新古典现实主义理论，体系层面的核心变量主要是结构压力，而国际环境和相对权力对国家感受到的体系压力形成刺激。冷战后，中国综合国力和国际影响力的提升被认为挑战了美国主导的国际秩序，从奥巴马政府开始，美国正式将战略重心转移到亚太地区，以遏制中国的发展和东亚秩序的变动。[1] 亚太地区已经是当今国际社会中最具有发展活力和最具有潜力的地区之一，数据显示，在过去的十年中，全球经济增长的贡献量中有60%来自亚洲，而中国每年的经济增长占据了世界的30%左右，成为对世界经济增长做出最大贡献的国家。[2] 同时还有一些学者认为中国崛起并不会对东亚秩序或者全球秩序产生根本性的影响，因为这种崛起主要体现在经济上，这是一种局部的发展而不是全面性的，所以中国尚处于"有缺陷的"崛起状态。[3] 不管中国的崛起只是局部性的还是全面性的，不容置疑的是，中国的崛起给美国带来了一种战略焦虑，这也是"亚太再平衡战略"和"印太战略"的实施诱因，同时也增加了东盟国家对于局势判断的不确定性。对于东南亚的中小国家而言，基于安

---

[1] 在学术界，针对中国可能会挑战美国的全球地位以及美国对中国的遏制早已有广泛的讨论，参见 Steve Chan, *Looking for Balance: China, the United States and Power Balancing in East Asia*, Stanford University Press, 2012; John J. Mearsheimer, "The Gathering Storm: China's Challenge to US Power in Asia", *Chinese Journal of International Politics*, Vol. 3, No. 4, 2010, pp. 381 – 396; Aron L. Friedberg, "Ripe for Rivalry: Prospects for Peace in a Mutipolar Asia", *International Security*, Vol. 18, No. 3, 1993, pp. 5 – 33; Thomas J. Christensen, "Posing Problems without Catching Up: China's Rise and Challenge for US. Security Peace", *International Security*, Vol. 25, No. 4, 2001, pp. 5 – 40。

[2] 赵健:《驻芝加哥总领事赵健在"亚洲观察"研讨会上的致辞》，中华人民共和国外交部，2019年8月22日，https://www.fmprc.gov.cn/web/dszlsjt_673036/zls_673040/t1692425.shtml。

[3] David Shambaugh, *China Goes Global: The Partial Power*, Oxford University Press, 2012.

全的考虑它们一般会主动或者被动地融入大国的势力范围，成为大国护佑下安全集团的一分子，① 但是当局势中的大国竞争态势不明朗时，这些中小国家就会为自己寻找更多的转圜余地，以赢得更多战略选择的机会。

中国不仅在经贸方面给美国造成了巨大压力，在外交方面中国也相较以往更为坚决和据理力争，尤其是在领土和主权问题上更是如此，② 在政治方面和军事方面彰显了中国在崛起过程中的影响力。在经济方面，改革开放之初，中国国内生产总值占全球的比重为1.8%，但是到2018年这一比重增长为16.1%，从经济总量的世界排名看，中国一路超过法国、德国、日本而成为世界第二大经济体，有报告预测2027年中国可能会超过美国成为全球第一大经济体。③ 不仅如此，中美两国的经济规模差距也在不断缩小，中国通过"一带一路"倡议的实施，以及亚洲开发银行的建设等项目，使得亚太地区尤其是东南亚和南亚地区大多数国家都能享受到中国发展所带来的红利。在政治方面，中国与亚太地区很多国家建立了伙伴关系，并积极加入地区多边框架协议，从2011年到2018年，中国在8年间加入了69个多边框架协议，议题涉及范围广泛，包括海洋、环保、安全、经贸、人文交流等领域。④ 随着"一带一路"倡议的提出到高质量共建"一带一路"的发展，141个国家和32个国际组织签署了206份共建"一带一路"合作文件，为打造新的合作增长点、完善全球治理体系、推动构建人类命运共同体和落实2030年可持续发展议程提供了有力支持。⑤ 中国对亚洲国家的经济繁荣和发展作出了突出贡献，同时在亚洲的外交影响力方面，中国也居于世界先列（2018年至2020年排名第一，2021年排名第二）。⑥ 在军事方面，中国军费开支也有所增长，尤其是从2005年以来。虽然中国军费开支不及美国，但是其武装部队人数远远超过

---

① 刘若楠：《次地区安全秩序与小国的追随战略》，《世界经济与政治》2017年第11期。
② Andrew Scobell, Scott W. Harold, "An 'Assertive' China? Insights from Interviews", *Asian Security*, Vol. 9, No. 2, 2013, pp. 111–131.
③ 任泽平：《中美经济实力对比》，2019年6月，http://www.199it.com/archives/887155.html。
④ 《2015年中国参加的多边条约情况》，中华人民共和国外交部，2016年2月15日，https://www.fmprc.gov.cn/web/ziliao_674904/tytj_674911/tyfg_674913/t1340553.shtml。
⑤ 《中国联合国合作立场文件》，中华人民共和国外交部，2021年10月22日，http://kr.china-embassy.org/xwxx/202110/t20211025_10405679.htm。
⑥ Lowy Institute, "Asia Power Index 2021 Edition", https://power.lowyinstitute.org/data/power/.

美国。①

反观美国，其先后利用布雷顿森林体系中美元与黄金挂钩和主导欧佩克使美元与石油挂钩，在不同时期制造或者参与制造了拉美危机、亚洲金融危机，美国在中东发起的战争也是为了美国资本的增长。可以说美国通过资本的形式，通过强力的军事保障剥削其他国家，从而保持其全球霸权地位。有学者认为美国"亚太再平衡战略"是源于其战略焦虑，"后美国时代"的传言此起彼伏，恐怖主义难以根绝，亚太地区强劲的发展势头以及中国迅速崛起可能造成的体系结构发生改变，这些都引起了美国深深的忧虑。②美国的"亚太再平衡战略"不只是为了缓解焦虑，更多的是为了消除对于国际结构变化的恐慌，当前面临的是充满不确定性、不可预测性的动态图景，国家行为体和众多非国家行为体相互交织、权力日益离散，无政府状态的影响被放大。因此，有人认为美国需要采取大国平衡之术，与中国在太平洋全面展开博弈，比如在所谓的"第一岛链"海域开展军事部署，与中国进行地缘军事博弈，在海上联通方面部署"军事基地链"等展开经济博弈，同时在中国周边海域宣扬航海自由，遏制中国海洋声索权，开展地缘政治博弈。③

就中美两国本身的发展现状和竞合态势而言，美国不再是唯一能够提供地区公共产品的国家，同时中国还为东盟国家创造或者提供了诸多发展红利，所以东盟国家在进行战略调整时不得不同时考虑美国、中国和自身的情况。冷战后的整体国际形势显示，东盟国家所受的结构压力主要来源于中美两国，而中美竞争以包容性为主，东盟国家的结构压力整体下降了，这就为它们进行更多战略选择提供了机遇和空间，对冲成为东盟国家战略中的主要特征。

二 国家能力与对冲战略

国家层面和个人层面的关键变量是国家能力，影响国家能力的要素主

---

① Military Expenditure (current USD) —China, United States, World Bank, https://data.worldbank.org.cn/indicator/MS.MIL.XPND.CD?end=2018&locations=CN-US&start=1990&view=chart.
② 阮宗泽：《美国"亚太再平衡"战略前景论析》，《世界经济与政治》2014年第4期。
③ 祁怀高：《中美在西太平洋的海权博弈及影响》，《武汉大学学报》（哲学社会科学版）2019年第3期。

要有国家实力和战略意图,一国的经济实力和军事实力影响着该国的国家实力,而战略文化和领导人的认知决定着国家的战略意图。相对而言,国家实力是国家的硬实力,而战略意图象征着国家软实力的强弱,国家能力包含着一国所拥有的实力以及将实力转化成有效行动的能力,即国家实现其意志或者目标的能力。国家能力代表着一个国家的潜能,有学者将国家能力分为四种,分别是汲取能力,即从社会中动员以实现国家利益的能力;调控能力,即指导社会经济建设的能力;合法化能力,即国家通过政治符号制造共同意识,建立权威以巩固统治地位的能力;强制能力,即运用暴力维持统治地位的能力。这四种能力是国家生存、发展以及维持公共秩序的基础。[1] 国家能力的强弱直接影响着国家选择战略的自由度和空间,在本书中结构压力决定着国家是否实行对冲战略,国家能力决定着对冲的形态和强度。杨光斌认为一国的国家能力与其处理政府、资本和社会的三维关系不可分割,尤其是现代社会中当资本权力的影响日益扩大时,国家能力的强弱不仅体现在国家建设的民主化进程中,还有资本权力的积累和运用上。[2] 虽然冷战后对于东盟国家而言,整体的结构压力有所缓解,这使得它们有了选择对冲战略的空间,但是具体到不同的单个国家,在不同时期它们所受到的结构压力还是有所不同,对于东盟国家而言,能力强的国家自主性更强,在进行利益交换和谈判时就有更多的资本,而能力弱的国家则会受到具体结构压力的直接影响。

自20世纪后半叶开始,东盟国家相继将重点放在经济发展上,政治服务于经济建设,形成了所谓的"发展型国家",[3] 国家的经济实力在政府干预之下不断提升,但同时也形成了另一方面的问题,即国内民众的福利需求和市场的自主性发展受到了一定程度的限制。根据国家能力的强弱可以将东盟国家大致分为三类:国家能力较强的国家,主要有菲律宾和新加坡;国家实力中等的国家,主要有马来西亚、印度尼西亚和泰国;国家实力较弱的国家,主要有越南、缅甸、文莱、柬埔寨和老挝。国家能力与国家自主权有密切的联系,就如本书所认为的国家能力的强弱直接影响着国家战略的形态和强度,坚定地实施对冲战略或者在制衡、追随上有所偏向

---

[1] 王绍光:《分权的底限》,中国计划出版社1997年版,第1—2页。
[2] 杨光斌:《比较政治学:理论与方法》,北京大学出版社2016年版,第38、61页。
[3] Chalmers Johnson, *MITI and the Japanese Miracle: The Growth of Industrial Policy, 1925–1975*, Stanford University Press, 1982, p. 305.

都是国家能力和国家自主性的表现。迈克·曼（Michael Mann）认为国家权力分为专制权力和基础性权力，而基础性权力就是国家能力，是指国家渗透市民社会并在其统治范围内贯彻政治决策的能力。[1] 迈克·曼的观点表明国家能力代表的是一种社会能力，它与强制力并不矛盾而是共同存在、不可分割的，古代帝国的悖论是其强制力的强大掩盖了市民社会渗透力的软弱，它们在改变或者规制社会秩序方面有一种无力感。[2] 冷战后的东盟国家在安全和经济发展环境上都有所改善，菲律宾和新加坡不仅在经济上实现了突飞猛进的发展，它们在国家治理能力上也在不断改善，马来西亚和泰国在国家能力方面也得到了提升，尤其是中国的"一带一路"倡议实施以来，中国和其他国家在东南亚也展开了第三方市场的合作，比如中日在泰国合作发展了 EEC 轻轨项目。

多数东盟国家一般具有较为长远的经济发展计划，其经济增长水平一直领先于世界平均经济发展，但是东盟经济之所以能够不断发展，中国是其主要动力之一。中国早已超过美国成为东盟第一大贸易伙伴，其经济增长保证了东盟国家的发展活力，在这种情况下，近年来中国的经济发展速度有所放缓，必然影响到了东盟经济的发展。加之东盟在发展过程中收入分配日益扩大，失业率不断攀升，家庭和企业的负债率也不断升高，这些在经济增长放缓的背景下凸显出来。此外，有些东盟国家还存在一些政治不稳定的现象，缅甸、菲律宾等国时常会发生宗教冲突，这些都在一定程度上影响了东盟经济的发展。在这种背景下，域外国家行为体在东南亚市场的合作就显得尤为必要，使三方的交流和合作渗透到经济产业的各个方面。在具有明确政策导向的中日第三方市场合作项目上，可以更具针对性、更有效地促进东盟的发展以及提升其产业层次，经贸发展为国家合法性的建立提供了基础，也为国家能力的综合建设提供了保障。

国家能力反映了一国的治理水平，这种水平既包括有效履行对内职能和维持社会秩序的方面，还包括对外独立自主的形象建构。国家能力有两种理想的形态，分别是治理的官僚制形态和庇护制形态，不管是哪种形态，在与具体的国家政权制度结合在一起时都会对国家的安全和福利产生

---

[1] Michael Mann, *States War and Capitalism*, Oxford: Blackwell, 1988, pp. 5 – 9.
[2] 约翰·豪对此也有过相关论述，参见 John A. Hall, "State and Societies: the Miracle in Comparative Perspective", in Jean Baechler ed., *Europe and the Rise of Capitalism*, Oxford: Basil Blackwell, 1988, pp. 20 – 21。

重要影响。① 东盟国家在冷战后抓住了相对宽松的国家环境机遇，着力进行本国和区域组织的建设，使得自己逐渐从只能依靠某一大国的生存模式中摆脱出来，赢得了在大国之间对冲的空间，不同国家能力的强弱影响着国家对对冲的稳定度和大国平衡的持续性。虽然冷战后东盟国家整体的结构压力有所下降，但是由于某些国家与别国存在领土争端、岛礁争端或者资源矛盾，不同国家感受到的结构压力也会对其国家战略产生作用。国家能力强时，国家实施对冲的意愿和能力就会增强；相反，国家能力弱时，就会在对冲和追随中进行选择。

三 因果关系的明晰

亚太地区囊括了当今世界唯一的霸权国美国、最突出的崛起国中国，以及竞争和冲突的核心区域之一东南亚。一方面，当今世界形势的走向很大程度上是围绕中美关系展开的；另一方面，东南亚聚集了类型较为多样的中小国家，在大国竞争的体系刺激之下，东盟国家战略的转变能为我们认识普遍意义上的中小国家战略研究提供借鉴意义。本书的研究背景是冷战后到当前的国际社会，两次金融危机、"9·11"恐怖袭击以及2019年暴发的新冠疫情都属于影响国际关系的重大事件。在美国逐步将战略重心转移到亚太地区之后，中美两国的竞合关系就成了影响东盟国家战略的主要背景。本书主要研究的是在类型如此各异、国家和地区利益交织如此复杂的东盟国家中，冷战后，为什么它们普遍采取对冲战略？什么因素影响其实施或者放弃对冲战略？东南亚不同国家对冲的特点有何不同？影响对冲形态和强度的因素有哪些？新冠疫情这一全球的公共卫生危机对这些国家的战略选择有什么影响？本书的理论框架是新古典现实主义基础上的新理论模型，新古典现实主义国际关系理论囊括了体系因素、国家因素和个人因素的影响，体系因素和结构性的调节因素都被加以研究。当出现某种体系刺激时，国家结构内部会形成一个认知—决策—政策执行的过程，变量之间通过相互作用和影响最终产生某种政策反应，但是由于新古典现实主义还存在某些问题，诸如在国家"黑箱"变量的选择上，国家类型和国

---

① Pippa Norris, *Making Democratic Governance Work*: *How Regimes Shape Prosperity*, *Welfare*, *and Peace*, Cambridge University Press, 2012.

家能力对体系刺激的反应各有不同,所以本书重新设计了新的模型,尽可能增强理论对现实的解释力。

东盟国家普遍选择对冲战略是这些国家的政治精英在中美相互竞争态势不断发生变化的背景下,基于本国的特点和国家利益而做出的权衡。中美竞争营造的相对缓和的结构压力是东盟国家普遍实施对冲战略的主要原因,在这一大的国际背景之下,国家能力的强弱和特定时期结构压力的突出影响着国家的对冲形式和强度。例如新冠疫情这样的全球性公共危机也会对东盟国家的战略偏好产生影响,一个国家能力的强弱直接决定着其防控公共危机的水平,同时与已经取得研判和防控经验的国家中国拉近距离,能更好地帮助国家进行危机管控。基于此,本书逻辑上的因果关系是层层递进式的,我们可以作出以下解释东盟国家对冲战略的推论:

推论一:冷战后,中美之间的包容性竞争态势降低了东盟国家的结构压力,东盟国家获得了普遍采取对冲战略的空间,对冲战略成为它们更大限度维护国家利益的战略选择。

冷战时期,美苏两极争霸的态势较为紧张,两大集团处于对抗性的姿态,对于众多中小国家而言,面对如此严峻的国际形势如想保障自己的国家安全和利益,只能依靠某一大国或者大国集团。这并不排除有些小国由于资源优势和外交优势可能会获得更多谈判资本,但是总体而言,追随和参与制衡是中小国家的普遍行为。但是冷战结束后,原来的紧张局势得到了缓解,整个世界都进入一种全球化带动的发展浪潮中,在美国看来,中国的崛起打破了美国主导的国际秩序,美国的资本霸权也需要进一步巩固,因此美国先后提出了"亚太再平衡战略"和"印太战略",对中国边拉边打,意欲将中国限制在美国的机制框架内。由于中美之间在政治、经济、科技、人员交流等方面形成了非常紧密的联系,两国的竞争相对而言是包容性的,而不是类似于美苏之间的对抗,所以诸多东南亚中小国家获得了更多战略选择的空间。由于国际局势的走向不那么明确,中国和美国都在不同方面增益着东盟国家的发展,所以它们根据各自国家利益在中美之间选择某种微妙的平衡,普遍实施对冲战略。

推论二:国家能力的变化和特定时期所感受到的结构压力的改变影响着对冲的具体形态和强度。具体而言,主要包括以下三个方面:

其一,在特定时期,结构压力相对增强时,国家进行对冲的倾向就会下降,追随意图占主导,菲律宾是典型的由对冲转为追随的国家,越南由于受到的结构压力变强，国家能力又弱，所以其对冲的倾向由弱变强。

其二，当结构压力降低时，国家选择对冲的意愿就会上升，此时对冲的形态和强度主要由国家能力影响。当结构压力小，国家能力强时，国家会采取稳定对冲的策略，诸如新加坡、马来西亚、印度尼西亚和泰国。

其三，当结构压力降低，国家能力又相对较弱之时，国家可以在两种策略之间选择，一是采取长久对冲策略，诸如缅甸和文莱，二是当地缘政治位置的重要性上升时，国家战略可能由追随逐步转为对冲，比如柬埔寨和老挝。

在冷战后整体的对冲环境之下，具体的单个国家所实施的对冲战略和偏向程度有所差别。菲律宾、越南、文莱、马来西亚和印度尼西亚都与中国在南海岛礁问题上存在争议，当美国着力在亚太地区围堵中国之时，中国与东盟国家的矛盾冲突就会上升。尤其是特朗普政府的"印太战略"更是"亚太再平衡战略"的加强版，牵制和遏制中国的意图更为明显，部署也更为严密，对于与美国存在同盟关系的国家和处在"印太战略"关键位置的国家而言，其结构压力就会增强，原本宽松的对冲空间会受到挤压，菲律宾的对冲战略逐渐向追随美国靠近。而对于诸如新加坡这样的国家而言，其虽然像域内其他国家一样处于中美两大"巨人的夹击"之中，但是由于其结构压力没那么大，国家能力又强，所以它能长时段地在两大国之间寻找平衡，实行稳定的对冲战略，跟其类似的国家还有马来西亚、泰国和印度尼西亚。东南亚还有诸多能力较弱的国家，在这类国家中也存在两种战略形态，对于缅甸和文莱这样受国际环境不那么明显，对国际社会的体系建设也不那么突出的国家而言，它们也可以实施长时间的对冲，在大国之间实行一种类似等距离的外交模式，而柬埔寨和老挝在享受了中国的"一带一路"倡议红利之后，经济和社会都得到了一定的发展，当美国对其作出亲近姿态之时，它们就开始了中美之间的权衡，逐渐从追随中国转向了在中美之间对冲。

第三节 作为整体的东盟之外交方式和对冲形态

在结构压力和国家能力两大关键变量影响之下，东盟国家在冷战后的整体结构压力大大下降,其对冲的空间较为宽裕,但是基于不同国家内部的政治系统要素及其国家实力,不同类型的国家在特定时期采取的国家战略仍然有所区别。虽然对于东盟国家而言,成员国之间的利益冲突、成员国之间不干涉内政存在悖论以及每个国家对东盟的需求不同(诸如权力需求和发展需求的不平衡分布),导致东盟优先和国家优先的矛盾一直存在,[①] 但东盟作为一个整体的亚洲区域组织,其在国际社会中还是会表现出一定的组织协调性。通过分析东盟自成立至今的外交模式可以看出,东盟一直致力于其"和平、自由和中立化",对冲也一直是其不断探索的外交战略,当然在不同问题上和不同时期东盟的对冲形态呈现了很大差异。始于"中立"终于"对冲"的东盟在不断探索对冲之路,可以说,对冲成为冷战后东盟外交方式的典型特征。东盟在以一种类似长期主义的方式践行着小国大道的理念。在面对种种挑战之际,东盟以特有的"东盟方式"创造性地和妥协性地推进非对抗协商,以灵活的非正式架构促进东盟地区主导功能的建构,比如多个"10+"模式、东亚峰会、《区域全面经济伙伴关系协定》(RCEP)的形成。对东盟外交模式和对冲形态的探讨将为本书的案例研究提供铺垫作用,也有助于构建一个全局性的逻辑框架。

一 始于"中立"终于"对冲"的东盟战略演变历程

根据东盟自1967年成立至今在外交关系中表现出的姿态和外交行为,可以大致将其战略分成四个阶段,分别是1967年东盟成立至冷战结束,成立于冷战时期的东盟在这一时期表现出向美国倾斜但逐步争取中立化的形式;冷战结束至1997年亚洲金融危机,东盟采取了典型的对冲战略;1997年亚洲金融危机至21世纪初,东盟在外交上向美日倾斜;21世纪初至今,东盟实行对冲战略但承受着严峻的挑战。接下来本书将详细阐述东盟国家自成立至今的外交模式演变。

(一)东盟成立至冷战结束:争取中立但向美国倾斜

东盟成立于20世纪60年代地区主义的浪潮中(初创成员国有五个)。这一时期东盟国家的战略考量具有一定的矛盾色彩。一方面是因为,这些

[①] 阳阳、庄国土主编:《东盟黄皮书:东盟发展报告(2018)》,社会科学文献出版社2020年版,第44—48页。

刚摆脱西方殖民统治不久的中小国家有强烈的民族独立诉求，渴望建立独立自主的国际形象、与国际上其他国家平等对话；另一方面是因为，他们担心大国留下的"权力真空"可能会引起其他崛起国对此地的争夺，这些国家实力羸弱，并没有足够的实力推行均势加以抵抗，同时，他们普遍认为美国从此地撤出军事力量并不利于本地区的安全和发展，于是对美国带有一种安全依赖的惯性。因此在调整战略总方针时带有双重考量，在推行均势外交的同时向美国倾斜。在其外交行为和姿态上也体现了这一点，比如东盟成立初期追随美国将共产主义视为主要威胁，东盟各国大量向美国购买军备武器（以20世纪70年代中期最甚），福特提出"新太平洋主义"，明确表示为东盟国家提供安全保护并参与其经济发展，而美国的这一新亚洲政策受到了东盟国家的欢迎。东盟构建了中立化的目标体系，谋取建立与大国平等对话的地位，在坚持独立自主的原则基础上追求中立的立场。在这一目标引领下，东盟推行主动外交，先后与欧共体（1972年）、奥地利（1973年）、日本（1974年）、新西兰和加拿大（1975年）、美国（1977年）、韩国（1989年）建立了对话关系。由此可见，这一时期东盟在外交上表现为积极追求中立化但在战略上倾向美国的模式。

（二）冷战结束至1997年亚洲金融危机：实行对冲战略

冷战结束后，美苏势力逐渐从东南亚地区撤离，为了防止周围大国乘虚而入，东盟认为由于东南亚地区大多为弱小国家，单靠自己力量抵御大国影响并不现实，因此必须及时调整对外关系的战略，以"抱团取暖"的方式增强整体的力量，主要体现为"大东盟"计划的实行。同时，他们利用大国对这一地区的权力欲望和激烈竞争，着力在其中保持某种平衡，将地区事务的主导权掌握在东盟内部，积极扩大东盟的地区影响力。在此基础上，东盟采取典型的对冲战略，在大国之间实行平衡之术。比如东盟成立东盟自由贸易区（AFTA）、东盟经济核心论坛（EAEC）、东盟地区论坛（ARF）、1996年东盟七国与中、日、韩、欧盟举办首届亚欧会议，通过建立地区机制，东盟努力以此影响中、美、日、俄在此地区的行动，构建大国之间相互制约的机制。① 此外东盟在推行"大东盟"计划过程中，积极

---

① 陆建人主编：《东盟的今天与明天——东盟的发展趋势及其在亚太的地位》，经济管理出版社1999年版，第122—172页。

鼓励吸收东南亚其他国家的加入，到1997年，除了柬埔寨（1999年4月加入），东盟完成了三个阶段的扩大进程，至1999年东盟正式完成了所谓的"大东盟"扩充计划。在处理国际事务上东盟也开始摆脱追随美国的阴影，逐渐朝着独立自主的方向迈进。可以说，在这一时期东盟的对冲战略模式表现得最为典型，对于东盟的利益也起到了良好的维护作用。

（三）1997年亚洲金融危机至21世纪初：向美日倾斜，但初心未改

1997年亚洲金融危机不仅使得东盟各国经济严重倒退，还严重冲击了东盟的国际地位，东盟国家内部难以自保，其作为一个整体性的地区组织的影响力减弱，这对于东盟在上个阶段一直实行的对冲战略是一个沉重的打击。单凭自身力量难以平稳渡过难关，危机中的东盟急需外部帮助，此时它认为美国和日本都曾给东盟提供过帮助，并且美日自身实力要远远强于东盟诸国，同时更为关键的是美国一直有扩大在亚太地区影响力的意图，基于此东盟认为美日既有能力又有意愿对东盟实施安全保护和经济援助，因此为了应对危机，东盟加强了对美国经济和安全的依赖性。东盟不仅依赖美国通过国际货币基金组织获得援助，还在1998年亚太经合组织会议上获得美日的大额援助（美日共出资100亿美元）。1998年美菲签署《访问部队协议》、美泰达成武器储运库协议，印度尼西亚恢复与美国的联合军演、新加坡宣布樟宜基地建成后允许美国使用。在日本方面，由于日本是东盟最主要的外资来源国，为了获得更多日本的援助应对金融危机，东盟对日本主导的"亚洲货币基金组织"（AMF）持支持态度，印度尼西亚从反对日资涉足批发零售业也转为向日本开放的姿态，此外在一些国际会议上，东盟对日本的主张和做法绝对支持，以此换取了日本对东盟的大量援助。这一时期东盟向美日的战略倾斜有着特殊的外部背景，但并没有根除东盟在大国间对冲的追求。可以说在大国间对冲一直是东盟的追求，当特殊时间不得不依赖他国时，东盟会采取有限的妥协，同时抓住时机增强成员国的综合国力和东盟整体的能力。

（四）21世纪初至今：实行对冲但挑战严峻

由于上一阶段金融危机的影响，东盟国家在自身难保的情况下采取了向美日倾斜的战略，但随着经济的恢复和地区局势的稳定，东盟重新回到了对冲的道路，但是在这一过程中它面临着各种严峻的挑战。除了与美日保持一定程度的紧密关系外，东盟在着力降低美日在东盟的过量存在，此外东盟与中国、印度、欧盟、俄罗斯等建立起了越来越密切的合作关系。

因为对于东盟来说，其所处地缘政治环境较为不利，容易成为大国竞争的场域，而东盟发展需要与大国合作，因此需要平衡好与大国之间的关系。[1]东盟不断强化与中国的经济合作关系，2003年中国与东盟建立了战略伙伴关系，2010年中国—东盟自贸区全面建成，自2009年起中国就成为东盟第一大贸易伙伴，[2]以此降低对美日的经济依赖。东盟改善与印度的关系，利用印度来防范中国，与俄罗斯、欧盟强化合作关系，同时倡导区域自治。与此同时，东盟面临的挑战更为严峻，在中美包容性竞争与合作之时，东盟能获得较充裕的对冲空间，但在当前中美竞争态势紧张之际，美国通过"印太战略"遏制中国，东盟的自主选择空间被压缩了，再加上东盟地区恐怖势力渗透、地方分离主义和种族、宗教纠纷较为集中，使得东盟所面临的挑战异常严峻。[3]所以从21世纪至今，东盟在国际政治中实行对冲的战略，但是由于受到中美竞争关系可能会产生性质转变、新冠疫情卫生危机和东南亚极其复杂的地区矛盾的影响，其对冲战略受到了诸多挑战。但在疫情之下，东盟也在着力寻找新的突破口，比如主导通过了《区域全面经济伙伴关系协定》（RCEP）的签署，东盟与欧盟之间从对话关系提升到了战略伙伴关系等。东盟也在着力以"东盟方式"应对缅甸内战，协助缅甸民主化进程的恢复。

综上所述，从东盟建立至今，虽然东盟的外交模式经历了四个阶段的演变，每个阶段的战略姿态又相互有所不同，但是追求中立化是其从成立之初就建立的目标。在此目标下，或倾向美国，或向美日倾斜，最终都会回到对冲战略的轨道上，因为东盟清楚地认识到只有这样才能更好地维护东盟的地区利益和组织内部成员国的利益。可以说，生于"中立"终于"对冲"的东盟一直在对冲的道路上艰难前行，对冲战略是东盟普遍实行的战略，但是不同时期东盟所表现的对冲形态各不相同，下面的部分将详细阐述东盟具体的对冲形态。

---

[1] ［新加坡］马凯硕、孙合记：《东盟奇迹：一个充满活力且真实存在的现代奇迹》，翟崑、王丽娜等译，北京大学出版社2017年版，第40—144页。
[2] 《中国—东盟关系（10+1）》，中国外交部，2020年10月，https://www.fmprc.gov.cn/web/gjhdq_676201/gjhdqzz_681964/lhg_682518/zghgzz_682522/。
[3] 杨武：《当代东盟经济与政治》，世界知识出版社2006年版，第89—90页。

二 东盟的具体对冲形态

根据上文的分析，对冲大体是介于制衡与追随之间的状态，更进一步来说对冲包含合作性和竞争性两个方面，在合作性方面对冲的维度介于接触和追随之间，在竞争性方面对冲介于防范和制衡之间，在这两个维度中分别包含合纵、有限追随、束缚、防范、嵌入和牵制等不同形式。具体到冷战后东盟的对冲形态，主要包括接触、合纵、有限追随、束缚、防范和牵制，但并不是说针对某一对象国只实施其中一种对冲形态，东盟对冲的不仅是美国、中国和日本，还有不稳定的国际形势、国际风险和公共危机，在具体实施中同时交叉着不同的对冲形态。

东盟的成立和"大东盟"计划的发展突出体现了合纵的对冲形态。虽然东盟的成立有着美国鼓吹"多米诺骨牌"舆论的影响，东盟也一度完全亲西方，但是在反殖民斗争中日益觉醒的东南亚众多国家通过集体合作维护本地区独立自主与和平发展的欲望才是真正促成东盟创立的基本动因。[①]其目标之一为维护东南亚的中立化，中立化不代表与世界脱节，而是为大国之间维持某种巧妙的平衡。冷战结束至1999年4月，东盟完成了四个阶段的扩大，"大东盟"也逐步形成和崛起。而大东盟的建构就是东盟在追求中立的过程中进行合纵的体现，东盟从最初的五个创始国发展为十国，东南亚诸国基本被囊括在内，"东盟方式"也逐渐形成，这既是为了形成整体更好维护各国的利益，也是为了保障东南亚地区的独立发展地位。可以说东盟的成立和扩展是"始于中立，终于对冲"。

东盟在进一步的对外交往中，不断拓展其交往的范围，广泛与世界其他区域国家或国际组织接触，以此对冲美、中、日三国和可能的国际风险。东盟与中国、日本、欧盟、澳大利亚、印度、俄罗斯、韩国等十国建立对话伙伴关系。东盟通过与其他域内或域外大国建立合作关系以分散对中美日的依赖，根据与不同大国或地区组织的利益紧密关系，东盟采取了不同的接触策略，比如与中国建立了面向和平与繁荣的战略伙伴关系，与欧盟建立了重要伙伴关系，与印度建成了全方位的务实外交关系等。通过

[①] 梁志明：《东盟的发展历程和历史经验》，载梁志明、张锡镇、韦民等《东盟发展进程研究：东盟四十年回顾与展望》，香港：香港社会科学出版社2008年版，第18—19页。

采取广泛接触的对冲形态，东盟将其安全、经济、政治等产品和风险进行了适度的分配，在多管齐下的努力中避免任何一个大国在东南亚地区坐大。

束缚也是东盟频繁使用的对冲手段，东盟通过倡导亚欧会议，主导"东盟+"合作框架（如东盟加中日韩的"10+3"框架）、东亚峰会等机制将包括中国、日本、美国等对冲的主要对象国纳入进来。其中东亚峰会进一步扩大了原本的"10+3"合作框架，还包含美国、新西兰、印度、澳大利亚和俄罗斯五个域外大国，此外还有诸如东帝汶、巴基斯坦等潜在成员国或观察国。东盟利用这些合作机制与合作框架吸纳对象国和其他大国建立多边外交，对欲主导东南亚地区的大国形成规范性和制度性的约束。在这一过程中，东盟积极发挥了协调者甚至主导者的角色作用，在大国之间进行对冲，建立某种有利于地区稳定和发展的平衡，而不管是中美日还是其他域外大国都在一定程度上承认了东盟的这种角色。东盟的主导者和协调者作用有效避免了任何大国获得该地区的主导权，大国的态度反过来进一步促进了东盟对冲战略的持续和对冲的强度。

东盟所采取的绝大部分举措都是为了防范未来可能出现不利于己的战略局面。为了避免不得不在大国之间选边站，在每一次的外交活动中，东盟都会审慎地选择对冲的形态和强度。比如冷战后正是为了避免某一大国侵占东南亚的"权力真空"，东南亚国家才在原来组织的基础上一方面扩大成员数量，另一方面积极实施主动外交，扩大东盟在地区和国际上的影响力。除了防范中美日等国家，不稳定的国际形势、不定时爆发的国际危机和带来的国际风险也是东盟防范的对象，比如在对恐怖主义的打击上，仅靠东盟自身难以有所成效，因此就需要与其他国家和国际组织形成合力共同抵御恐怖威胁。东盟不仅加强自身的能力建设，还在外部形成更紧密的保护网，拓展风险防范的空间和维度。

牵制这一对冲形态主要包括直接牵制和间接牵制，在东盟的案例中，间接牵制占主要方面。在东盟的对外关系中，美国、日本和中国是其重点考虑的对象。在东盟与日本的关系上，自冷战结束日本一直是东盟最大的外资援助国，日本想在日美同盟的基础上，在"脱亚论"和"亚细亚主义"的矛盾中，尽可能地增强日本的国际地位和影响力，因此它想借东盟的"幕后推手"充当地区领导者的角色，但这与东盟的定位相悖，为了牵制日本，东盟不仅在战略认知上仅将日本当作对冲的对象之一，也在实际

后冷战时代东盟国家的对冲战略研究：以菲律宾、马来西亚和老挝为例

行动中刻意与日本保持"普通关系"而非日本所希望的"特殊关系"。①在东盟倡导八年之后，2020年11月正式签署的《区域全面经济伙伴关系协定》（RCEP）成为亚太最重要、规模最大的自由贸易协定，2022年1月1日RCEP正式生效，这不仅将有效促进亚太区域经济一体化的进程，也使其成为目前世界上最大的自由贸易协议，而RCEP的签署则在客观上牵制了美国在亚太的影响力。

除了以上对冲形态之外，在后冷战时代东盟还在特殊时期对美国和日本实行过有限的追随，主要体现在1997年亚洲金融危机之际。金融危机的爆发使得几乎所有东盟国家受到了严重的冲击，经济下滑、社会动荡、失业率攀升、宗教矛盾激化等，而这一时期的东盟完全没有能力应对危机，急需外部援助缓解压力，在美日能力和意愿兼备的情况下，东盟从之前的对冲战略转变为追随美日，但需要注意的是，东盟的追随只是一种有限追随，它并未完全放弃自己独立自主中立的宗旨，这是东盟在特定时期实行的权宜之计。

冷战结束后，东盟根据国际形势和本地区现实的变化，普遍采取了对冲战略，混合实行了以上六种对冲形态。这有效维护了东盟的地区利益和地位，也为东盟未来继续探索更恰当的对冲形态和把握更合适的对冲强度积累了丰富经验。在此背景下，东盟内部成员国也在不同程度地实施着对冲，但是基于各国所受结构压力和本国国家能力的限制不同，成员国的对冲进程体现着不同的特征，尤其以菲律宾、马来西亚和老挝对对冲之路的探索较有代表性，在后面的章节我们将详细阐述这三国的战略模式。

东盟是世界区域一体化的重要代表，在欧洲、北美、非洲等地也形成了多个令人瞩目的区域合作组织或框架，有学者将20世纪60年代形象地概括为发展中国家的"一体化时代"。②约瑟夫·奈认为次发达国家的地区一体化进程看上去与欧洲很相似，但在因果机制上可能是完全不同的类

---

① 韦民：《论日本—东盟关系演进的历史趋势》，载梁志明、张锡镇、韦民等《东盟发展进程研究：东盟四十年回顾与展望》，香港：香港社会科学出版社2008年版，第470—498页。
② Gottfried Haberler, "Integration and Growth of the World Economy in Historical Perspective", *American Economic Review*, Vol. 54, No. 2, 1964, pp. 1–22.

型。① 东盟或者"东盟+"的相关各方大多数是欠发达国家,其合作框架的发展不是特别成熟,因此需要借鉴其他区域组织的经验不断对自身加以完善,这就引出了构建东亚共识的重要性。区域共识是建构主义国际政治理论在地区合作研究中的核心要素和关键环节,这与地区集体认同、地区理念、区域意识等有着某些内涵上的联系,指的是对于某个地区共同体的归属感,这种归属感之所以重要是因为,这在一定程度上会建构行为体的认知和身份,进而建构它们的行为。目前学术界没有关于东亚共识的确切概念,各方学者也对此具有不同的认识,结合东亚特殊的历史经验和现状,可以将东亚共识大致界定为在东亚地区形成一种集体的认同和共有观念。形成共识有助于使之转换成为制度安排,进而节约进行合作的交往成本,并在经过长期的实践检验和优化后将这种认同或共识磨合成为一种合作惯例,这对于推动合作国家之间的信任与相互依赖感、建构一种认知共同体、实现更高程度的社会化和高度相互依赖的国际社会或者国际共同体有重要意义。

形成的区域集体认同和共识需要结合体系刺激和地区的具体特点而不断地被建构,使其能因时因地地成为维系东亚各国进行合作的信念力量。温特重视共有观念对行为的意义,认为"没有观念就没有利益,没有利益就没有具有意义的物质条件,没有物质条件就根本不可能有客观事实"。② 他认为国际社会是一种观念结构,物质只有通过观念结构才具有意义,他在此基础上提出了霍布斯文化、洛克文化和康德文化。当今世界处于一超多强的格局之中,经济全球化和区域一体化为各国的发展提供了良好的契机,国际体系中的行为体处于相互依存和相互依赖的国际环境中,温特的三种文化其实就是这个相互依存国际环境中的一种特征的概括,也能在一定程度上为建立区域共识起到指引和促进作用。按照东亚当前的发展态势可以将其归为洛克文化之列,但是如若达到更高一级的发展需要逐渐向康德文化迈进,如何实现这种文化或者共识上的转变?建构主义认为需要通过改变对相互依存、共同命运、同质性的认知以及自我约束来实现。集体认同的形成也需要危机的刺激作用,危机可以影响各个民族国家的国家利

---

① Joseph S. Nye, "Comparative Regional Integration: Concepts and Measurement", *International Organization*, Vol. 22, No. 4, 1968, p. 880.
② [美]亚历山大·温特:《国际政治的社会理论》,秦亚青译,上海人民出版社2014年版,第139页。

益与国际利益，这会为民族国家提供一个重新组合和梳理其国家观念、区域观念和全球观念的机遇，这种冲突过程也是观念冲突的过程，从某种程度上说为地区意识和共识的形成创造了必要条件。欧盟共识为地区一体化的进一步发展提供了某些经验，欧盟共识包括欧洲文化认同、古希腊文化、基督教文化、人文主义精神，并且具有欧盟成员国身份对欧盟成员的吸引力，除此之外，欧盟还建立了建设欧洲防务认同、共同维护欧洲的集体安全。德国欧盟研究专家贝娅特·科勒-科赫以欧共体制度创新的历史为例，总结出了欧洲共识制度化的三种基本途径，即预先规定、各方介入与提出建议。预先规定就是将文化的观念变成加以提倡的原则和政策，其实就是哈耶克所谓的"建构主义理性"和笛卡尔所谓的"人类有意识的演绎过程"。[1]

预先规定也是一个对文化重新建构的过程，在东亚地区建构东亚共识的过程中需要结合东亚多元化和多样化地区特点，集合儒家、佛教、基督教、伊斯兰教等多种宗教文化，并且就近现代而言东亚国家所受到的战争历史体验感不同，所以在建立东亚共识时需要首先将东亚的文化观念进行抽象的提取和概括，在此基础上将其制度化和实践化，制度化体现在将文化观念转变为可以实践的政策或机制。各方介入是要将新的思想与原则化为有关各方特别是政治行为者的自觉实践以及社会学习之中，将思想通过可能的功能外溢效应从一个领域扩展到其他领域，通过不断的实践惯性，而以制度和制定最终加以确定。至于提出意见更多的是要沟通和劝说，哈贝马斯认为沟通理论能够在共识的实践化方面发挥重要的积极作用，欧盟委员会相信说理的力量并一再取得成功。[2] 一种观念或者共识形成之后需要使其具有可操作化才能真实地发挥作用，所以我们除了需要考虑如何建构东亚共识之外，还要思考如何将其实践化，并且对于这个部分的考虑也有助于推动进一步深化东亚共识。区域共识的实践化，就是以区域内的某种中心为依托，将一种地区间的国际共识或集体认同上升为制度或者组织安排，它往往体现为新型区域多边国际组织的成立。将区域共识实践化的目的在于使其更加符合有关各国的民族国家利益以及国际共同利益，更加

---

[1] [美] 弗农·史密斯：《经济学中的建构主义和生态理性》，载吴敬琏主编《比较》（第十一辑），中信出版社2004年版，第36页。
[2] [德] 贝娅特·科勒-科赫、托马斯·康策尔曼、米歇勒·克诺特：《欧洲一体化与欧盟治理》，顾俊礼等译，中国社会科学出版社2004年版，第185—186页。

体现国际社会的基本政治认同与价值观念，更加促进地区稳定与世界和平，更加有利于解决一些地区与全球的公共领域的问题或者危机。

作为整体的东盟在不同时期体现了不同的战略特征，且其战略倾向也不同，自成立之初东盟就具有增强话语权、提升一体化的目标，虽然东盟共识与东亚共识存在不少差异，但东亚共识的构建也是其题中之义。"始于中立，终于对冲"的东盟在当前百年未有之大变局下也在不断调整合作模式，美国深化其"印太战略"的一个方面就是改善与东盟的关系，东盟基于自身利益考虑强化了与美国的合作深度。2019年8月时任美国国务卿蓬佩奥在东盟成立52周年上发表讲话，认为美国和东盟的战略伙伴关系有助于促进实现开放包容和体现规则秩序的印太繁荣。[1] 虽然美国商务部前副部长雷文凯不认为"印太战略"与"一带一路"倡议一定是冲突和对抗的状态，但是他同时也表达了对中国崛起的担忧。[2] 虽然美国在公开场合宣称不是要与中国直接对抗，但是其在实际行动中却处处针对中国。2019年9月，美国和东盟国家在印太地区举行首次海上联合军事演习（AUMX），约有一千多名军事人员参与，美国海军少将乔伊·廷奇（Joey Tynch）认为这次演习结合了东盟的力量、美国海军的力量以及对自由开放的印度洋—太平洋的共同信念，旨在建立更加安全的海上环境,[3] 虽然此次演习是美国与东盟在军事上的合作，但是其政治意义要远远大于军事意义，这一举措让美国在"印太地区"的盟友更加坚定追随美国的脚步，同时也让一些与中国有冲突的国家更加有底气，从一定程度上讲，这是特朗普政府正式亮相"印太地区"与中国进行全面竞争的表现。

2019年11月4日美国出台了《自由开放的印太地区：促进共同愿景》报告，进一步明确了"印太战略"的实质内容，美国要深入"印太地区"，与盟友和伙伴国共同维护自由、开放的地区秩序。美国认为当前"印太地区"的国家遭受到主权、繁荣与和平的威胁，需要加强多边和双

---

[1] Michael R. Pompeo, "The 52nd Anniversary of the Founding of the Association of Southeast Asian Nations", US Mission to ASEAN, August 7, 2019, https：//asean.usmission.gov/the-52nd-anniversary-of-the-founding-of-the-association-of-southeast-asian-nations/.
[2] 雷文凯：《川普"印太战略"抗衡中国"一带一路"？两者并不冲突》，2019年8月，https：//www.storm.mg/article/1619032。
[3] 《美国和东盟举行历史性联合军演》，分享美国网，2019年9月10日，https：//share.america.gov/zh-hans/u-s-and-asean-join-forces-in-historic-exercise/。

边关系、促进共同繁荣、共同维护地区安全和稳定，同时还在人力资本技能方面加大投入。[1]

而拜登政府出台的首份《美国印太战略》报告表示，美国欢迎强大而具有独立性的东盟，认同东盟在东南亚的领导作用和中心地位，支持东盟在应对地区挑战中提供的可持续解决方案。美国将进一步深化与东盟的长期合作，在能源、卫生、交通、气候、环境、性别平等领域启动新的高级别合作和参与。美国将建立东盟作为主要区域机构的复原力，探索将东盟融入四方安全对话的合作框架中，同时对东盟进行新投资，将实施超过1亿美元的美国—东盟新倡议，扩大美国在东南亚地区的双边合作，加强卫生安全合作，有效管控海上挑战，进一步增加美国与"印太地区"的连通性。[2] 美国与东盟处于一种非对称的权力关系中，非对称关系体现的是一种循环再生的关系。在沃马克的非对称关系中，实力、身份、外交、环境是影响深层结构的关键要素，这些要素不仅会单独对关系产生作用，它们相互之间也会作用，进而重塑着行为体之间的关系模式。[3] 在国际社会中，非对称关系不仅体现在双边关系的互动中，还存在多边非对称的情况，但多边关系也是在双边关系之上形成的对成本—收益的权衡。在"非对称权力关系"中，行为体因实力差距而所受影响程度不同，外交能力的大小会改变互动模式，同一环境对非对称关系中的不同行为体产生的影响有所差异，而此处的身份除了具备最基本的国家要素之外，还体现了建构主义的社会交往作用。在实力、身份、外交和环境的影响下，行为体之间会形成一种特定的关系管控形式，双方都在各自国家利益允许的范围内对谈判的内容和方式进行更有利于己方的调整。虽然美国—东盟处于非对称的权力关系状态，但不管是东盟方面还是美国方面都有加强彼此间合作的期待。研究东盟的整体战略及其与美国之间的战略互动对于认识和把握东盟国家的战略偏好及具体国家的对外战略具有重要价值。

---

[1] "A Free and Open Indo-Pacific: Advancing a Shared Vision", November 4, 2019, https://www.state.gov/wp-content/uploads/2019/11/Free-and-Open-Indo-Pacific-4Nov2019.pdf.
[2] "Indo-Pacific Strategy of the United States", The White House, February, 2022, https://www.whitehouse.gov/wp-content/uploads/2022/02/U.S.-Indo-Pacific-Strategy.pdf.
[3] Brantly Womack, *Asymmetry and International Relationships*, Cambridge University Press, 2015, pp. 43–65.

第二章　东盟国家对冲战略的理论分析框架

第四节　案例选择

本书认为，对冲战略是后冷战时代东盟国家普遍实施的国家战略，结构压力和国家能力是影响这些国家对冲战略选择的主要变量，并且影响因素的不同变化也会引起对冲战略在形态和强度上的转变，尤其是新冠疫情这一全球性公共危机使得东盟国家的战略考量更为复杂。本书重点选取了菲律宾、马来西亚和老挝为三个典型案例加以分析，阐释了在普遍对冲的环境下，东盟国家基于各国的结构压力和国家能力而在对冲、制衡和追随战略之间选择的具体情形。当然，随着国际形势的转变和国家自身的发展需求，虽然国家战略在短时间内具有一定的稳定性，但是在一个较长的时段内国家战略还是会发生一定的变化。本书对东盟国家的分类是在结构压力和国家能力两大要素的基础上，结合它们各自国家的战略特征和走向进行的大致划分，可能在某一特定时间内一国的国家战略会呈现一定的反复特点，但这并不影响本书对于长时段国家战略的考察。

一　东盟国家的国家战略分类

冷战后，北约和华约两大集团的对抗性竞争终止，中美之间的包容性竞争成为国际社会的基本背景，东盟国家所感受到的整体结构压力得以缓解，再加上中美两国各自都与东南亚在经济、军事等领域有着不同的紧密合作关系，这为这些中小国家普遍实施对冲战略创造了空间。新加坡、马来西亚、印度尼西亚、泰国、文莱和缅甸由于本身受到的结构压力并没有在某些特殊时期有特别大的变动，其国家经济能力都不同程度地得益于中国"一带一路"倡议和中国与其他国家行为体在这些第三方市场的合作，诸如中日在泰国的高铁项目等，都促使它们在与中国交往方面持有一种"乐观的谨慎"态度。同时这些国家从美国方面又可以获得安全上的保障，与美国保持不同程度的军事合作，所以它们能够避免在中美之间进行选边站，而实行一种更为灵活和"留有余地"的对冲战略。对于菲律宾而言，2001—2010年是其发展的黄金时代，当时中国的国家实力和地区、全球影

· 77 ·

响力还处于积蓄阶段，美国的战略重心仍在中东地区，未能正式开始遏制中国的发展，整体而言，中美关系较为缓和，菲律宾因此获得了更多对冲的空间。

2016—2018年是杜特尔特刚上台急于摆脱美国控制而在中美之间寻找平衡的时期，所以菲律宾政府有意拉近与中国的关系，同时与美国保持一种若即若离的状态，所以在这两三年间，菲律宾政府也在大国平衡中不断探索自己的定位。但是在阿基诺三世执政时期以及2018年后，菲律宾政府领导人从认知上认为中国带来的压力更为巨大，希望从美国方面得到更多保障，之后对外政策开始不断向美国靠近，这使得菲律宾的国家战略在反复中大体呈现一种从对冲到追随的特征。越南的对外政策也经历了多重阶段反复的变化，越南与中美两个国家都有过战争的历史，冷战后在中美之间对冲的色彩越来越强。对于柬埔寨而言，它一贯的政策是与中国保持密切的友好关系，老挝则是因为冷战时期与越南在越南战争中抱团取暖，而与越南形成了紧密的特殊友好关系，冷战后随着中国在东南亚地区综合影响力的提升尤其是"一带一路"倡议的深化实施，老挝又与中国建立了亲密关系，在诸多问题上偏向追随中国。但是随着老挝加入东盟、担任轮值主席国举办东亚峰会和东盟峰会，其在美国亚太战略中的地位不断上升，它开始巧妙地将结构压力进行了转化，从2016年开始老挝的对外政策也逐渐带有对冲的色彩，意欲从中美两国竞争之中获得更多利益。

从图2-2冷战后东盟国家的国家战略变化轨迹可以看出，对于东盟诸多中小国家而言，它们的国家战略深受国际环境或地缘政治格局的影响，在国内方面，国家实力和领导人对危机的认知与对中美两国的研判是它们在制定国家对内和对外政策时的重要考量标准。整体而言，东盟国家的战略选择可以简要地分为三大类，分别是对冲、追随中国和追随美国。当然，国家战略除了制衡、追随、对冲外，还有一些其他形式，但是从国家战略的性质来讲，本书大胆取舍其他一些形式，将本书的国家战略范围限定在这三种情况之内，虽然在这一过程中可能会忽略一些国家战略复杂性的变化，但是对于国际政治理论模型的建构和现实解释力而言，这种划分方式也基本满足了对国际社会的研究需求。以冷战结束为界限，东盟国家的国家战略变化大致可以分属于三类，分别是实行较为稳定对冲的国家（包括那些在某一阶段体现为对冲战略的国家）、追随中国的国家和追随美国的国家。其中，马来西亚、越南、新加坡、印度尼西亚、文莱、缅甸以

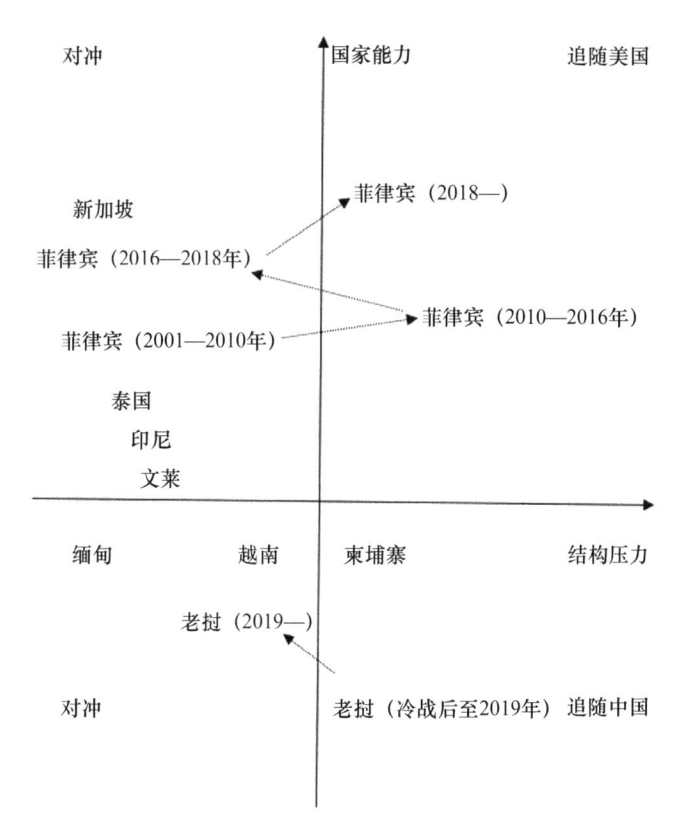

第二章 东盟国家对冲战略的理论分析框架

```
                    国家能力
对冲                    |                    追随美国
                        |
    新加坡              |
                        | 菲律宾（2018—）
    菲律宾（2016—2018年）|↗
                        |↘
                        |   菲律宾（2010—2016年）
    菲律宾（2001—2010年）|→
        泰国            |
        印尼            |
        文莱            |
————————————————————————+————————————————————————→ 结构压力
    缅甸    越南        | 柬埔寨              
                        |
                老挝（2019—）
                    ↑
对冲                    | 老挝（冷战后至2019年）  追随中国
```

图 2-2 冷战后东盟国家基于结构压力和国家能力的国家战略选择变化
资料来源：笔者自制。

及 2001—2010 年、2016—2018 年期间的菲律宾和 2016 年至今的老挝在对外战略中表现出了较为明显的对冲色彩，柬埔寨和冷战结束后至 2015 年的老挝走着追随中国的道路，而 2011—2016 年及 2018 年至今的菲律宾则呈现了追随美国的趋势（如图 2-3 所示）。

这种战略上的分类对于我们进一步认识和把握后冷战时期东盟国家的战略走向和战略特征、中美两国的竞合关系、亚太局势的发展变化都有着重要的启发意义。亚太地区是中美两国的重要竞争场域，东盟国家战略的变化可以说是世界其他处于类似处境的中小国家战略发展的缩影，同时在分类的基础上选择典型案例的研究能够起到以小见大和以点带面的效果，基于此，本书对东盟国家在冷战后的国家战略进行了梳理，同时加入全球性公共危机的背景，使得本书的案例研究更具有代表

```
        菲律宾（2011—2016年、        马来西亚、越南、新
                                      加坡、印度尼西亚、
        2018年至今）                    文莱、缅甸、菲律宾      柬埔寨、老挝
                                      （2001—2010年以及      （冷战结束后
                                      2016—2018年）、老       至2015年）
                                      挝（2016年至今）

        ←——————————————————————————————————————————→
            追随美国                      对冲                  追随中国
```

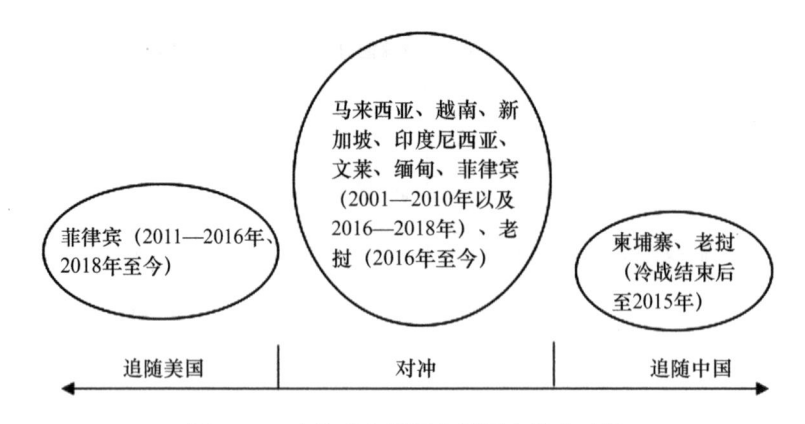

图 2-3　冷战后东盟国家的国家战略分类

资料来源：笔者自制。

性和解释力。下文将进一步深入分析选择典型案例的原因和重要意义。

二　选择菲律宾、马来西亚和老挝的原因及意义

在新古典现实主义理论框架的基础上，基于当前东盟国家所处国际环境和既有理论的解释力，本书创建了新的理论模型，不仅包含了体系因素、国家因素和个人因素三个层面的因素要件，同时兼顾了主观和客观两个方面的条件影响，这对于分析国际政治中的具体案例具有更强的说服力和解释力。东盟国家在结构压力和国家能力变化的条件下可以简要分为三种类型，而在进行案例的实证研究时，之所以选择菲律宾、马来西亚和老挝，则有更为复杂的原因，同时对这三个国家的研究也更具有学术价值和现实关照意义。

首先，从对冲的强度和形态看。菲律宾、马来西亚和老挝分别属于三种不同的对冲类型，除了马来西亚实行较为稳定的对冲战略之外，菲律宾和老挝的国家战略都经历了不同程度的变化和调整，菲律宾是东盟国家中从对冲战略转为追随战略再到战略调整并在未来可能采取追随战略的典型国家，老挝是从追随逐渐转为对冲的国家。此外，从对冲的强度而言，马来西亚因为有丰富的对冲经验，虽然在某些时期与中国或美国都有一定的龃龉，但并不影响马来西亚整体的国家战略在对冲方向上的特征。相对于菲律宾和老挝而言，马来西亚的对冲强度最强。由于菲律宾当前的战略在

第二章 东盟国家对冲战略的理论分析框架

对冲和追随美国之间摇摆的同时有些偏向追随美国,而老挝则开始开拓对冲的道路,因此相较而言,老挝的对冲强度稍强于菲律宾。所以菲律宾、马来西亚和老挝代表了三种对冲强度的国家。从对冲形态来看,菲律宾的国家战略体现了混合有限追随美国、防范和牵制中国的色彩,老挝则从嵌入和追随中国向对冲中美过渡,马来西亚虽然实行稳定的对冲道路,但其中在某些问题上混合了对中国或美国的有限追随和防范。所以从对冲战略的维度上而言,选择这三个案例进行研究更为全面,也更能追踪东盟国家在进行战略调整时的关切。这对于丰富战略理论和对冲战略的内容都有重要的价值,也能为后续的研究提供某些方面的参照。

其次,从意识形态上看。菲律宾是类似于资本主义形态的国家,老挝是类似于社会主义性质的国家,马来西亚更多代表的是一种较为混合的状态,所以分别从三种类型中选取案例进行分析更全面,也更具有代表性。虽然自冷战结束后,在国际社会中关于意识形态的话语研究越来越少,但是这并没有磨灭意识形态在国际竞争和国家利益层面的重要性。意识形态的不同会反映在国家的战略偏好、利益倾向、价值观和"自我"及"他者"身份的区别上。现代政治在"认同政治"上发生了深刻变化,冷战时期明显的意识形态上的敌我关系逐渐被相互依赖的经济、社会、政治关系所淡化,貌似"意识形态的时代"已经成为过去,但以意识形态为哲学基础和核心,以政治、经济、社会、文化、军事等为载体的利益竞争性表现依然发挥着重要影响。意识形态这一概念在由特拉西于1797年正式构建之后,随着政治民主化程度的提高得到了进一步的强化,对其考察揭示出了人类普遍追求与欲望之中的共同起源。[①] 意识形态一直以一种隐性但极其基础的作用影响着本国国内政治系统和国际关系。菲律宾、马来西亚和老挝代表了三种类型各异的意识形态,因此在本书中,从意识形态研究丰富性的角度研究菲律宾、马来西亚和老挝能更为全面地把握当代全球体系的竞合本质。

再次,从政治体制上看。东盟国家大致可以划分为四种不同的政治类型国家,分别是人民代表制国家、西方共和制国家、君主制国家和军人政权的国家。在人民代表制国家中主要包括老挝和越南,两国都是社会主义

---

① [英]大卫·麦克里兰:《意识形态》(第二版),孔兆政、蒋龙翔译,吉林人民出版社2005年版,第1—12页。

国家；西方共和制国家主要包括新加坡、印度尼西亚和菲律宾，其中菲律宾和印度尼西亚属于总统制国家，新加坡属于议会制国家；马来西亚、泰国、柬埔寨和文莱属于君主制国家，其中前三国属于君主立宪制，文莱属于绝对君主制；在东盟集团内部，严格来说只有缅甸属于军人政权，虽然它曾一度实行议会制，但是经过后来的军事政变，军人政权体制重新占据了缅甸政治生活的主流。① 从以上分类来看，菲律宾、马来西亚和老挝分属于三种类型不同的政治体制，而对其三国的研究从政治体制上讲基本涵盖了东盟绝大多数的政治类型，所以，本书选取这三个国家为典型案例具有较强的代表性。

最后，从与中美两国的关系看。菲律宾是美国的盟友，20世纪四五十年代美菲两国先后签署了《美菲军事协助条约》和《美菲联防条约》，菲律宾接受美国的军事援助并允许美国使用和拓展军事基地，同时进一步强化了双方在"自助与互助"方面的合作。之后《访问部队协议》和《加强防务合作协议》的签署使美菲军事合作关系更为紧密，此外两国在政治、经济、社会等领域也有较为密切的合作。老挝与越南是特殊团结友好关系，与中国是"山水相连的友好邻邦"，② 中老在2009年建立了全面战略合作伙伴关系。③ 老挝与中国不仅是好伙伴、好邻居、好同志、好朋友，还是命运共同体，中老两国关系将在进入承前启后的关键之际推动深入的战略对接，推动双方命运共同体的建设。④ 而马来西亚奉行中立的原则，与中美两国维持和平关系，在中美之间实行对冲战略，以一种"等距离外交"的模式在中美之间斡旋。可见菲律宾、马来西亚和老挝全面代表了与中美亲疏及中立的国家类型，从这个角度讲，这三国较具有国际关系上的典型性，对联盟关系复杂性的研究对于探讨国际社会的现状和走向有着非常重要的现实意义。中美两国是影响当今亚太地区乃至全球发展趋势的重要权变国，与中美两国关系的亲疏直接反映着国家的利益选择。

---

① 杨武：《当代东盟经济与政治》，世界知识出版社2006年版，第60—63页。
② 《中国同老挝的关系》，中国新闻网，2013年6月，http://www.chinanews.com/gj/zlk/2014/01-15/177_2.shtml。
③ 《中国同老挝的关系》，中华人民共和国外交部，2020年5月，https://www.fmprc.gov.cn/web/gjhdq_676201/gj_676203/yz_676205/1206_676644/sbgx_676648/。
④ 《习近平：推动中老关系再上新台阶》，《人民日报海外版》，2020年1月7日第1版。

总之，在结构压力和国家能力两大关键变量的影响下所划分出的三类东盟国家战略形态，为我们把握中美竞合关系背景下的亚太局势提供了新的视角。而以对冲的强度和形态、意识形态、政治体制及与中美两国的关系等为依据，进一步选择菲律宾、马来西亚和老挝为实证研究案例则具有较强的代表性。这种研究不仅便于本书对不同案例进行深入的剖析，同时也有利于对案例进行比较和总结，从中归纳出东盟国家在后冷战时代的战略选择机制和历史规律，这对于本书逻辑的完整性和框架的严密性起到了积极作用，同时这一研究具有重要的学术意义和现实价值。在接下来的三个章节中，本书将详细追踪这三个国家的战略选择变化和利益权衡，从这种战略的调整中，梳理出亚太地区的局势变化趋势以及国际社会可能的走向。

第五节　小结

亚太地区已经成为影响当今国际社会格局的热点地区，这不仅是由于中国国际影响力的提升使得美国开始将战略关注点聚焦于此，并先后出台了"亚太再平衡战略"和"印太战略"，也是因为这里有众多类型各异的国家行为体，研究这些国家的战略对于我们认识当今世界局势具有重要的指导意义。面对不稳定和不明朗的中美两国竞争态势，东盟国家根据外部形势的变化和本国的实际情况突破了传统的制衡—追随思维模式，采取了更为多样的国家战略，对冲就是其中一个重要的战略选择，但是在东盟国家中基本可以分为三类，即从对冲转向战略调整并倾向追随，稳定对冲和从追随逐步变为对冲。经过分析我们发现，影响这些国家采取或者放弃对冲战略的因素主要是结构压力和国家能力，其中相对权力的变化、地缘政治局势和国际环境是影响结构压力的关键变量，而国内福利需求、战略文化、社会凝聚力和领导人的认知深刻改变着一国的国家能力，在这种体系因素、国家因素和个人因素相互作用的情况下国家战略会偏向对冲或偏离对冲。同时不同变量的变化组合也会改变国家对冲战略的强度和形态。

根据对冲的强度和形态、意识形态、政治体制及与中美两国的关系，我们选取了极具代表性的菲律宾、马来西亚和老挝作为案例进行实证研究。影响这三个国家战略的因素各异，对于菲律宾来说，在其国家战略的影响因素中结构压力、国内福利要求、社会凝聚力和领导人的认知这些因素的作用比较突出，其中结构压力的影响更大，基于此，冷战后菲律宾不断在对冲和追随美国战略中摇摆，但是总体的趋势是从对冲逐渐转为追随美国。对于马来西亚而言，体系刺激对其影响并没有那么大，而领导人对局势的把握和认知以及务实灵活的战略文化使得马来西亚自冷战以来一直实行程度各异的稳定对冲策略。对老挝来说，中美两国战略的调整为其提供了发展契机和转圜空间，再加上老挝领导人认知的变化，所以它逐步走上了偏向对冲的道路。研究清楚哪些因素的组合改变着一国的国家战略，可以让我们更为清晰和深刻地把握这一地区局势的微妙变化，为中国继续深化"一带一路"倡议提供更多借鉴意义，同时还可以为我们认识当今国际格局提供更多的思路。

第三章　菲律宾：从对冲到战略调整

不知来时路，不可致远途。

——菲律宾古谚语

我无法做出明确的承诺。我还得去俄罗斯，还得去以色列。

——菲律宾第16任总统 罗德里戈·杜特尔特

冷战结束后，菲律宾的国家战略在追随美国和对冲之间进行了长时间的多重反复。相对于其他东盟国家而言，菲律宾与中国的关系更为复杂，两国在南海岛礁问题上存在争议，美菲同盟也增加了中国与菲律宾和菲律宾与美国的关系复杂性。本书以新古典现实主义为基础搭建的理论模型从两个层次六个方面剖析了国际政治中国家战略的改变和形成机制，国际环境的变化、相对权力地位的转移、地缘政治的构造都对一国的结构压力产生了深刻的影响，而在这一层次上，兼顾了结构和要素的双重变化。国家实力和战略意图建构的国家能力从主观和客观、硬实力和软实力、意愿和能力等方面彰显了国家战略的性质和实施效度。在苏联解体后整体结构压力降低的大背景下，东盟国家普遍实施对冲的国家战略，但是在特定时期，对于特定国家而言，对冲战略也会发生阶段性的变化，制衡或追随也成为这些国家可能偏向的战略形式之一。就菲律宾而言，冷战结束后至今其结构压力呈现了从小到大的变化过程，美苏两极争霸的紧张态势结束，形成了以美国为中心的单极世界，世界其他经济体相对而言力量较弱，短时间内在东南亚地区还未出现影响地区形势巨变的竞争体，所以菲律宾在冷战结束后的一段时间内获得了能够对冲的条件和机遇，尤其是阿罗约夫人（Gloria Macapagal Arroyo）执政时期，菲律宾与中国的双边关系步入了

"黄金时代"（亦称"黄金十年"），也是其国家战略实施的"黄金时代"[①]。但是随着中国成为世界第二大经济体和美国全球战略向亚太地区的转移，美国以美菲同盟为基准，提升了菲律宾在美国亚太战略中的重要地位，同时也为菲律宾提供了有力的发展支持，尤其以特朗普政府的"印太战略"更为突出。

阿基诺三世（Benigno Simeon Cojuangco Aquino III）的亲美政策，再加上中国与菲律宾在南海岛礁主权问题上存在争议，以及菲律宾领导人对地区和世界的认知发生了变化，使其国家战略不断朝着追随美国的方向前进。在菲律宾追随美国的过程中，接任阿基诺三世的杜特尔特政府还实施过一段时间的对冲战略，着力降低菲律宾对美国的依赖程度，但是相对而言，杜特尔特政府的对冲战略具有不稳定性，中菲关系时好时坏，美菲同盟关系也得到了进一步的加强。对于菲律宾而言，结构压力和国内压力以及领导人的认知对其国家战略具有重要的影响，当中美两国竞争激烈时，对冲空间被挤压，此时的地区问题可能会上升为体系问题。[②] 同时菲律宾领导人的认知和风格也会对国家战略产生深远影响，这就是杜特尔特政府与阿基诺政府国家战略不同的一个重要原因，虽然冷战后菲律宾一直在对冲战略和追随美国战略之间摇摆，但其整体的趋势是从对冲转向战略调整并可能倾向追随美国。

这种转变可以从菲律宾分别与美国和中国的竞合关系中体现出来。新冠疫情的暴发和2020年美国与中国贸易摩擦的步步升级，增加了菲律宾地缘政治的不确定性和不明朗化，但是通过分析未来菲律宾结构压力和国家能力背后的国际政治逻辑可知，虽然杜特尔特时期菲律宾重新开始寻求在中美之间对冲的道路，但是在未来一段时间内菲律宾还是会坚持追随美国的战略，除非爆发严重影响美菲同盟的国际关系事件，否则菲律宾的这种战略趋势较难产生实质性转变。综合来看，冷战后菲律宾结构压力的从小到大、领导人对中美的威胁认知、菲律宾的国家政策以及其经济和军事实力的发展，都深刻体现了菲律宾从对冲走向追随，并在较长一段时间内坚持追随美国的国家战略。这对于把握国际局势、认识东南亚地区的地缘

[①] Richard Javad Heydarian, "Tragedy of small power politics: Duterte and the shifting sands of Philippine foreign policy", *Asian Security*, Vol. 13, Issue. 3, 2017, pp. 220 – 236.

[②] Alexander Korolev, "Shrinking room for hedging: system-unit dynamics and behavior of smaller powers", *International Relations of the Asia-Pacific*, Vol. 19, Issue. 3, 2019, pp. 1 – 34.

政治、深化推进中国的"一带一路"倡议和周边外交政策都能起到重要的启示作用。

第一节 冷战结束至今菲律宾国家战略调整的原因

自冷战结束以来,菲律宾的国家战略在对冲和追随美国的方向上不断摇摆。阿罗约时代菲律宾与中国的关系得到改善,此时中国的国家实力和地区影响力还在积蓄阶段,美国也还未正式开始遏制中国的发展,所以相对而言这一阶段中美两国关系较为缓和,这就为菲律宾创造了更多的对冲空间。到阿基诺三世上台后,菲律宾搭乘美国的"亚太再平衡"战略重新调整了国家战略方向,开始追随美国以制衡中国,并且对其国内政治关注也更为突出。[1] 阿基诺时期,菲律宾多次在中国南海岛礁挑起事端,再加上奥巴马政府的"重返亚太"战略,不仅中美两国的竞争加剧,也使得中菲关系更加复杂。杜特尔特执政后,菲律宾政府主张摆脱对美国的过度依赖,修复与中国的关系,因而开始在中美之间寻找利益平衡点。南海仲裁案后,根据当前的地缘政治格局,菲律宾逐渐偏向了在中美两国之间对冲。[2] 但是基于美国对菲律宾的地位提升和大力支持,中菲在间谍问题、南海仲裁问题、电网问题和撞船事件等方面出现了新矛盾,再加上菲律宾国内反华势力的影响,这使得菲律宾自2018年之后逐渐朝着偏向美国的方向发展。究其背后的国际关系逻辑可知,菲律宾的结构压力经历了由小到大的变化过程,其国家能力也在一定程度上得到了增强,统治精英对中国和美国的认知也在其中发挥着重要作用。

---

[1] Richard Javad Heydarian, "Evolving Philippines-U. S. -China Strategic Triangle: International and Domestic Drivers", *Asian Politics & Policy*, Vol. 9, No. 4, 2017, pp. 564–582.
[2] Mary Fides A. Quintos, "The Philippines: Hedging in a Post-Arbitration South China Sea?" *Asian Politics & Policy*, Vol. 10, No. 2, 2018, pp. 261–282.

一 结构压力的转变

冷战结束后两极世界格局的崩溃使得菲律宾的整体结构压力下降。冷战结束之后，菲律宾与中国的关系并没有迅速发展起来，两国自1975年建交之后只是保持谨慎的接触。冷战的结束给东盟国家营造了相对宽松的发展环境，在冷战结束到2001年之间，菲律宾一直忙于处理国内的政治危机，其国家战略的重点在国内，与中国的关系还处于向"黄金时代"发展的过渡阶段，所以在这一时期，中菲关系并没有发生实质性转变。但是在美国全球战略未转向亚太地区之际，菲律宾与中国的关系朝着好的方向发展，中国当时也处于"韬光养晦"的阶段，积极发展与主要大国和周边国家的外交关系，整体而言从2001年到2010年这一阶段，东盟国家的地区结构压力相对而言都较小，大多数国家的国家战略都体现了对冲的特征。菲律宾通过与中国的有限交往，在这一阶段开始迈向了迅速发展的道路。从2001年到2007年，中菲贸易进出口总额从35.7亿美元达到了306.2亿美元，增长了约7.6倍，[1] 同时在此期间，两国在双边经贸、文教、军事和科技等领域签署了9个备忘录和6个协议及条约。[2] 中菲在政治上的高层互访频率也不断增加，军事上也开始进行合作，2005年双方举行了第一次中菲防务和安全磋商会议，在其他问题上，双方的关系也得到了缓和。

菲律宾和中国改善关系的同时，继续与美国保持着紧密的合作，比如美菲每年一度的"肩并肩"联合军演，2007年菲律宾接受美国赠送的9艘军舰。[3] 整体而言，宽松的国际环境使得菲律宾有充裕的斡旋和对冲空间，所以此时的菲律宾并没有"选边站"的压力。同时在这段时间内，菲律宾作为美国在东南亚地区的盟国，在一定程度上能在与中国和美国的关

---

[1] 《2000—2009年中国—菲律宾贸易统计》，中华人民共和国商务部，2010年1月26日，http://ph.mofcom.gov.cn/article/zxhz/hzjj/200801/20080105344568.shtml。
[2] 《中菲双边关系概况》，中国驻菲律宾大使馆，2015年3月，http://ph.chineseembassy.org/chn/zfgx/zzgx/t537544.htm。
[3] 《美国赠送菲律宾9艘军舰 增加其武装部队调度能力》，凤凰网，2007年12月10日，http://news.ifeng.com/mil/1/200712/1210_339_326767.shtml。

系中根据本国的国家利益和现实需要实施有效对冲。

从 2010 年开始,奥巴马政府开始实施战略重心东移的政策,并提出了"亚太再平衡"战略,特朗普政府在此基础上扩展了亚太战略的范围和强度,提出了"印太战略",在美国这两项重要的全球战略中,菲律宾都是美国重点巩固和利用的对象,再加上中菲之间具有多重矛盾冲突,所以从菲律宾的角度上看,其所受的结构压力比 2010 年以前有所增加。虽然在杜特尔特执政的前两年菲律宾有意减少对美国的安全依赖,但是美菲同盟一直在不断地巩固,但中菲出现矛盾争议之时,菲律宾追随美国的倾向和表现更为明显。有学者将冷战后菲律宾的对华政策分成了三个阶段,分别是制衡多于接触阶段、接触多于制衡阶段和制衡大于接触阶段,[①] 这一观点大致划分了菲律宾与中美关系的发展历程,也从另一角度验证了菲律宾所受结构压力的变化改变其国家政策的事实。一系列复杂因素导致了菲律宾自冷战后所感受的结构压力发生了变化,其对中国的威胁认知强度逐渐增强,对美国的安全保护依赖不断加剧。综合来看,自冷战后,菲律宾的整体结构压力经历了从小到大的过程,这为菲律宾的国家战略从对冲转向追随美国提供了较强的基础和条件,虽然在不同的领导人执政时期其追随美国的倾向会有所减弱,但菲律宾整体的战略方向依然是由对冲转向追随。

美国的两级亚太战略为菲律宾追随美国提供了机遇。除了国际大背景营造的地区环境给菲律宾的战略转变提供了解释之外,美国政府的两极亚太战略也为菲律宾追随美国提供了契机。在"亚太再平衡"战略中,美国主张建立一个更为全面和多维的战略,在与菲律宾的关系中,继续强化两国联盟,进一步确定菲律宾在美国亚太战略中的基石作用。同时基于人道主义救援、反恐、救灾等问题,美国与菲律宾深化了长期的同盟关系。"亚太再平衡"战略是一个完全偏向亚太和转移美国全球战略重心的举措,在对待盟友的态度上,美国继续强化和现代化美国联盟并以此为基础向外扩展;同时深化与新兴大国的关系,分类别分情况地发展不同层级的伙伴国;与中国建立建设性的伙伴关系,即构建一种守成国与新兴崛起国之间的新型关系模式;基于政治和安全的考量,强化地区机制,建立有效的亚洲地区架构;在经济上构建一种可靠、有效的经济架构,即以跨太平洋伙

[①] 陈庆鸿:《菲律宾对华对冲战略评析》,《当代亚太》2015 年第 6 期。

伴关系为经济策略的核心，同亚太相关经济体打造高标准协议。在这一战略实施的过程中，美国从政治、经济、军事、科技等方面不断向亚太地区倾斜，并在亚太国家内部根据不同国家在其战略中的地位又有所区别和倾斜。① 2011年11月奥巴马公布了2014年美国针对亚太地区的财政预算，将为菲律宾、澳大利亚和泰国提供新的投入，为该地区提供12亿美元的资金支持，其中为菲律宾提供5000万美元的军事援助和800万美元的执法援助拨款，帮助菲律宾提高其政府的海上行动能力和反恐能力。② 可见在奥巴马政府时期的亚太战略中，菲律宾属于美国五个亚太联盟国家中非常重要的一个战略盟友，美国也为其提供了大量的资金支持和军事援助，这不仅是为了提高菲律宾本身的作战能力，也是美国通过菲律宾以遏制中国的关键步骤。

在奥巴马政府之后，特朗普进一步深化和升级了美国的亚太战略，提出了"印太战略"的概念，2017年特朗普在第25届亚太经合组织领导人非正式会议上正式提出了"自由开放的印太战略"，同年年底和2018年年初，美国先后出台了《国家安全战略报告》和《国防战略报告》对该战略进行进一步的阐述，之后在2018年年底美国国会通过了《2018亚洲再保障倡议法》，将"印太战略"的相关愿景进一步具体化。而在2019年11月，美国又进一步出台了《自由开放的印太地区：促进共同愿景》报告，使"印太战略"的实质内容更为明确。在特朗普的"印太战略"中，菲律宾的地区地位和重要性得到了进一步的提升。美国和菲律宾以1951年的《美菲联防条约》、1998年的《访问部队协议》③ 和2014年的《加强防务

---

① Parliament House Canberra, Australia, "Remarks By President Obama to the Australian Parliament", The White House Office of the Press Secretary, November 17, 2011, https://obamawhitehouse.archives.gov/the-press-office/2011/11/17/remarks-president-obama-australian-parliament; "Remarks by National Security Advisor Tom Donilon", As Prepared for Delivery, The White House Office of the Press Secretary, November 15, 2012, https://obamawhitehouse.archives.gov/the-press-office/2012/11/15/remarks-national-security-advisor-tom-donilon-prepared-delivery.
② Barack Obama, "Fact Sheet: The Fiscal Year 2014 Federal Budget and the Asia-Pacific", The White House, November 2011, https://obamawhitehouse.archives.gov/sites/default/files/docs/asia_pacific_rebalance_factsheet_20130412.pdf.
③ 2020年2月11日菲律宾已决定正式终止与美国的《访问部队协议》。——笔者注

合作协议》为基础,① 开展了广泛而深入的军事和安全合作。美国特别作战部队顾问长期居住在菲律宾,为其军事力量的发展提供建议,美国还帮助菲律宾完成15年军事现代化计划,共同打击恐怖袭击,在空军基地的建设合作上,美菲强化双边空军演习,并以菲律宾为依托加强与东盟组织的伙伴关系。② 美国将进一步加大对"印太战略"的实施力度,《2018亚洲再保障倡议法》建议美国政府持续五年拨款15亿美元用于调配,从特朗普上台开始,美国政府已经往这一地区投放了45亿美元的对外援助,接下来还将继续开发新的投资项目,在这些项目的投资与合作中,菲律宾都是美国在"印太地区"实施其战略的关键国家。由上可知,美国与菲律宾在双边协议方面已经就安全和国防达成了深入的协议,通过不断重申和强化双边条约,菲律宾已经被牢牢地绑在了美国的战车上。③ 同时,美国不断加大对菲律宾的援助和支持,这对菲律宾而言也是一个安全诱惑。相比于"亚太再平衡"战略,"印太战略"对菲律宾的投入不管是在军事援助还是在资金支持上都更为巨大。通过奥巴马政府和特朗普政府对美国亚太战略及"印太战略"的实施和推进,菲律宾从美方获得了强大的安全保障,这为菲律宾逐渐从对冲战略转向追随美国的战略提供了较强的解释力。

中菲南海问题也加快了菲律宾追随美国的进程。南海问题不仅是中菲两个国家的矛盾冲突,其中还有一些域外大国,尤其是美国的干涉,美国支持菲律宾强化与中国的冲突,着力在周边对中国造成混乱局势,遏制和包围中国的地区发展潜力,这既是美国亚太战略和"印太战略"实施的一

---

① "Mutual Defense Treaty Between RP & USA", Chan Robles Virtual Law Library, https://www.chanrobles.com/mutualdefensetreaty.htm#.XsNRXhMza9Y; "Agreement between the Government of the United States of America and the Government of the Republic of the Philippines regarding the treatment of Republic of the Philippines Personnel visiting the United States of America", Official Gazette, October 9, 1998, https://www.officialgazette.gov.ph/1998/10/09/agreement-between-the-government-of-the-united-states-of-america-and-the-government-of-the-republic-of-the-philippines-regarding-the-treatment-of-republic-of-the-philippines-personnel-visiting-the-uni/; "Enhanced Defense Cooperation Agreement Groundbreaking Ceremony", U.S. Embassy in the Philippines, April 17, 2018, https://www.pacom.mil/Media/News/News-Article-View/Article/1495964/enhanced-defense-cooperation-agreement-groundbreaking-ceremony/.

② "Indo-Pacific Strategy Report Preparedness, Partnerships, and Promoting a Networked Region", The Deparment of Defense, June 1, 2019.

③ "S. 2736-Asia Reassurance Initiative Act of 2018", 115th Congress (2017-2018), The US Government, November 31, 2018.

个重要举措，也是菲律宾不断深化与美国同盟的体现。菲律宾也积极主张美国等域外大国参与到南海争端之中，菲律宾单方面将南海争端提交到国际仲裁庭的行为对中菲两国关系的全面发展造成了严重损害。虽然在杜特尔特政府时期菲律宾在经济上与中国发展良好关系，并将南海争端降低到"渔业纠纷"的等级，但是在安全和防务上，菲律宾还是与美国开展了紧密合作关系。南海问题是刺激中菲关系的敏感问题，因此菲律宾不会完全疏离与美国的安全距离，而是尽量控制在可以对冲的维度上。但从国家战略的方向上看，南海问题依然深化了菲律宾追随美国的强度。

综合来看，冷战结束后菲律宾的六届政府均实施了复杂的国家战略，主要体现为在中美之间对冲和追随美国的战略。大的方向趋势是菲律宾逐渐从对冲转向战略调整并可能倾向追随美国，这主要是因为在冷战刚结束后大的地区环境和国际背景为菲律宾创造了充裕的发展空间，菲律宾没有强大的选择压力，但是随着中国综合国力的提升和美国全球战略的东移，美国通过"重返亚太"和"创建一个自由开放繁荣的印度洋—太平洋地区"加大了对东南亚地区的投入，菲律宾作为美国在东盟的重要盟友，充当了美国"印太战略"的基石，不断获得美国更多的援助和支持，这为其追随美国提供了诱因。同时南海问题也使得菲律宾与中国的关系充满不确定性。这三个方面的因素说明了冷战结束后至今，菲律宾所受结构压力从小到大的变化过程，也解释了菲律宾从对冲战略逐步转变成追随美国的重要原因。

二　国家能力的转变

在本书建构的理论模型中，国家战略的形成和变化除了受到结构压力的影响之外，国家能力的强弱也至关重要。在这一层级上，菲律宾领导人的认知对其国家战略的选择和调整起了关键作用，除此之外，菲律宾的对外关系及其经济和军事实力也为其战略转变提供了较强的解释力。

其一，领导人的认知。菲律宾实行的是总统制，总统既是国家元首也是政府首脑，同时也是武装部队的总司令，由此可知在菲律宾，领导人的认知和意愿对其国家战略具有非常重要的影响。冷战后至今对菲律宾国家战略起着重要作用的领导人主要有科拉松·阿基诺、拉莫斯、约瑟夫、阿罗约、阿基诺三世、杜特尔特和小费迪南德·马科斯，这几位领导人治下的国家战略大致可以分为三个时期，分别是静默或过渡时期、对冲时期、追随美国时期和战略调整期。冷战刚结束之时，阿基诺、拉莫斯和约瑟夫更多的是延续菲律宾之前的国家方略，并且由于国内政治危机是当时需要处理的主要问题，这些领导人并没有将外交战略作为重要的领域，他们认为菲律宾积极发展对外关系的前提是需要将国内的政局稳定下来，所以这一阶段体现的是菲律宾的静默或过渡时期，对其他国家采取谨慎有限接触的态度。到阿罗约时期，阿罗约与中国开始了全方位的交往，积极与中国在经济、外交、人员交流等领域开展合作，阿罗约认为中国的发展为菲律宾提供了发展机遇，菲律宾通过和中国的广泛合作可以实现长足的进步，对菲律宾来说，中国是菲律宾发展上的"朋友"而不是"对手"或"威胁"。在阿罗约在任期间，她几乎每年都会到中国访问，能正确看待中国的发展道路和发展方向，所以在这段时期，菲律宾与中国的关系发展到了新高度，中菲关系也实现了大幅度的改善。

到2010年阿基诺三世上台之后，菲律宾走上了明显的亲美道路。阿基诺三世抨击阿罗约夫人的施政策略，并在诸多问题上故意抹黑中国，在"南海仲裁案"等问题上，菲律宾不断挑衅中国。阿基诺三世政府时期，菲律宾对美国的安全依赖更为严重，并在中菲南海争端上积极主动要求美国对此表态，还将南海问题提交到国际仲裁庭。分析阿基诺三世对中国敌对态度背后的政治原因可以发现，阿罗约执政时期虽然将中菲关系提升到了"黄金时期"，但是其腐败案深刻影响了其在国内的统治合法性，继而使中菲在南海问题上的合作项目也被"污名化"，并且南海问题在菲律宾腐败案的印象下激起了菲律宾国内的民族主义情绪，阿罗约政府遭受了严重的执政危机，阿基诺三世借此树立清廉的形象，同时借助民族主义情绪开始以敌对的姿态与中国交往。由此可见阿基诺三世"亲美反中"具有深刻的国内政治原因，也是其巩固统治的策略手段。至此菲律宾追随美国的战略已经形成，到杜特尔特政府时期，他明确提出要摆脱亲美和亲西方路线，加强与中国、俄罗斯、日本和东盟等国及国际组织的外交关系，菲律宾在杜特尔特的领导下采取经济实用主义的原则与中国开始进行深入的经济合作。

菲律宾工商部2018年2月发布的一份报告指出，中国对菲律宾投资比上一年增长了将近84倍，① 2018年11月习近平主席访问菲律宾时，中菲两国建立了全面战略合作关系，并签署了《中华人民共和国政府与菲律宾共和国政府关于共同推进"一带一路"建设的谅解备忘录》等文件，重点加强两国的基础设施合作。② 此外，"一带一路"倡议欲与菲律宾的"大建特建"项目进行对接，中国的参与对于该计划的顺利实施具有重要作用。据菲律宾旅游局官方数据显示，2019年10月中国游客到访菲律宾的人数相较于上一年10月增长了大约60.14%。③ 在中菲经济发展进步的同时也应该看到，虽然杜特尔特时期中菲关系有所缓和，美菲关系也没有阿基诺三世时期那么紧密，但是菲律宾与中国在领土争端等关键的敏感问题上并没有达成有效的解决方式，从一定程度上讲，这并不能改变菲律宾追随美国的战略实质。由此可见，冷战后，菲律宾经过三届政府的静默发展时期，在阿罗约时代中国被当作发展伙伴，菲律宾能在中美之间实行有效的对冲，为本国利益赢得更多发展空间，在阿基诺三世利用合法性危机上台后利用反中国的策略巩固其统治地位，同时也获得了美国的军事援助，这为其亲美反中的道路提供了持续的动力。虽然杜特尔特上台后与中国开展了经济合作，在言辞上有意疏离美国，但是中菲之间的关键问题并没有解决，包括领土争端在内的问题仍是中菲关系发展的障碍，菲律宾只是从经济上利用中国，其国家战略依然是追随美国。

其二，美菲同盟的强化。在无政府状态下的国际社会中，国家行为体可能会选择结盟作为维护自身安全和利益的一种方式，尤其对于中小国家而言更是如此。菲律宾在自主发展武装力量受到巨大挑战之时偏向从美国获得安全产品。菲律宾和美国通过于1951年签订的《美菲联防条约》开始了两国军事同盟的关系，该条约有效期无限，确定了两国的集体防御制，当任何一方受到攻击时，两国都会以自助和互助的方式采取共同行动，对抗共同的危险。④ 之后两国又相继签订了《互访部队协议》和《加

---

① 《菲律宾工商部：今年中国对菲投资激增8364%》，环球网，2018年12月26日，https://world.huanqiu.com/article/9CaKrnKgjNP。
② 《中华人民共和国与菲律宾共和国联合声明》，中华人民共和国外交部，2018年11月21日，https://www.fmprc.gov.cn/web/ziliao_674904/1179_674909/t1615198.shtml。
③ "Visitor arrivals to the Philippine", Republic of the Philippines Department of Tourism, http://www.tourism.gov.ph。
④ "Mutual Defense Treaty Between RP & USA", Chan Robles Virtual Law Library, https://www.chanrobles.com/mutualdefensetreaty.htm#.XsNRXhMza9Y。

强防务合作协议》,这三个条约被称为"铁甲三同盟",进一步巩固了菲律宾与美国的同盟基础。在此基础上,美菲建立了军事安全常设机构,主要有联防委员会、安全接触委员会和双边战略对话防御工作组,并形成了双边战略对话和外长防长会议。美国在菲律宾有常设的军事基地,是两国同盟的机制化运行平台,美国还参与菲律宾的国防建设,在《菲律宾国防改革计划》和《能力提升计划》中积极主动地为菲律宾国防事业的发展建言献策和提供技术资金保障。美国支持菲律宾在南海争端问题中的主张,以美菲的盟友关系为依据,在南海、南沙群岛等问题上与菲律宾保持紧密的磋商与合作。[1] 此外美菲同盟关系的强化还体现在经济上,两国形成了经济合作机制,先后签订了《贸易及投资框架协议》《千禧年挑战合作》《贸易及关税简化协定》《增长伙伴关系原则联合声明》等,由此可见,美菲两国在军事、经济、政治、安全等方面建构了全方位多维度的同盟合作关系,形成了一个全面覆盖的稳固关系网。

相比于韩国作为美国亚太战略的关键,菲律宾则是美国亚洲体系和安全的基石,美菲同盟为美国介入东南亚多边合作机制创造了条件,美国在菲律宾设立了临时军事基地,虽未让美国永久驻军,但是美国可以以轮换部署的方式驻扎军队。美国利用增加美军在盟国的轮换这种军队间的新型部署模式,加强美国与菲律宾之间的盟友关系。罗伯特·阿特(Robert J. Art)认为,美国和澳大利亚、巴基斯坦、菲律宾都是盟友关系,这三个国家都要求美军不在他们本国永久驻留军队,但是对美国而言,这三个盟友的地缘政治意义和战略意义更为重大,菲律宾和澳大利亚可以充当美国的全球中转站和后备补给基地,通过菲律宾和澳大利亚可以贯穿亚洲、欧洲、非洲和大洋洲,连同太平洋和印度洋,美国可以随时监测到亚太事务的进展并作出符合其本国利益的部署。[2] 在美国的帮助下,菲律宾的国防实力和军事力量得到较大的提升。在东北亚地区,美国通过美日同盟和美韩同盟持续关注着传统安全问题,朝核问题是其中一个重要的关注点,但是美菲同盟则逐渐从对非传统安全的关注(重空间轻基地)调整为关注传

---

[1] Renato Cruz De Castro, "The Philippines in 2011, Muddling through a Year of Learning and Adjustment", *Asian Survey*, Vol. 52, No. 1, 2012, pp. 210–219.
[2] Robert J. Art, *America's Grand Strategy and World Politics*, New York: Routledge, 2009, p. 374.

统安全（霸权地位之争）。① 可见菲律宾在美国全球战略实施中处于重要地位，美国的安全保障对菲律宾而言仍是巨大诱惑。

其三，菲律宾对美国文化的认同。美国在菲律宾殖民期间利用教堂和传教士、学校和教师成功地向当地传播了西方文化和美国文化，可以说美国在菲律宾几十年的影响比西班牙三百多年的统治还要大。② 正如菲律宾学者指出："美国对菲律宾社会进步的最大、最持久的贡献不是物质利益方面，而是在教育、卫生、个人自由和政治觉悟方面。"③ 19世纪末期，美西战争爆发，美国打败西班牙并从后者手中以较低的价格购买了西班牙殖民地——菲律宾的国家主权，虽然"二战"时期日本占领了菲律宾，但1946年菲律宾完全独立后美国仍在菲律宾领土上保留了军事基地，更值得注意的是，美国为菲律宾植入了民众对西方文化的认同，虽然菲律宾境内使用的语言达80多种，但是官方语言只有英语和菲律宾语。在马尼拉湾战争结束后的几天，美国就在菲律宾建立了第一所学校，1900年有十万多菲律宾人进入美国人开办的学校学习，第二年美国为菲律宾送来了600名经过专业训练的教师，菲律宾的第一所大学——菲律宾大学也是美国人于1908年创立的，到1920年该大学人数将近4000人。④ 美国以"菲律宾人的菲律宾"为口号针对精英阶层对其实行菲化政策，通过普及英语和传播美国文化，美国逐步将其文化潜移默化地深入菲律宾的社会之中。菲律宾在政治上实行三权分立的总统制便是其引入美国的政治统治模式的例证，在对外贸易上菲律宾对美国贸易形成了严重的依赖，直至今天，美国依然是菲律宾的第二大官方援助国和第二大贸易伙伴国，2017年美国是菲律宾在全球的第三大游客来源地，同时美国还是菲律宾最大的劳务输出国。⑤ 经过美国短短三十多年的殖民统治，美国就把菲律宾民族建构成了英语民族，从名字、游戏、舞蹈、歌曲、食物，到电影、节日等方面，美国文化

---

① 张景全：《美菲同盟强化及其在美国亚太再平衡战略中的作用》，《南洋问题研究》2014年第1期。
② [英] D. G. E. 霍尔：《东南亚史》（下），中山大学东南亚历史研究所译，商务印书馆1982年版，第879页。
③ Teodore A. Agoncillo, *A Short History of Philippines*, Caloocan City, the Philippines, 1975, p. 210.
④ Gregorio F. Zaide, *The Pageant of Philippine History*, Manila, Philippines, 1979, p. 371.
⑤ 《菲律宾国家概况》，中华人民共和国外交部，2020年5月，https://www.fmprc.gov.cn/web/gjhdq_676201/gj_676203/yz_676205/1206_676452/1206x0_676454/。

受到了菲律宾民众广泛的欢迎，生活方式也都带有美国文化的痕迹。[①] 经过美国的殖民统治，西方文化尤其是美国文化已经对菲律宾的传统文化带来了重大冲击，也逐渐深刻改变着一代代菲律宾人的思维方式，使其朝着美国化的方向发展，对菲律宾而言不管是社会进步还是象征着一种文化入侵，这都为菲律宾在冷战后短暂对冲的情况下追随美国提供了更深层的合理解释。

可以说美国是新殖民主义的鼻祖，美国通过新殖民主义的方式在政治上干涉别国内政，在军事上通过援助、军事基地、派遣军队等形式在域外进行军事统治，文化上更是以美国设想的方式塑造着别国的民族性格。菲律宾的内政外交、军事、文化、社会等从未摆脱过被美国干涉的阴影。[②] 而美国之所以能够成功地左右菲律宾的各个方面，与其从一百多年前开始在菲律宾实行殖民统治，尤其是文化统治有关。在重新审视菲律宾的政治、经济、军事、文化、社会、外交等领域时，可以隐约看出，虽然菲律宾以一个独立的主权国家呈现在国际社会中，也经历了数届政府治理，不断调整外交政策，但是其在各个领域的建设和表现都渗透着美国建构的形态。三权分立的总统制模式、出口导向型经济、美菲军事同盟等都体现了美国在结束对菲律宾的殖民统治之后，在菲律宾留下了有利于美国国家利益和全球战略的种子。冷战结束后，在2001年至2010年阿罗约时代菲律宾在中美之间实行对冲战略，为菲律宾创造了发展的黄金时期，之后就如同冷战结束之前一样开始在追随美国的道路上前进，即使在杜特尔特在国际社会上大肆宣扬疏远美国亲近中国之际也可以发现，美国和菲律宾的同盟关系并没有发生实质性改变，只是在统治经营上采取了经济实用主义策略和巩固统治的手段，并且随着美国"印太战略"的进一步实施，美国对菲律宾的援助和投入将会更大，菲律宾也会选择继续追随美国，这既有追随的惯性，也有菲律宾对美国文化认同的深刻影响，也体现了国家文化基因的创造力。

---

① ［菲］格雷戈里奥·F. 赛义德：《菲律宾共和国：历史、政府与文明》，吴世昌、温锡增译，商务印书馆1979年版。书中第22章到第28章从经济、社会、政治等方面阐述了美国给菲律宾带来的深远影响。
② 王文良：《新殖民主义的发端：二十世纪初美国对菲律宾的统治》，《美国研究》1993年第3期。

第二节　菲律宾国家战略转变的具体表现

根据新古典现实主义理论基础上的模型分析，由于冷战后菲律宾整体所受结构压力大大降低，并且中国经济的巨大影响力为菲律宾提供了发展动力，菲律宾获得了在中美之间对冲的空间和条件。同时由于美国亚太战略的逐步升级，对菲律宾的安全保障诱惑和利益诱惑增加，再加上中菲在南海岛礁问题上存在争议，这就从整体的结构方面为菲律宾转向追随战略提供了契机。冷战后菲律宾的国家能力也在不断发生变化，柯拉松·阿基诺、拉莫斯、埃斯特拉达、阿罗约、阿基诺三世、杜特尔特和小费迪南德·马科斯对菲律宾所处形势的认知不同，对中美两国与菲律宾的关系在研判上也存在很大的区别。对于菲律宾这个总统制国家而言，领导人的认知对国家战略的走向发挥着重要作用，阿罗约之后的菲律宾领导人逐步走向了亲美的道路，杜特尔特时期是菲律宾发展的战略调整期，菲律宾试图在对冲和追随上做出选择。美菲同盟的强化不仅增强了菲律宾的国防能力和军队建设，也使得美国与菲律宾的盟友关系更为牢固，对于菲律宾而言，选择搭美国的便车相比于对冲而言能获得更多的利益，也更能节省国家进行战略权衡的成本。从菲律宾成为美国的殖民地开始，美国就以文化渗透这种影响更为深远的方式改造和建构着菲律宾的国家结构和民族性格，美国文化和西方文化获得了菲律宾的认同，这为菲律宾对美国存在某种天然的认同感提供了解释。虽然杜特尔特看似在重新寻求在中美之间对冲的道路，但不管在利益关切还是局势判断上，菲律宾都只是在追随美国道路上的短暂调整，尤其在小费迪南德·马科斯政府时期更是如此。

冷战结束后至今，菲律宾整体的外交战略可以大致分为四个时期：第一，过渡时期，时间跨度是从冷战结束到2001年，这一时期菲律宾处于国际大形势突变之下的战略过渡期，国内政治危机频发，菲律宾将关注点主要聚焦在了国内方面，与美国处于一种不积极的联盟关系状态，与中国进行有限谨慎的接触。第二，对冲时期，体现在阿罗约执政时期，从2001年至2010年，在这十年间菲律宾加强了与中国的经贸合作和政治往来，迎来了中菲关系发展的黄金时期,与美国在同盟关系的基础上也进行了较为密切的合作,尤其是在军事方面。第三,追随美国时期,从2010年阿基诺三世上台到2016年,菲律宾都是在追随美国的道路上行进。第四,战略调整期,从2016年杜特尔特时期至今,这段时期菲律宾的国家战略从开始的类似对冲,转为倾向追随美国,是菲律宾面对新的国际形势转变而进行的调整策略。本部分将要详细论证冷战后菲律宾国家战略在不断调整的表现,从这些具体的事件和数据中进一步佐证菲律宾将会转向继续追随美国的诱因和现实。

一 过渡时期(冷战结束至2001年)

之所以将这段时期视为菲律宾外交战略的过渡时期,是因为相比于冷战结束之前和2001年及之后菲律宾在国际社会上的行为和主张而言,在这段时期菲律宾一直进行试探性的发展,一方面是适应国际格局的突变,另一方面也是由于其国内遗留下来的政治、经济和社会危机使然。在这一时期菲律宾以恢复国内经济发展为主要目标,实行经济外交政策,与多国建立经贸合作关系,在此基础上进行有限的政治接触。20世纪60年代至80年代中后期是马科斯在菲律宾实行威权统治的时期,在其独裁之下,菲律宾国内政治贪污腐败盛行、社会贫富差距扩大、经济发展迟缓甚至在20世纪80年代出现了巨额外债的情况,在人民力量革命中马科斯下台,柯拉松·阿基诺当选为菲律宾总统。在阿基诺夫人执政后,菲律宾开始为重振民主政治、经济发展和社会福利而努力。

冷战结束后,美国认为在东南亚地区暂时还未形成能够对美国霸权提出挑战和威胁的行为体,原本对这一地区援助的战略价值已经不能支持美国的继续投入,之后美国逐步缩减了在这一地区的军事存在。1992年美国从菲律宾的苏比克湾撤军,同年其对菲律宾的军事援助和经济支持削减了约60%,[1] 菲律宾在失去了美国为其提供的安全保护的同时也逐渐失去了在美国的市场,墨西哥的产品渐渐取代菲律宾产品。[2] 菲律宾开始利用地

---

[1] De Castro and Renato Cruz Source, "Philippine Defense Policy in the 21st Century: Autonomous Defense or Back to the Alliance?", *Pacific Affairs*, Vol. 78, No. 3, 2005, pp. 403 – 422.

[2] 沈红芳:《菲律宾拉莫斯政府的经济外交政策》,《南洋问题研究》1994年第3期。

缘政治的优势，开发亚洲市场，与泰国、日本、印度尼西亚、马来西亚等国签订多个双边贸易协定，其中由于中国台湾地区在当时经济发展潜力巨大，菲律宾与中国台湾地区的经贸合作量在冷战后短时间内实现了较大的增长，相比而言，菲律宾与中国大陆的贸易额则一直较为迟缓地发展。

菲律宾在国家战略的过渡时期与中国的关系发展也出现众多波折。如菲律宾不断挑战"一个中国"原则，与中国在南海岛礁争端上爆发冲突。但即便如此，中菲关系并没有完全隔断，还是以一种有限的方式建立了合作关系，1996年中菲两国建立了"面向21世纪的睦邻互信合作关系"，在南海问题上双方也达成了重要共识和谅解，以"搁置争议，共同开发"的形式维护两国的国家利益。2000年中菲两国正式签订了《中华人民共和国政府和菲律宾共和国政府关于21世纪双边合作框架的联合声明》，内容覆盖了政治、经济、防务和军事、南海问题，这一双边框架协议不仅能促进中菲两国的根本利益，也能为亚洲和世界的和平稳定繁荣发挥作用，至此双方确立了在睦邻合作、互利互信的基础上建立长期稳定的国际关系。[①]可见在冷战结束后至2001年阿罗约夫人上台之前这段时期，菲律宾与中国进行了谨慎的交往，两国在南海岛礁问题上存在争议，这也是一直横亘在中菲之间的重要问题，但是两国关系还是在逐渐地从冷战时期的隔绝状态向交往与合作的关系上过渡。

而从美国与菲律宾在这段时期的交往表现来看，虽然美国撤出了在菲律宾的军队，但是拉莫斯总统与美国政府达成了新的协议，开放菲律宾的港口，并开始与美国进行联合军事演习。"肩并肩"联合军演是美菲两国每年例行的军事演习活动，1991年首次举行，1995年中断，1998年美菲两国签署了《访问部队协议》，规定了美国军队进入菲律宾的条件、活动范围、军演等方面的相关内容，其中包含美国战舰可以在菲律宾的港口上停靠，美国军队也可以上岸对菲律宾本土进行访问，这一协议最主要的影响是美国军队可以重新返回菲律宾。之后，1995年中断的两国联合军演于1999年重新恢复。2000年美菲举行了"肩并肩2000"联合军演，有约五千兵力参加，之后两国又举行了克拉克系列军事演习。在这段时间中菲爆

[①] 《中菲双边关系概况》，中华人民共和国驻菲律宾共和国大使馆，2015年3月，http：//ph.china-embassy.org/chn/zfgx/zzgx/t537544.htm。

发了美济礁事件和黄岩岛事件,菲律宾通过与美国的军事合作增加了其与中国在南海问题上的砝码。对于美国而言,不断高涨的"中国威胁论"使得美国开始关注中国在东亚尤其是东南亚地区的影响力,美国试图利用在菲律宾的军事存在威慑中国的崛起。① 由此可见,美菲之间的合作是一种"各取所需"的模式。②

综合来看,冷战结束后至2001年,菲律宾在国内存在政治经济危机的情况下,以现实主义的原则采取经济外交政策,政治上也着力恢复民主政治,但是在美苏两极格局终结、东南亚地区环境发生巨大变化的背景下,菲律宾原来的国家战略已经不符合国际形势的变化,所以其国家战略进入了过渡期。在这一时期,菲律宾与中国有限谨慎接触,在南海问题上多次爆发冲突和争端,但两国还是建立了睦邻互信的合作关系,并搭建了双边合作框架,在这种制衡加接触的关系中,菲律宾与中国的关系在不断地前进。反观菲律宾与美国的关系,冷战结束后美国从菲律宾撤出了军队,但是菲律宾对美国安全保障的需求和美国对菲律宾的战略利用使得两国在军事上建立了紧密的合作关系。新的协议和法律文件为美军重返菲律宾创造了条件,但是这个阶段基于美国在东南亚地区战略的放松和菲律宾国内民族主义情绪的高涨,菲律宾与美国的接触仍控制在一定范围内。

二 对冲时期(2001年至2010年)

国际政治的历史证明,均势不会自动生成,制衡也不是应对霸权的唯一方式,搭便车、规避、容忍和屈从同样是对霸权影响的反应,③ 罗伊(Denny Roy)则将国家行为体的战略反应分为制衡、追随、接触和对冲。④ 21世纪以来,国际社会发生了巨大变化,不管是国际政治格局还是地区的

---

① Greg Austin, "Unwanted Entanglement: The Philippines' Spratly Policy as a Case Study in Conflict Enhancement?", *Security Dialogue*, Vol. 34, No. 1, 2003, pp. 41 – 54.
② 王鹏:《聚焦亚太安全》,新华出版社2016年版,第23页。
③ 时殷弘:《国际政治——理论探究·历史概观·战略思考》,当代世界出版社2002年版,第168页。
④ Denny Roy, "Southeast Asia and China: Balancing or Bandwagoning?", *Contemporary Southeast*, Vol. 27, No. 2, 2005, p. 306.

地缘政治都使得不同的国家重新调整发展战略，顺应时代发展的需求。菲律宾在经历了十多年的过渡期之后开始了在中美之间长达十年的对冲阶段，这一段时期也正好是中国成长为世界第二大经济体的前期，之后美国开始调整全球战略，将战略重心转移到亚太地区，开始了中美之间的竞合关系。菲律宾之所以能够在这十年间有效实行对冲战略，具有复杂的原因，其中阿罗约夫人对中美发展机遇和威胁的定位、中国的睦邻友好政策、美国反恐战略的方向性调整等起着重要作用。菲律宾开始在中美之间进行针对性、有区别的合作和对抗，在这种"边拉边打"的形式下，菲律宾的综合国力得到了大幅的提升。

（一）菲律宾与中国

2001年中国加入世界贸易组织，中国的市场向世界市场开放，世界市场也进一步拓展了中国经济发展的维度和领域。2002年中国与东盟签署《中国与东盟全面经济合作框架协议》使得双方在经贸关系上有了实质性的进展，也为2010年中国—东盟自贸区的建成推动了关键一步。中国经济发展的巨大潜力和需求刺激了中国需要以周边为依托，从2003年开始中国实行"睦邻、安邻和富邻"的政策，温家宝总理在出席首届"东盟商业与投资峰会"上首次完整地提出和阐述了这一政策。[1] 反观菲律宾，2001年1月阿罗约夫人接任埃斯特拉达成为菲律宾第14任总统，她认为中国的发展为菲律宾带来了巨大机遇，中国与菲律宾是经贸上的朋友和伙伴，中国是菲律宾重要的市场、合作者和援助者。按照亚历山大·温特（Alexander Wendt）的观点，身份决定利益，利益建构行为，其中认知对身份的定位和利益的判断发挥着关键作用。[2] 在这种国际环境宽松、中菲两国领导人都认同彼此的情况下，中菲之间开始了前所未有的友好合作关系。2005年中菲发表联合声明，决定建立致力于和平与发展的战略性合作关系，双方在经贸合作、能源开发、防务与安全等方面达成重

---

[1] 《温家宝总理出席东盟商业与投资峰会并发表演讲》，中华人民共和国外交部，2003年10月8日，https://www.fmprc.gov.cn/web/wjb_673085/zzjg_673183/yzs_673193/dqzz_673197/dnygjlm_673199/xgxw_673205/t26502.shtml。

[2] Alexander Wendt, *Social Theory of International Politics*, Cambridge University Press, 1999, pp. 230 - 243.

要共识。① 2007年温家宝总理访菲之际，双方声明愿共同全面深化这种战略性的合作关系。与此同时中菲高层互访频率不断增加，2001年和2004年阿罗约先后两次对中国进行正式的国事访问，2007年到访重庆和成都，中国领导人在此期间五次访问菲律宾，相比于冷战结束到2001年菲律宾只有两位总统对华进行了两次国事访问，中国领导人三次到访菲律宾，阿罗约时期中菲高层之间的交往显然更为密切。

中菲之间的经贸合作也发展较为迅速，截至2009年年底，中国对菲律宾的直接投资达1.3亿美元，在菲律宾签订的劳务承包合同额累计达到62.48亿美元，在提供优惠出口买方信贷方面，中国是菲律宾最大的来源国。据中国驻菲律宾大使馆经济商务处的统计数据显示，1991年至1994年中菲贸易总额都远低于10亿美元，经过1995年到2000年的发展，两国交易额最高达到了31.42亿美元，但是从冷战结束到2000年中菲贸易增长幅度除了1993年、1994年和1995年分别实现了36%、51%、75%的增幅之外，其他年份中菲之间的贸易总量维持在较低水平，增幅也较少。② 但是从2000年开始到2007年，两国贸易额连年大幅度增长，2004年始双边贸易额突破了100亿美元，之后两年达到234.1亿美元，2007年双边贸易总额更是实现了306.2亿美元，从2002年到2007年中菲贸易增幅连续六年超过30%（分别是47.5%、78.7%、41.8%、31.7%、33.3%、30.8%），2008年和2009年由于受经济危机的影响，中菲贸易有所下降，但是相对于十年前整体还是维持在一个较高的水平额度上。③ 除此之外，两国还签署了一系列协定和备忘录，以正式文件的形式加强了中菲关系。两国分别在关税、农业、贸易和投资、双边经贸合作框架的建立等问题上达成共识，先后签署了《避免双重征税的协定》（1999年）、《关于加强农业及有关领域合作协定》（1999年）、《渔业合作谅解备忘录》（2004年）、《关于促进贸易和投资合作的谅解备忘录》（2005年）、《关于建立中菲经济合作伙伴关系的谅解备忘录》（2006年）和《关于扩大和深化双边经济

---

① 《中国与菲律宾发表联合声明》，中华人民共和国外交部，2005年4月28日，https://www.fmprc.gov.cn/nanhai/chn/zcfg/t193789.htm。
② 《历年中菲贸易统计》，中国驻菲律宾经商处，2005年8月24日，http://ph.mofcom.gov.cn/article/zxhz/tjsj/200302/20030200069887.shtml。
③ 《2000—2009年中国—菲律宾贸易统计》，中国驻菲律宾经商处，2010年1月26日，http://ph.mofcom.gov.cn/article/zxhz/tjsj/200801/20080105344568.shtml。

贸易合作的框架协定》（2007年）。[①]

中菲除了在政治和经济上的合作关系加强之外，在军事上也开始了试探性的有限接触，2002年菲律宾国防部长访华，同年6月菲律宾海军舰队首次访华，2004年菲国防部长再次访问中国。从冷战结束到2020年中菲双方共进行了五次防务与安全磋商，单在阿罗约夫人执政时期就进行了三次，分别是2005年建立双边防务与安全磋商机制，2006年2月举行第二次，2007年举行第三次，双方在反恐、海上安全、军队建设等方面交换了意见。[②] 在南海问题上，2002年中国与东盟国家签署了《南海各方行为宣言》，以和平方式解决南海问题，争议各方保持克制，不使争议复杂化和扩大化，[③] 中菲在此基础上开始探索南海合作的道路。

但即使在阿罗约夫人执政时期，中菲关系也并非一帆风顺，菲律宾还是对中国存在较强的戒备心理，尤其在安全上更是如此。2009年阿罗约签署了"领海基线法"，将南沙群岛部分岛礁和黄岩岛都划进了菲律宾的领土范围内，这严重侵犯了中国主权，中国宣布菲律宾的划分不符合法律规定，两国关系发生转折。这一时期中国经济发展给菲律宾带来了巨大的发展红利，但菲律宾只是在经济上搭中国的便车，在安全上则充分利用美国的公共产品以平衡与中国的关系。

（二）菲律宾与美国

2001年美国本土爆发"9·11"恐怖袭击，之后美国加强了在全球范围内反恐的力度，将战略中心转移到中东地区，先后发动了阿富汗战争和伊拉克战争，这也在一定程度上转变了美国将中国作为首要竞争对手的局势，至此东南亚各国普遍获得了较为宽松的对冲环境，菲律宾也充分利用这一时期在中美之间成功周旋。美国利用《访问部队协议》以菲律宾为反恐的重要补给站，开始大规模的反恐训练和袭击。2002年美菲签署了《后勤支援互助协议》，菲律宾政府向美国开放了军事设施，为美国的军事行动提供后勤服务，并允许美军建立可以贮存食物、燃料、弹药等军事后勤

[①] 《中菲经贸关系概况》，中国驻菲律宾经商处，2010年1月26日，http://ph.mofcom.gov.cn/article/zxhz/hzjj/201001/20100106762477.shtml。
[②] 《中菲防务安全磋商举行》，中华人民共和国国防部，2017年12月15日，http://www.mod.gov.cn/topnews/2017-12/15/content_4800229.htm。
[③] 《南海各方行为宣言》，中华人民共和国外交部，2002年11月4日，https://www.fmprc.gov.cn/web/wjb_673085/zzjg_673183/yzs_673193/dqzz_673197/nanhai_673325/t848051.shtml。

物资的中心，美国则承诺加大对菲律宾的援助，为菲律宾提供新型军事装备。2003年10月美国授予菲律宾"美国重要的非北约盟国"称号，菲律宾获得了可以优先从美国购买军事装备的资格，也可以参与美国的国防研发方案和享受美国政府的贷款担保，与韩国、澳大利亚、日本等少数几个国家一样，菲律宾与美国建立了"特殊的"安全关系，这也为美国加强对菲律宾的军事援助提供了平台。[①] 在这一时期，菲律宾与美国的"肩并肩"联合军演的范围和规模也在不断扩大，其中2001年，美菲"肩并肩"与美澳"双重突击"、美泰新"金色眼镜蛇"结合在一起，以"协作挑战"的演习模式进行。可以说在军事上，美国为菲律宾提供了大量的安全援助和军事技术支持。菲律宾与美国在经贸方面的关系也很紧密，21世纪的前十年，美国已经成为菲律宾最大的贸易伙伴国、最大的劳务输出国、最大的出口国、第二大进口国和第二大官方援助国。2009年菲美贸易总额达119亿美元，在菲律宾外贸比例中占14.63%，这一时期美国对菲律宾每年的援助额达五千多万美元，其中2006年达7300万美元，截至2010年，在美的菲籍侨民和劳工人数高达300万。[②]

由此可见菲律宾与美国在同盟关系的基础上，加强了经济、军事、安全等方面的合作，尤其是双边的军事合作更为突出。但是菲律宾在与美国深化同盟关系的同时也在一定程度上防范美国，这既有历史因素也有现实的原因。从历史上讲，菲律宾曾经有过被美国殖民的历史，1946年菲律宾独立后也一直处在美国的军事控制阴影之下，所以冷战后菲律宾在依靠美国的同时也尽量摆脱"独而不立"的局面。从现实问题上看，菲律宾支持美国对伊拉克的战争，并派出军事人员参与战争，2004年菲律宾一司机被伊拉克武装分子绑架，菲律宾以解救人质为名宣布从伊拉克撤出51名参战人员，引起了美国的强烈不满。美国经常以"维护人权"为由干涉菲律宾的内政，这使得菲律宾国内民众对政府在军事安全问题上迎合美国产生了敌对情绪，也在一定程度上影响着美菲两国的关系。菲律宾在与美国保持军事同盟关系的同时，也刻意与美国保持着距离，以一种"等距离外交"的方式最大化菲律宾的国家利益。

---

① 《美国将菲律宾列为"非北约重要盟友"》，人民网，2003年10月8日，http://www.people.com.cn/GB/guoji/1029/2123323.html。
② 《菲律宾国家概况》，中华人民共和国国防部，2011年7月30日，http://www.mod.gov.cn/bcd/2011-07/30/content_4286486.htm。

总之，在2001年至2010年这段时期内，菲律宾在内外因素的作用下在中美之间采取了对冲战略，一方面与中国加强经贸方面的合作，利用与中国的经贸关系发展菲律宾的经济；另一方面与美国不断深化军事同盟关系，通过建立一系列合作项目协议从美国获得军事援助、军备武器和其他安全上的保障。相比于上一个阶段，菲律宾已经从过渡时期进入了对冲时期，外部环境的变化和领导人的认知为菲律宾的战略转变提供了有利条件，也正是在这一时期，菲律宾的综合国力得到了大幅的提升。

三 追随时期（2010年至2016年）

从2010年阿基诺三世上台开始，菲律宾就重返了追随美国的道路，美菲同盟关系进一步强化，同时中菲关系不断恶化。阿基诺三世上台之后就开始实行全面的亲美政策。在阿基诺三世执政的六年内，其只于2011年9月对华正式访问过一次，中国主席在此期间并未对菲律宾进行任何正式的国事访问。但是反观菲律宾与美国的关系，两国高层互访的频率不断增加，军事合作关系进一步密切，菲律宾认为美国能够为其提供可靠的安全保障，同时经济上菲律宾也能够在与美国的交往中获得长足发展。

奥巴马上台后，美国开始正式的战略中心东移，提出"重返亚太"战略，在其战略中菲律宾与美国的同盟关系得到重视和强化。2010年阿基诺三世参加在美国举行的联合国大会。为了有效推进奥巴马的"重返亚太"战略，早在2010年希拉里对东南亚进行访问之际就公开声明了美国在南海问题上的态度，要求南海声索国在该地区的行动必须符合国际法的规定，尤其是《联合国海洋法公约》。[1] 美国的这一态度其实是迎合了菲律宾的要求，损害了中国的国家主权。2012年美国和菲律宾举行了首次外长防长"2+2对话"，双方就亚太局势、海上安全等问题交换了意见，单在2012年美菲就举行了三次战略对话。从冷战时期开始，美国一直为菲律宾提供军事援助，所以菲律宾的军队建设在很大程度上都仰仗美国。冷战后初期由于国际形势的转变，美国从菲律宾撤出了驻军，菲律宾自身的军事力量脆弱性不断显现，但是在菲律宾国家战略的过渡期，这一问题还未完

---

[1] 鞠海龙：《美国奥巴马政府南海政策研究》，《当代亚太》2011年第3期。

全上升为菲律宾国家防务的重心,2012年中菲爆发黄岩岛对峙事件,而礼乐滩"桑帕吉塔"最大天然气田的发现使得菲律宾下定决心加强其国防力量,①借助美国"亚太再平衡"战略,菲律宾走向了与美国强化军事合作的道路,通过追随美国获得军事援助。从美国获得提升国防的技术支持和资金援助对于阿基诺政府而言是一个迅速便捷的方法。南海问题不仅仅是主权方面的问题,由于南海聚集了大量的能源,也具有地缘政治优势,它同时也是能源利益、权力利益和安全利益的体现。2012年美菲"肩并肩"联合军演相对以往规模更大,此时正值中菲黄岩岛事件的发展时期,美菲的表现既体现了他们遏制和威慑中国的态度,也刺激和推动了美菲军事关系的加强。

美国为了维护和巩固其同盟体系,会对盟友做出诸多安全承诺,这激励了其盟友在危急时刻采取激进的或者进攻性的行动,盟友的这种表现可能会对美国的对抗国产生某种威慑作用,也可能在不可控之时导致冲突。②

2014年美菲签署了《强化防务合作协议》(EDCA),有效期为十年,根据协议规定,美军不仅可以使用菲律宾的军事基地和设施,还可以在指定区域内新建或者升级现有的军事设施和进行军事物资上的补给及武器装备的部署,③虽然菲律宾声称不允许美国驻军,但是美国还是可以以"轮换部署"的方式扩大在菲律宾的军事存在。据斯德哥尔摩国际和平研究所(SIPRI)的军费统计数据显示,2010—2015年菲律宾的军费开支额增长幅度最大(如图3-1所示),2010年阿基诺三世上台后,除2014年之外(下降8.11%),菲律宾的军费开支连年上升(上升幅度分别是2010年15.24%、2011年10.80%、2012年7.30%、2013年16.50%、2015年7.49%)。④在武器进口方面,不管是进口的种类还是进口额都有大幅度增

---

① 王哲:《菲律宾在黄岩岛动作不断 因觊觎南海最大气田》,《法制晚报》2012年4月26日,http://energy.people.com.cn/GB/17756910.html。
② Bret V. Benson, *Constructing International Security: Aliances, Deterenceand Moral Hazard*, Cambridge University Press, 2012.
③ "Enhanced Defense Cooperation Agreement Groundbreaking Ceremony", U. S. Embassy in the Philippines, April 17, 2018, https://www.pacom.mil/Media/News/News-Article-View/Article/1495964/enhanced-defense-cooperation-agreement-groundbreaking-ceremony/.
④ "Philippines-Military expenditure in current price", SIPRI, https://www.sipri.org/sites/default/files/Data%20for%20all%20countries%20from%201988%E2%80%932019%20in%20constant%20%282018%29%20USD.pdf.

加，其中2011年比2010年武器进口额增加了20倍，2015年比2014年增加了11.75倍。① 阿基诺政府加大了军费开支和军备购买力度，2011年和2012年菲律宾先后从美国获得了两艘"汉密尔顿级"的巡逻舰和两艘武装快艇。

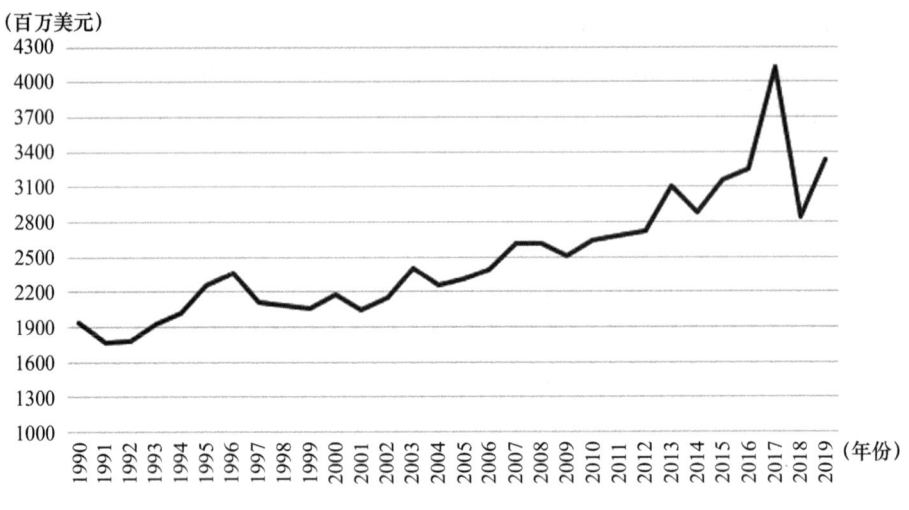

图 3-1 菲律宾军费开支情况（1990—2019年）

资料来源：笔者根据如下资料自制：SIPRI Military Expenditure Database, 1988 – 2019, https://www.sipri.org/sites/default/files/Data%20for%20all%20countries%20from%201988%E2%80%932019%20in%20constant%20%282018%29%20USD.pdf。

菲律宾在追随美国之际，与中国经贸合作仍有所体现，随着中国—东盟自贸区协议的签订，菲律宾与中国的双边贸易额也有了较大的增加，2013年中菲贸易发展实现了历史新高，增长率高达14.32%，这在菲律宾同期的外贸增长幅度中最高，双边贸易额是建交时期的413倍。2015年和2016年中菲双边贸易额都突破了400亿美元，并在两年内持续增长，2014年至2016年，中菲双边贸易额达1418亿美元，中国成为菲律宾第一大主要贸易伙伴国（排在前五的分别是中国、印度、美国、

---

① "Philippines-Arms imports in constant prices of 1990", SIPRI, https://knoema.com/atlas/Philippines/Arms-imports.

沙特阿拉伯和德国）。① 可见虽然在阿基诺政府时期，菲律宾采取了亲美的政策，但是与中国的经贸合作关系还是继续保持并不断增强，这种政经分离的情况也在一定程度上增强了菲律宾肆无忌惮与中国在南海问题上对抗的资本。从2010年至2016年在阿罗约爆出贪污腐败丑闻、菲律宾对油气资源的倚重及南海能源丰富、美国强势进行"亚太再平衡"战略的背景下，阿基诺三世大幅调整了菲律宾的南海政策，采取了"亲美制华"的举措，并通过引入多方行为体使南海问题更加复杂化、多元化和国际化，改变了南海既有的博弈模式和利益格局，使得南海地区的不确定性和不稳定性上升。②

四 战略调整期（2016年至今）

根据本书建构的理论模型证明，领导人的认知对于国家的战略意图起着重要作用，继而深刻影响着国家对国际形势的研判和国家战略的走向。2016年6月杜特尔特接替阿基诺三世成为菲律宾第16任总统，6年后，2022年6月小马科斯担任菲第17任总统，中美菲三方博弈关系发生了重大变化，菲律宾也进入了战略选择的调整期。其原因主要包括：杜特尔特希望坚持独立自主的外交政策，减少对美国的安全依赖；而小马科斯则寻求与美国建立更紧密的双边关系；菲律宾国内形势的严峻；中美竞争的局势不明朗。

杜特尔特上台之后，迅速调整了阿基诺时期中菲关系的低迷状态，使菲律宾对美国的依赖程度也在一定程度上有所下降。杜特尔特坚持构建菲律宾在国际社会中独立自主的形象，其执政风格强硬果敢，具有较强的民族主义性格。不满于菲律宾对美国的过分倚重和美国对菲的"新殖民主义"，再加上中国"一带一路"倡议的实施给菲律宾带来了巨大的发展机遇，在实用主义原则之下，杜特尔特对中菲关系和美菲关系的认知发生了重要变化，他试图利用大国平衡之术在中美之间获得更多的利益，从这个角度上讲杜特尔特政府的国家战略具有一定的对冲色彩。

---

① 《菲律宾与中国经贸合作情况》，中华人民共和国商务部，http://history.mofcom.gov.cn/?bandr=flbyzgjmhzqk。
② 林恺铖：《菲律宾南海政策的转型》，《世界经济与政治论坛》2015年第3期。

杜特尔特政府的政策调整主要体现为，与中国在政治、经济、外交、人员交流等方面的关系都快速升温。政治上中菲高层互访频率增加，从2016年10月到2020年5月，杜特尔特先后五次访华，中国领导人也多次访问菲律宾，双边领导人的正式接触高达13次，其中2018年11月习近平主席对菲律宾进行了正式的国事访问，这是自2005年之后中国主席13年来首次访菲。[1]

2016年、2017年、2018年中菲签署了三份《中华人民共和国与菲律宾共和国联合声明》。第一份是2016年10月在杜特尔特首次对中国国事访问之际，双方在相互尊重、真诚、平等和互惠互利的基础上丰富两国关系，一方面重申了两国的伙伴关系，另一方面为实现两国可持续发展和包容性增长而努力，在此次访问期间，中方签署了多达13项的合作协议和谅解备忘录。[2] 第二份是2017年11月中国总理李克强访问菲律宾时两国签署的联合声明，两国关系在共同努力下实现了转圜，将继续推动双边关系持续健康发展，在此过程中双方签署了14项合作谅解备忘录和协议，加强在农业、社会人文、基建、经贸等方面的合作。[3] 第三份是在2018年11月习近平主席访问菲律宾之际，中菲建立了全面战略合作关系，秉承相互尊重、坦诚相待、平等互利和合作共赢的原则加强政治、经济、军事、医疗卫生、打击毒品犯罪、打击恐怖主义等方面的交往，访问期间双方签署了29项谅解备忘录和合作协议。[4] 2017年年底之前，中方在菲律宾累计承包工程额达213.3亿美元，对菲累计投资达7.7亿美元，到2018年，中菲双边贸易额达到556.7亿美元，中国成为菲律宾的第一大贸易伙伴国、第一大进口国和第四大出口目的国。此外双方在旅游、科技、文化等方面的关系也实现了突破性进展。[5] 从杜特尔特上台后菲律宾与中国的关系改

---

[1]《中国同菲律宾的关系》，中华人民共和国外交部，2020年5月，https://www.fmprc.gov.cn/web/gjhdq_676201/gj_676203/yz_676205/1206_676452/sbgx_676456/。

[2]《中华人民共和国与菲律宾共和国联合声明》，新华社，2016年10月21日，http://www.xinhuanet.com/world/2016-10/21/c_1119763493.htm。

[3]《中华人民共和国与菲律宾共和国联合声明》，中华人民共和国驻菲律宾共和国大使馆，2017年11月16日，http://ph.china-embassy.org/chn/zfgxzgdmgx/t1559885.htm。

[4]《中华人民共和国与菲律宾共和国联合声明》，新华社，2018年11月21日，http://www.xinhuanet.com/politics/2018-11/21/c_1123748479.htm。

[5]《中国同菲律宾的关系》，中华人民共和国外交部，2020年5月，https://www.fmprc.gov.cn/web/gjhdq_676201/gj_676203/yz_676205/1206_676452/sbgx_676456/。

变可以看出，菲律宾一改阿基诺时期的制华态度，努力与中国加强在经贸、反毒等方面的合作。在南海问题上杜特尔特搁置与中国的争议，加强共识、推进合作、管控分歧。此外，菲律宾也刻意拉近与日本、俄罗斯的关系，拓展菲律宾的外交范围，菲律宾在战略选择的迷茫期探索能够将菲律宾利益最大化的道路。

在奥巴马执政的末期，菲律宾与美国关系下降，一方面是因为美国政府多次以人权为借口干涉菲律宾在禁毒问题上的内政行动，另一方面杜特尔特认为虽然菲律宾是美国的盟友，但是美国对菲举动已经超过了正常的同盟关系范畴，他还多次在国际社会上谴责菲律宾。在奥巴马执政时期，美菲两国在军事上的合作也减少了，"两栖登陆演习"和"海上战备与训练合作"这两项军事合作都暂时停办，只保留"肩并肩"军演。但是在特朗普上台后，美菲关系逐渐改善，美菲领导人互动气氛较好，在军事援助、军队交流上的合作明显提升。[1] 但是在美菲关系升温的过程中，还存在一些其他方面的问题，2020年2月菲律宾宣布终止与美国的《访问部队协议》，这对美菲同盟是不可避免的冲击，而由于新冠疫情的影响，美菲取消了2020年联合军演。这两项举措看似影响了美菲同盟关系，但实际上在杜特尔特时期，美菲在防务合作上的"质"和"量"都有所提升，菲律宾的军方与美方互动紧密，对美菲之间进行军事合作持积极乐观的支持态度。所以有学者认为美菲防务合作虽然起伏不定，但是基于现实需求和战略需要，美菲两国还是会进一步强化防务合作机制，双边的军事关系依然内在稳固，外在不断调整。[2]

杜特尔特运用大国平衡之术，降低菲律宾对美国的安全依赖但继续保持美菲同盟，改善与日本和中国的关系获得经济上的发展利益，暂时搁置南海争端，不使南海问题成为影响菲律宾多元外交战略的障碍，同时也努力扩大朋友圈，兼顾与欧洲、印度、韩国等国家或地区组织之间的关系。[3] 可见这一时期，菲律宾处于不断调整国家战略的时期，杜特尔特将菲律宾从亲美的轨道上逐渐向中间道路调整，以大国平衡的对冲策略在国际社会中周旋，但是美菲同盟依然存在，双边的军事合作强度也在实质上有所提

---

[1] 宋清润：《杜特尔特执政后美菲同盟关系演变》，《和平与发展》2019年第4期。
[2] 任远喆：《杜特尔特时期美菲防务合作的调整及其局限》，《国际问题研究》2020年第1期。
[3] 薛力：《杜特尔特对华政策是否可持续》，《世界知识》2017年第13期。

升，同时国际社会的不确定性因素增加，这使得菲律宾未来的战略趋势更为复杂。

2022年6月30日小费迪南德·马科斯成为菲律宾第17任总统，与前任杜特尔特的政策有所不同，尽管口头上小马科斯宣称奉行独立自主的外交政策，但菲律宾在与美国建立更为紧密的双边关系上越走越远，美菲军事关系不断加强，比如在《强化防务合作协议》（EDCA）框架下的基地合作加速、进一步完善海上防务和安全合作内容和架构、"美菲＋"小多边框架渐趋成型。①2023年菲律宾宣布向美军增开4个军事基地，其中三个位于菲律宾北部的吕宋岛，第四个位于菲律宾西部巴拉望省巴拉巴克岛，这些基地具有重要的地缘战略意义，这也为美国通过进一步主导菲律宾进而在亚太地区建立遏制中国的盟伴关系网提供了条件。2024年4月，美日菲澳首次正式举行四国联合全面军演，与2023年8月四国的海上补给联合训练中的"象征性"相互敬礼、集体合影相比，此次联合军演则更具有实质性内容，包括反潜艇作战、编队航行等。同样在2024年4月，美日菲举行首次三方峰会，美日承诺帮助菲律宾实现国防的现代化，三方还将通过海上联合军演等方式加强防务合作。而在美菲"肩并肩2024"联合军演中，不仅首次在菲律宾12海里领海以外展开多边海上演习，按照菲军方公布，参演人数还超过1.67万名军事人员，创下历年最高，对亚太地区的安全与稳定构成了巨大威胁。②美菲军事合作的强化，刺激了亚太地区的地缘政治紧张局势，也对周边海上安全带来了诸多负面影响。虽然小马科斯领导下的菲律宾与美国的关系有所加强，但其双边关系中仍存在一些制约因素，一方面是菲律宾被殖民历史的影响，另一方面小马科斯并未完全导向美国，中菲双方在元首外交、经贸关系、人文交往等方面也有诸多合作，如2023年中菲发表《中华人民共和国和菲律宾共和国联合声明》，中国将菲律宾列入首批恢复中国公民出境团队旅游试点国家名单，中菲结有38对友好省市等。③自2016年以来，菲律宾的国家战略进

---

① 《美菲军事关系快速演进，真能"肩并肩"一起走？》，新华网，2023年4月7日，http://www.news.cn/mil/2023-04/07/c_1211965244.htm。
② 《菲美2024年度"肩并肩"联合军演在抗议声中启动》，新华网，2024年4月22日，http://www.news.cn/world/20240422/40f21cc298064ba0a966d494e45f1a75/c.html。
③ 《中国同菲律宾的关系》，中华人民共和国外交部，2024年4月，https://www.mfa.gov.cn/web//gjhdq_676201/gj_676203/yz_676205/1206_676452/sbgx_676456/。

入了调整期,杜特尔特执政时期着力减少对美国的安全依赖,强化与中国关系,在中美之间探寻独立自主的平衡之路,小马科斯上台后则加强了与美国的军事合作,但其仍想在中美之间获得某种平衡。

综合来看,冷战结束后,菲律宾的国家战略调整经历了四个时期,分别是过渡期、对冲期、追随期和调整期,每个时期都有其战略调整的诱因和不同表现,为菲律宾国家战略的调整提供了合理的逻辑。当今国际局势瞬息万变,中美关系仍然面临严峻的挑战,菲律宾也迎来了新一任总统小马科斯,这都为菲律宾未来的战略增加了复杂的影响因素。

第三节　菲律宾国家战略的可能发展趋势

从冷战结束后菲律宾在国际政治上的表现可知,菲律宾的国家战略经历了过渡期、对冲时期、追随美国时期和调整期。当今国际社会的不确定性因素不断增加,影响全球政治和地区格局的不稳定性诱因也逐渐显现,尤其是当前在全球范围内暴发的公共卫生事件——新冠疫情、美国"印太战略"的实施走向、南海岛礁争端的不完全解决,再加上菲律宾国内的政治复杂现状,都使得菲律宾未来的国家战略更为复杂和多变。在国际政治的多重形态和现象的表面之下,本书以新古典现实主义理论为基础,对诱导因素适当修正,建构了更具有解释力和说服力的模型框架。在此模型之下,重新梳理菲律宾历史和当前的战略发展情况,及其背后的国际关系机理,可以发现在未来一段时间内菲律宾的国家战略会度过调整期,或者改变当前的对冲色彩,重新回到追随美国的轨道上。菲律宾未来的战略趋势之所以发生这些变化,有一系列复杂的因素在发挥作用,同时也应该认识到,即使菲律宾继续追随美国,但其追随的方式会呈现新的特点,本书将在接下来的部分对其战略转变的原因和可能出现的新特点进行详细阐释。研究菲律宾未来的国家战略趋势和走向对于认识当今国际社会和未来的国际政治局势具有重要价值,也能为中国的周边外交政策提供某些启示。

一 菲律宾未来一段时间选择追随美国的原因

菲律宾在未来一段时间内会选择继续追随美国的道路。其背后的原因主要如下：大国竞争态势的升级一定程度上挤压了菲律宾的战略选择空间；美国"印太战略"会进入新的升级实施阶段，美菲同盟不断深化，美国对菲律宾的安全诱惑和经济诱惑会更大；菲律宾国内的政治情况和未来的变化也可能在较大程度上使其追随美国。这三方面的原因促使菲律宾可能在未来从偏向对冲转为追随美国。

首先，大国竞争态势的升级一定程度上挤压了菲律宾的战略选择空间。对于中小国家而言，当跟其关系密切的两个大国处于包容性竞争之时，中小国家的战略选择空间相对而言就会比较充裕，但是当两大国的竞争态势升级到对抗性竞争之时，中小国家的战略空间就会被挤压。尤其是对于与美国有同盟关系的菲律宾来说，在中美关系紧张之际，它将不得不在一些关键问题上"选边站"，并且就菲律宾的实际情况来看，菲律宾选择追随美国的可能性要远远大于追随中国。

对于菲律宾而言，中国是菲律宾最大的进口来源国，美国是菲律宾第一大出口目的地，中美都是菲律宾的主要贸易伙伴，中美经贸摩擦使得菲律宾的贸易链受损，早在2018年受中美经贸摩擦影响，菲律宾股市已下降16%。[1] 菲律宾必须寻找更多的出口国和引入更多外资才能抵消负面影响，作为利益相关国，菲律宾不仅需要等待中美关系的进一步发展态势，其自身也需要在关键时刻做出战略选择。由于地缘政治的复杂变化、新冠疫情的全球大暴发等因素，中美关系在未来一段时间内仍然具有诸多变数，菲律宾作为美国在东南亚地区的重要盟国，其在中美之间继续对冲的环境已经发生了深刻变化，基于菲律宾对美国安全保障的需要，在结构压力不断增加的情况下，追随美国成为了菲律宾未来国家战略的可能趋势。

其次，美国"印太战略"的升级增加了菲律宾的压力。从"重返亚太战略"到"印太战略"，可以看出美国在未来一段时间都会将战略重心放

---

[1] 《菲律宾高度关注中美贸易战》，中华人民共和国商务部，2018年7月10日，http://www.mofcom.gov.cn/article/i/jyjl/j/201807/20180702764535.shtml。

在亚太地区。在东南亚，美国正式的条约盟友只有菲律宾和泰国两个国家，其中菲律宾因其优越的地缘政治位置、美国在菲律宾的全面渗透等因素，不管是在"亚太再平衡"战略还是在"印太战略"中，都居于非常重要的地位。虽然在2020年2月菲律宾单方面宣布终止美菲两国于1998年签署的《访问部队协议》，在协议终止之后，美国在菲律宾的军队轮换部署和两国联合军演都将受到影响，但是菲律宾仍然无法摆脱美国对其在安全、政治、经济等方面的影响和控制。2020年5月一家与美国军方有着密切合作关系的美国公司和澳大利亚的造船公司计划接手本来由韩国公司掌控的苏比克湾船厂，澳大利亚是美国坚定的盟友，苏比克湾是菲律宾重要的港口之一，具有优越的地理优势，在港口内还具有较为完备的基建设施，早在20世纪美国在菲律宾驻军之时就以苏比克湾为根据地，所以美军对此湾的驻防非常熟悉，如果能再次在这里驻扎美军，对于美国来说后续的军事部署将会轻而易举，美澳此次收购很明显是想通过商业手段为美军重返菲律宾创造条件。

美国的亚太战略形成了北面以韩国和日本为支点、南面以澳大利亚为支点、中部及核心区以菲律宾和泰国为支点的同盟体系，相对于泰国而言，美国对菲律宾的地缘政治地位更为重视，所以美国绝不会轻易放弃菲律宾这个盟友。随着中美竞争态势的强化，美国通过"印太战略"遏制和包围中国的态度更为坚决，并以多种方式对菲律宾增加压力。菲律宾寻求独立自主的道路并不能仅仅通过宣布与美国终止《访问部队协议》或者其他一些并不影响美菲同盟实质的合作来实现，美国通过美菲联合军演、美元对菲律宾比索的约束、美菲之间仍在有效期内的《共同防御条约》和《加强防务合作协议》，以军事、经济、政治和法律的手段与菲律宾形成了紧密的联系，菲律宾不可能轻易与美国隔断联系。所以在美国"印太战略"不断升级、美国遏制中国的局势更为紧张之际，菲律宾的"选边站"压力必然会增加，而追随美国对于菲律宾来说只是一个时间问题。

最后，菲律宾国内的政治、军事和社会因素为菲律宾追随美国创造了条件。国内政治对国际政治起着建构作用，也是国际政治表现的根源。[①]

[①] [美]布鲁斯·麦斯基塔：《国内政治与国际关系》，王义桅译，《世界经济与政治》2001年第8期。

在20世纪菲律宾就曾作为美国的殖民地受到了美国政治体制、社会文化和西方思想等方面的渗透。从菲律宾的政治结构上看，在美国的主导下，菲律宾形成了以弱势总统为核心的权力结构，美国通过这种关系结构对菲律宾的内政外交进行嵌入式的管控，使菲律宾的总统政策或者国家战略符合美国的全球战略轨道，当发生偏离之时，美国会通过已经建立的结构对菲律宾总统的权力安全构建威胁。同时美国还区分了两种可能情况，即菲律宾单一和多元的社会结构，当菲律宾的社会结构处于单一状态时，美国会渲染菲律宾的外部威胁，宣扬分离主义和恐怖主义的危害性，以使菲律宾总统从美国方面寻求安全保障；当处于多元情况之时，美国会从内部制造总统权力与菲律宾国内其他政治行为体之间的平衡，这同样会有效控制菲律宾的整体权力结构。阿罗约时代以精英阶层为统治基础，而杜特尔特转变成了"精英＋"社会结构，所以在杜特尔特时期，美国构建的弱势总体权力结构发生了流变。[1] 但即使菲律宾的权力关系发生变化，总统的社会基础扩大之时，菲律宾依然在美国的影响或者潜移默化的控制之下。

从菲律宾的军方来看，虽然菲军方很少公开对华政策表态，但是菲军方一贯亲美，这与美国曾在殖民菲律宾时及菲律宾独立后一手创建和增强菲律宾的军事力量有关，菲律宾的军事制度很大程度上借鉴了美国。同时菲律宾军事实力较弱，需要美国全方位的扶持，美国不仅为菲律宾训练军队，提供军事援助，两国还进行常规性的联合军演，这使得美国在菲律宾军方内部培养了大批亲美势力。菲律宾大多数军官都曾前往美国接受训练和学习，而到美国接受训练对菲律宾军人而言是一种荣誉。[2] 从菲律宾社会层面来看，美国在菲律宾进行了将近50年的殖民统治，菲律宾内部早已形成了以西方文化或者美国文化为主导的社会氛围，菲律宾人成为了美国人的影子和附庸，美国根据其文化在菲律宾建立了一整套政治、经济、法律、宗教、文化体制，菲律宾第一部《国防法》也是在美国的影响之下颁布的，移民美国的菲律宾人在"自我"和"他者"的身份建构中不断积极融入美国社会，而菲律宾国内的民众对美国有一种文化上的认同感和亲

---

[1] 聂文娟：《美国盟国管控机制与菲律宾对华政策调整》，《国际政治科学》2018年第3期。
[2] Harold W. Maynard, "View of the Indonesian and Philippines Military Elites", in Sheldon W. Simon ed., *The Military and Security in the third World: Domestic and International Impact*, Westview Press, 1978.

近感。[1] 所以当菲律宾结构压力增强，对冲空间受到挤压而不得不在中美之间"选边站"之时，菲律宾因其国内有强大的政治、军事和社会基础会选择追随美国。

当前国际局势日益复杂和多变，中美竞争态势不断升级将会压缩菲律宾独立自主的战略空间，美国"印太战略"的实施导致菲律宾对美国的战略重要性不断上升，在中菲关系上两国即使在经贸和高层互访方面进行了紧密的合作，但是在南海问题上仍然存在矛盾。同时，在菲律宾国内，其军方、政府、社会都为菲律宾认同美国提供了坚实基础，因此在未来一段时间内，菲律宾可能会从偏向对冲逐步转为追随美国。

二 菲律宾未来追随美国的特点变化

根据理论和现实的判断，菲律宾未来一段时间会选择追随美国的道路，但是相对于被美国殖民时期和阿基诺政府时期，菲律宾未来的追随之路会呈现出新的特点，主要体现为以美菲同盟为基础，发展多元外交扩大朋友圈；更为注重国防事业的发展和军事现代化的建设。

其一，以美菲同盟为基础，发展多元外交。虽然自杜特尔特上台以来，菲律宾刻意疏远与美国的关系，以期降低对美国的依赖程度，但是美菲同盟仍然非常稳固，不仅有《共同防御条约》和《强化防务合作协议》在法律和条约上的限制，还有多达300多项合作项目的纽带联系，再加上在菲律宾国内又存在亲美的政治、军事、社会和文化基础，所以美菲同盟在未来一段时间仍然是美菲关系的主导。但是随着中国综合国力的提升，中国在国际社会上建立起负责任的大国形象，"一带一路"倡议也为菲律宾创造了巨大的发展动力，中国已经是菲律宾生存和发展上不可忽视的存在。菲律宾未来追随美国的策略出现了新的特征，主要表现为菲律宾在美菲同盟的基础上发展多元外交，建构多方合作伙伴框架和平台。近年来菲律宾加强了与日本、韩国、俄罗斯、东盟、欧盟等国家和地区组织的联系，这种趋势还会进一步增强。日本一直是菲律宾最大的贸易伙伴和最大的对外援助国，从杜特尔特执政到2020年1月，杜特尔特先后三次访问日本，日本为菲律宾提供了大量的军事援助，2017年也为其提供了首期贷

---

[1] 荆兴梅：《卡森·麦卡勒斯作品的政治意识形态研究》，中国社会科学出版社2015年版。

款额为1139亿日元的资金支持菲律宾的基础建设,①2017年11月日本将TC-90教练机赠予菲律宾,②之后在2018年日本又赠予菲律宾三架海上侦察机,③从日本和菲律宾的交往史及未来趋势可知两国关系将会更为紧密。菲律宾与俄罗斯也展开了全方位的交往,自执政以来,杜特尔特两次访问俄罗斯,2019年俄罗斯太平洋海军舰队访问菲律宾,在美菲联合军演之后,菲俄在南海海域进行了联合行动和通信演练,两国在重要军事情报共享、军售方面达成了多项合作。同时菲律宾也与韩国、欧盟、东盟往来密切,使得菲律宾在国际社会上的朋友圈进一步扩大。在未来一段时间内,菲律宾开展多元化外交的趋势会更强,这既是逐步减少对美单一过度依赖的措施,也是从地缘政治出发在中美关系中寻找独立自主外交战略的努力。

其二,更加注重国防事业的发展和军事现代化的建设。长期以来,菲律宾受到国内恐怖势力、贩毒分子和分离主义的威胁,需要美国为其提供安全保障。而在南海争端问题上,菲律宾也自感军事力量的脆弱,需要美国强大的军力加以支撑。在此背景下,菲律宾一方面利用与美国的军事合作关系强化海军和空军力量,另一方面也开始探索本国防务现代化的道路。《强化防务合作协议》的签署为菲律宾军事现代化的发展提供了契机,以获得最低程度上的可信性防御。④在杜特尔特上台后,菲律宾进行了军事改革,将军事建设的重心从外防调整为加强国内军事力量的发展上,强化国内的安全防务。2017—2022年,菲律宾军事改革进入第二个阶段,虽然菲律宾军事现代化进程一直以来都离不开美国的支持,严重依赖美国的情况一时也难以改变,⑤但是菲律宾还是在竭尽所能地进行军事改革,从内部开始打造菲律宾的安全体系,其中包括杜特尔特批准了在2018年至2023年向美国进行高达56亿美元的军事购买计划,丰富菲律宾武器装备

---

① 蔡佩芳:《安倍拉拢杜特蒂 助菲建地铁》,《联合报》2017年10月31日。
② 喻华德:《联菲制中 日本军援菲律宾教练机全数交机》,《中时电子报》2018年3月30日,https://www.chinatimes.com/realtimenews/20180330003407-260417?chdtv。
③ 《再接收日本3架海上侦察机 菲律宾:中国仍是威胁》,《自由时报》2018年3月26日。
④ Aileen S. P. Baviera, "Implications of the US-Philippines Enhanced Defense Cooperation Agreement," *East-West Center*, May 9, 2014.
⑤ Gregory Poling, "The Philippines: Modernization with a More Diverse Set of Partners," in Scott W. Harold (ed.), *Thickening Web of Asian Security Cooperation*, Rand Corporation, 2019, pp. 293-323.

种类的同时也注重装备的更新换代。虽然总统的更替可能会影响菲律宾的军事改革，但是不容置疑的是，菲律宾进行军事现代化的进程不会中断，基于国内统治的需要和外部防御的需要，其对国防事业的重视程度也只会不断增强。

从菲律宾当前的发展态势和国际政治的局势推断，菲律宾在未来一段时间会以新的特点追随美国，包括在美菲同盟的基础上开展多元外交；在注重外部防御的同时更加重视国内军事现代化的建设。当然，国际形势瞬息万变，根据形势的不同，菲律宾的国家战略及政策特点会进行不断地调整，但是其整体追随美国的战略方向不会发生根本变化。

第四节　小结

冷战结束后，菲律宾的国家战略经历了一个不断调整的过程，主要经历了四个时期，分别是冷战结束到2001年的过渡时期，2001年到2010年在中美之间的对冲时期，2010年至2016年追随美国时期，以及2016年至今的战略调整期，菲律宾之所以对国家战略做出调整，是因为其背后有着重要的外部和内部因素、结构性和内容性因素。美苏两极格局的结束使得国际政治格局发生了本质变化，菲律宾所受的结构压力也随之产生了重要的转变，其整体所感受到的压力虽然下降了，但是随着大国竞合关系的变化，美国"重返亚太"战略的实施，都使得菲律宾的结构压力增加了。除此之外，菲律宾国家能力方面也出现了新的变化，从冷战结束初期的阿基诺政府到小马科斯政府，菲律宾不同领导人对国际形势的研判和对菲律宾国情的认识有很大区别，美菲同盟也在不断的强化，在菲律宾国内形成了对美国文化强烈的认同，所以综合结构压力和国家能力方面的因素来看，菲律宾在冷战后进行战略调整有其深刻的国际关系机理。未来一段时期，随着中美竞争的加剧，菲律宾的对冲空间受到了挤压，需要在中美之间进行重要的战略选择，美国在升级实施"印太战略"的过程中，提升了菲律宾的地缘政治地位，也增加了对菲律宾的安全诱惑，这为菲律宾在未来追随美国提供了契机。同时，菲律宾国内的权力关系结构也为其亲美创造了条件，军事、政治和社会上已经形成的亲美文化和氛围在短时间内不会产生根本变化，而菲律宾未来的领导人也无法彻底摆脱美国的影响。这些因素都表明在未来一段时间内，菲律宾很可能会选择追随美国的道路。但是国际局势纷繁复杂，全球公共卫生事件、中美关系紧张等，都会促使菲律宾追随美国的特点呈现新的变化，菲律宾会以美菲同盟为基础，加大多元外交的范围和力度，同时注重海上对抗，将国家外部防御转到国内安全的建设上，更加重视国防力量的建设和军事现代化的发展。

第四章　马来西亚：稳定对冲

在战略上，最漫长的迂回道路，常常又是达成目的的最短途径。
　　　　　　——英国军事理论家、战略家　利德尔·哈特《战略论》

像马来西亚这样的发展中国家应该在改变世界体系方面有发言权，因为我们已经面对了它所造成的问题。
　　　　　　——马来西亚第四、第七任总理　马哈蒂尔·穆罕默德

从以新古典现实主义国际关系理论为基础建构的新的分析模型可以得出，影响东盟国家对冲战略的主要变量是结构压力和国家能力，其中结构压力主要受到国际环境和相对权力的影响，国家的经济和军事实力、战略文化及领导人的认知直接关乎国家能力的强弱。自冷战后，马来西亚采取了稳定的对冲战略，在中美两个大国之间进行利益对冲，当然这并不意味着各个时期其对冲的强度和手段是不变的，而是指国家战略的整体特征是对冲性的。究其主要原因可知，马来西亚的地缘政治及在国际社会中的相对权力地位深刻塑造着其结构环境和压力，其独立自主的外交政策、统治精英的实用主义原则和不断增强的经济和军事实力也使得马来西亚的国家能力不断提升。一方面，其统治精英奉行的是实用主义原则，中国的"一带一路"倡议增加了马来西亚经济发展的红利；另一方面，从地缘上看，马来西亚与中国地理位置临近，两国在综合国力和国家影响力上不对称，所以马来西亚采取任何针对中国的过激行为从战略上讲都是不必要的，从政治上讲是无意义的，从经济上讲也

是不明智的,① 马来西亚同时需要美国为其提供军事保护。此外，虽然中美在亚太地区的竞争不断加剧，但是马来西亚感受到的体系压力并没有菲律宾那么大，反而其国内因素深刻影响着国家的战略方向。综合来看，在亚太地区局势还不明朗的情况下，马来西亚采取对冲战略不会损害其与中国的经济合作利益，不会削弱统治者的统治权威，也不会削弱马美两国的军事合作，相对而言对冲战略是马来西亚的最佳战略选择，也是该国一直奉行的策略，马来西亚的对冲战略体现在与中国和美国的复杂交往中。2019年年底暴发的全球范围内的新冠疫情对马来西亚而言是一个巨大的挑战，尤其再加上马来西亚国内政局的更迭，面对这种国际形势和国内格局的变动，马来西亚国家战略在未来也会发生些许变动，在稳定对冲的基础上呈现一种新的趋势变化。

第一节　稳定对冲的原因

　　从对冲的定义可知，对冲就是为了一方面使得国家利益最大化，另一方面还要采取一系列相抵措施以应对可能出现的风险和损失。对一个国家而言，维持权力和扩展权力更是国家利益的重要内容。本节主要剖析马来西亚自冷战后采取稳定对冲战略的缘由，从以新古典现实主义为基础的模型中分析结构压力和国家能力对于马来西亚国家战略选择的重要性。正是因为在结构层次上，马来西亚的地缘政治使其不能在自己的周边树立一个还不构成"威胁"或者"安全隐患"的敌人，美国亚太战略的实施也在一定程度上提升了马来西亚的国际地位，对于马来西亚而言，中美两国是其生存和发展的重要影响力。在国家能力方面，马来西亚依靠自身的实力基础和外部发展机遇，增强了国家的综合实力。再加上其一贯奉行的独立自主外交政策与领导人的务实原则，马来西亚国家能力的提升也为其更自主地在中美之间对冲提供了条件。

---

① Cheng-Chwee Kuik, "Malaysia's China Policy after MH370: Deepening Ambivalence amid Growing Asymmetry", in Gilbert Roztn and Joseph Chinyong Liow eds., *International Relations and Asia's Southern Tier*, Berlin: Springer, 2017, pp. 189–205.

第四章 马来西亚：稳定对冲

一 马来西亚的结构压力

一国的结构压力主要受到国际环境和地缘政治的影响。在外部的国际环境方面，冷战结束后，影响马来西亚的主要外部因素就是中美两国的竞争态势，而中美两国自20世纪90年代初期至今大体经历了包容性竞争、对抗性竞争和对抗性竞争逐渐缓和的过程。苏联解体以后，原来的两极世界格局被打破，形成了美国一家独大的局面，有学者认为冷战后变成了单极格局形势，但也有学者认为这为多极格局的产生创造了条件。从冷战结束到21世纪的前十年间，随着中国经济的不断积累，逐渐兴起了"中国威胁论"的说法。"9·11"事件、世界局部地区的战争、金融危机等的产生使得美国需要重振其经济实力和全球领导地位，美国政府组织专家和相关部门在此基础上不断对其国家在全球中的角色进行审视，深刻剖析美国的地位和战略利弊，最终认为美国在过去的战略部署是失衡的。不管是经济上的考虑还是安全上的权衡，亚太地区的发展变化都在不断改变传统的地缘政治局势。美国政界和学界也开始将眼光转向中国所在的亚太地区，但是此时其在国家战略方面还没有大的调整，直到中国经济超过日本成为世界第二大经济体，美国才开始正式将战略重心转移到亚太地区，提出了"重返亚太""亚太再平衡"的战略。

2011年11月在第十九次亚太经合组织峰会上奥巴马提出了"重返亚太"的战略，表示伊拉克和阿富汗地区已不再牵扯美国的主要力量，将今后战略的重心转移到亚太地区。其实早在奥巴马上任之初美国就开始将重心重新聚焦在亚太地区，这主要体现在希拉里就任国务卿的首次出访地方面，希拉里首次出访没有选择欧洲而是出人意料地定在了亚洲的东京、首尔、北京和雅加达，指出美国要扩大在亚太地区的作用，强化与亚太国家的伙伴关系。[①] 随后在2012年，奥巴马在与国防部长帕内塔及参谋长联席会议主席的记者会上发表了对美国新国防战略报告的看法，指出美国将在中东地区的驻军数量减半，将与全球更大范围内的国家结成伙伴关系，将进一步增加在亚太地区的战略部署，亚太地区将是今后

---

① 《美国外交发力 希拉里首访亚洲四国》，中央电视台新闻网，http://news.cctv.com/special/xilalifangsiguo/1/index.shtml。

美国的关键地区力量。① 有学者认为美国"亚太再平衡"战略是源于其战略焦虑,"后美国时代"的传言此起彼伏,恐怖主义难以根绝,亚太地区强劲的发展势头以及中国迅速崛起可能造成的体系结构发生改变,这些都引起了美国深深的忧虑。② 美国的"亚太再平衡"战略不只是为了缓解焦虑,更多的是为了消除对于国际结构变化的恐慌,当前面临的是充满不确定性、不稳定性和不可预测性的国际政治大变局,国家行为体和众多非国家行为体相互交织、权力日益离散,无政府状态的影响被放大。所以有人认为美国需要进行大国平衡之术,与中国在太平洋全面展开博弈,比如在第一岛链海域开展军事部署,与中国进行地缘军事博弈,在海上联通方面部署"军事基地链"等展开经济博弈,同时在中国周边海域宣扬"航海自由",遏制中国海洋声索权,开展地缘政治博弈。③ 不管是美国开展怎样具体的战略部署,都是对"亚太再平衡"战略的操作化。

随着"亚太再平衡"战略的推进,老牌的美国盟友强化了与美国的关系,新型国家和东南亚其他国家也从美国的军事部署中获得了更多安全感,但是中国经济发展的地区影响力一定程度上可以与美国的军事保障抗衡,尤其是"一带一路"倡议实施以来,这就使得很多东盟国家选择对冲战略,在经济上依靠中国,在军事上仰仗美国,从这个角度上讲,美国企图通过"再平衡"创造"美国的太平洋世纪"并没有那么有效。④ 2017年11月,特朗普出席在越南举行的第25次亚太经合组织峰会上正式提出了"自由开放的印太战略"(FOIPS),自此,"印太战略"正式取代奥巴马时期的"亚太再平衡"战略成为新一届政府的战略口号,该战略所包含的地区远远大于传统的亚太地区,目的在于加强印太地区的政治自由、经贸合作、军事对话等。从2017年年底到2018年年初,美国先后出台了《国家

---

① 《奥巴马就美国新国防战略报告发表讲话》,中国日报网,2012年1月,http://www.chinadaily.com.cn/hqzx/2012-01/06/content_14396364.htm。
② 阮宗泽:《美国"亚太再平衡"战略前景论析》,《世界经济与政治》2014年第4期。
③ 祁怀高:《中美在西太平洋的海权博弈及影响》,《武汉大学学报》(哲学社会科学版)2019年第3期。
④ 2011年11月希拉里在夏威夷大学的东西方中心发表演讲称21世纪将是"美国的太平洋世纪",美国将要从外交、经济、军事等方面发挥美国的领导力,具体可见"America's Pacific Century," U.S Depeartment of State, November 10, 2011, https://2009-2017.state.gov/secretary/20092013clinton/rm/2011/11/176999.htm; Colleen Lye, *America's Asia: Racial Form and American Literature, 1893–1945*, Princeton University Press, 2004。

安全战略报告》和《国防战略报告》，从宏观层面对"印太战略"进行概述。2018年5月美国国防部长詹姆斯·马蒂斯将太平洋司令部改为印度洋—太平洋司令部，① 2018年12月，美国国会通过《2018亚洲再保障倡议法》将"印太战略"的相关愿景进一步具体化。

虽然2017年英国新闻广播公司采访日本前副外长田中均之时，田中认为特朗普的"印太战略"仍是一个抽象概念，② 但是此后的美国正在紧锣密鼓地实施这一战略。2018年6月美国国防部公布了《印太战略报告》，详细阐述了"印太战略"的具体内容，报告中将中国视为破坏地区稳定和繁荣的修正主义强权国家，在以遏制中国的崛起为基调之下，美国主要从以下几个方面入手：政治上，继续强化与印太盟友之间的合作，扩大在印太地区的伙伴关系；军事上，增加美国军力在印太地区的部署，不仅要增加部署的数量，还要创新作战理论，提高美军的作战质量，除此之外，在导弹防御系统方面进行协同合作；经济上，暗指中国在通过经济交往危害"印太国家"的国家安全，宣扬"印太国家"要加强与美国的经济合作。此外，报告还将科技、网络等议题加入进来。③ 马来西亚在美国亚太战略或者印太战略中一直处于重要的位置，但相对于美国在东亚地区的盟友和其战略中心的其他国家而言，美国对马来西亚的战略吸引力还没大到后者需要完全依附美国以制衡中国的地步。

美国不断增强在亚太地区的军事存在和战略影响，与中国在亚太地区的竞争关系也在一定程度上呈现较为紧张的局面，但是中美之间一直属于紧张中合作的关系。冷战后中美两国竞争态势的变化整体上使东盟国家所面临的结构压力有了很大程度上的缓和，为东盟国家创造了较为充裕的对冲空间，马来西亚能更充分和自主地依据本国的实际情况和国家利益制定国家政策和外交方略。

马来西亚除了深受中美两国在该地区的竞合态势影响，地缘政治格局也改变着东盟国家的战略选择和战略方向，正是因为东南亚地区具有丰富

---

① 《美军太平洋司令部更名 意味深长》，VOA，2018年5月，https：//www.voachinese.com/a/us-asia–20180530/4416853.html。
② 《日本"基辛格"："印太战略"仍是抽象概念》，BBC，2017年12月，https：//www.bbc.com/zhongwen/simp/chinese-news–42193243。
③ "Indo-Pacific Strategy Report Preparedness, Partnerships, and Promoting a Networked Region", The Department of Defense, June 1, 2019.

的地缘政治资源，才使得该地区不管在历史上还是在现代都是一些大国进行权力竞争的场域。聚焦到马来西亚，马来西亚虽然是亚洲国家，但是连接着亚洲和大洋洲、太平洋和印度洋，靠近马六甲海峡和柔佛海峡，是东南亚地区重要的交通要道，也是连接亚洲、大洋洲、欧洲和非洲之间的关口，其他区域或者全球公共事件的爆发都会对马来西亚的政治、经济和文化产生一定的影响。马来西亚是东盟重要的成员国，在政治、经济、军事合作、文化交流、人员互访等方面与东盟其他成员国都进行了深入的合作，并积极推进地区一体化进程的深化和扩展。[1] 客观而言，马来西亚在东南亚地区内是一个积极活跃的行为体，为地区重大问题的解决起了重要作用。马来西亚被中国南海分成两个部分，据马来西亚统计局2018年的统计数据显示，20.64%的人口是马来西亚华人，[2] 可以说不仅在人口构成上，在文化背景、民族记忆和宗教方面中国和马来西亚也都有共同之处。对马来西亚而言，中国是其发展的一个永恒存在主体，中国综合实力的提升和影响力的扩大对马来西亚的影响不可估量。

在当今世界体系，国际政治的中心凸显了由欧美向亚太转移的趋势，马来西亚所处的东南亚地区也是大国进行权力角逐和政治设计的重要区域，中国从2010年成长为世界第二大经济体之后在国际社会中的影响力实现了巨大飞跃。中国不仅积极促进地区一体化的深入还加入了多个地区合作框架协议，参与并塑造着地区的政治环境，"一带一路"倡议的实施不仅给马来西亚带来了经济上的发展红利，政治和文化方面也受到了不同程度的影响，这对马来西亚而言既是经济飞跃的机遇，也是地缘政治上的挑战。[3] 东南亚地区因其复杂的地理位置和类型各异的中小国家，在历史上和现代这一地区都是国际政治矛盾和冲突的爆发地区。早在20世纪50年代，美国的海军上将阿瑟·雷福德就提出了多米诺骨牌效应的说法，后来经过沃尔特·罗斯托、马克斯韦尔·泰勒和肯尼迪、里根政府的发展，多米诺骨牌理论逐渐流传开来，其适用区域也逐渐从亚洲扩展到其他大

---

[1]《马来西亚国家概况》，中华人民共和国外交部，2019年1月，https://www.fmprc.gov.cn/web/gjhdq_676201/gj_676203/yz_676205/1206_676716/1206x0_676718/.

[2] "Population by age, sex and ethnic group, Malaysia, 2018", Population Quick Info, Department of Statistics, Malaysia, http://pqi.stats.gov.my/result.php?token=3507421cad93c7768d55feaefa7adf47.

[3]《马来西亚专家："一带一路"倡议需堤防地缘政治挑战》，《参考消息》2017年3月1日。

第四章 马来西亚：稳定对冲

洲，不过东南亚始终扮演着多米诺骨牌理论检验场的角色，而这一切都是由于东南亚重要的地缘位置和重要政治影响，其大国的权力斗争在这里显露得淋漓尽致。[1]

马来西亚本国的地缘政治深受所处区域的形势影响，既能获得地处要道的发展机遇，也会受到各种冲突的负面效应。对于马来西亚而言，域外大国深刻建构着这一区域的生存和发展环境，在这些国家之间进行大国平衡，塑造一种"不选边站"的态度和等距离外交的模式，根据国家利益，在大国中发展对冲的关系，更能增加马来西亚的国家利益和发展空间。所以在冷战后，整体结构压力有所缓解的背景之下，马来西亚的地缘政治决定着该国实施对冲战略的方向。尤其是"一带一路"倡议在实施过程中与马来西亚形成了"一城二港三路"的项目框架，虽然在具体的实践中有大约一半的项目并未实施，但是整体而言，中国对马来西亚的影响在不断增强。

冷战后，马来西亚的地区发展形势受到中美两个大国竞合态势变化的影响，而中美两国的关系经历了包容性竞争、对抗性竞争及对抗性竞争缓和的过程，中国综合实力的增强和国际影响力的扩展吸引了美国的战略关注，美国先后出台了"亚太再平衡"战略和"印太战略"来重新对亚太地区的政治局势进行排列组合，国际政治中心的东移为东南亚地区赋予了更为重要的战略意义，东南亚成为了中美竞合的重要场所和前沿阵地。但相对于冷战结束之前的国际环境而言，冷战后东盟国家所处的发展环境明显更为宽松。除此之外，马来西亚处于两大洋和两大洲的中心，不仅地理位置优越，自然资源也非常丰富，这一方面促进了马来西亚的经济建设和地区影响力的提升；另一方面也吸引了大国在此角力，所以马来西亚与大国在经济、军事、文化等方面的交往更为频繁。从其所处的国际环境和地缘政治局势来看，马来西亚所受到的结构压力比较缓和，并且在当代，中美两国的竞争态势愈发不明朗，尤其是2019年年底暴发的新冠疫情使得世界上的大多数国家都深受其害，美国非但不能再为其他国家提供公共产品，反而在某些方面损害了一些国家的利益。相反，中国为世界相当一部分国家的疫情管控提供了宝贵的经验和救助物资，凸显着中国作为一个负

---

[1] 参见［美］帕特里克·奥沙利文《战争地理学》，荣旻译，解放军出版社1988年版，第112—113页。

责任大国的担当和作为。所以，对于马来西亚而言，在国际局势愈加复杂、中国扮演着越来越重要的国际角色、美国的国际影响力不断下降的情况下，它没有必要在中美两个国家之间做出追随其中一方而制衡另一方的选择，可以根据本国发展的需要在经济上与中国建立紧密的合作关系，在军事上与美国加强合作，这就建构了马来西亚在冷战后采取稳定对冲战略的基调。当然，单纯结构压力的下降还不能决定马来西亚的国家战略，其国家能力的不断增强进一步巩固和促进了该国选择对冲战略的行为。

二 马来西亚的国家能力

正如前文所分析的，国家的经济和军事实力、战略文化和领导人的认知构成了国家能力。当冷战后东南亚整体的结构压力下降时，该区域内的国家获得的对冲空间得到了扩展，国家在进行战略制定时有了更为弹性和自主的发挥余地。马来西亚的结构压力在冷战结束后得到了大大的缓解，这为其分别与中美进行合作创造了可能性，同时马来西亚经济和军事等方面的物质性权力在冷战后得到了长足的发展，实行独立自主、中立和不结盟的外交政策，统治精英遵循实用主义原则，这使得马来西亚的国家能力不断增强。现实主义者认为，在国家能力中，物质能力是其中重要的组成部分，这种能力一方面决定性地影响着其他行为体的行为方式，另一方面还对体系或者国家间的权力平衡发挥着重要作用。[1] 当马来西亚在美国亚太战略（先是奥巴马的"亚太再平衡"战略，后是特朗普和拜登的"印太战略"）和中国"一带一路"倡议中的重要性增加时，马来西亚在中美之间实行一种大国平衡之术，经济上与中国建立了紧密的合作关系，军事上与美国在诸多方面加强往来，稳定地实施对冲战略。

马来西亚是相对开放的新兴工业化市场经济体，它以国家利益为导向，国家通过宏观调控对经济建设发挥着重要作用。[2] 20世纪90年代初，

---

[1] Joseph S. Nye, Jr, *Bound to Lead*, New York: Basic Books, 1990; Joseph S. Nye, Jr, *The Paradox of American Power: Why the World's Only Superpower can't Go it Alone*, New York: Oxford University Press, 2002.

[2] Boulton William, Pecht Michael, Tucker William, Wennberg Sam, "Electronics Manufacturing in the Pacific Rim", *World Technology Evaluation Center*, Chapter 4: *Malaysia*, Wtec. org. May 1997, Malaysia, A Statist Economy, Infernalramblings. com.

马来西亚政府提出了《2020年宏愿（1991—2020）》的国家发展战略，之后相继提出了"国家发展政策""多媒体超级走廊""生物谷"等发展计划。不仅如此，马来西亚还制定了国家的五年计划，2015年制定的"以人为本的成长"计划中提出，准备在生产力、创新领域、绿色科技、中产阶级人口数量、有竞争力的城市和技能教育培训六个方面不断实现突破，以实现国民收入的增加、人民生活水平的进步和国民思维的先进化，在2017年和2018年三大国际评级机构（标普、穆迪和惠誉）都将马来西亚的主权信用评级评为A级，都认为其未来的展望是稳定的。① 相关数据显示，2010年马来西亚的国内生产总值相对于其在冷战结束初期的国内生产总值而言，增加了四倍多，马来西亚官方2019年3月公布了年度报告，2018年马来西亚国内生产总值大约为12298亿马币，同比增长了4.7%，其中服务业、制造业和建筑业增长速度最快。② 马来西亚在政府强有力的指导和管控之下，发展成为了全球第三大天然橡胶生产及出口国、第二大棕油生产国和第三大液化天然气出口国。③ 为了使马来西亚的经济多元化，政府逐步减少对出口的依赖，大力发展第三产业，尤其以旅游业最为重要。从马来西亚的发展数据可知，冷战后马来西亚的经济在国家指导之下实现了飞速发展，产业结构也在不断升级，国家不断优化产业培植。

除了在经济发展上取得了巨大进步，马来西亚还注重基础设施的建设，马来西亚是亚洲基建行业最为发达的国家之一。④ 马来西亚的国际港口有七个，在国际经贸的中转方面起着重要的枢纽作用，这也为其发展国际贸易提供了宝贵的机遇。在工业园区的建设和使用上，马来西亚也是东盟国家的领先者，其境内约有两百个园区，高效地调配着国家的工业建设。⑤ 在机场建设、公路网的覆盖、电讯网络以及能源生产上，马来西亚也在不断根据国际形势和本国实际情况实现不同阶段和分级的提升。总

---

① 《宏观经济》，中华人民共和国驻马来西亚大使馆经济商务处，2019年5月21日，http://my.mofcom.gov.cn/article/ddgk/201407/20140700648581.shtml。
② "2018 Annual Report & Financial Stability and Payment Systems Report（PDF）", Bank Negara Malaysia, 27 March, 2019.
③ 《宏观经济》，中华人民共和国驻马来西亚大使馆经济商务处，2019年5月21日，http://my.mofcom.gov.cn/article/ddgk/201407/20140700648581.shtml。
④ "Malaysia's Investment Performance in the Manufacturing, Services and Primary Sectors in 2019", Malaysia Investment Development Authority, https://www.mida.gov.my/home/.
⑤ "Guidebook on Expatriate Living in Malaysia", Malaysia Industrial Development Authority, May 2009.

之，在国家的经济和基础设施建设方面，自冷战后，马来西亚实现了巨大的飞跃，这对其国家能力的提升起到了关键作用。

在国家实力的体现上，除了经济之外，本书还关注了军事能力的发展。马来西亚的武装部队在保卫国家主权、领土完整和国家利益等方面发挥着重要影响，对内维持国家的秩序稳定，对外维护着国家的独立自主，随时应对国内外可能发生的一切威胁。马来西亚的武装部队大概分为三个军种，分别是陆军、皇家海军和皇家空军，国家最高元首是武装部队的最高统帅，部队参与的军事行动主要有联合国维和行动和五国联防行动（1971年英国、澳大利亚、新西兰、马来西亚和新加坡五国签订多边协议，直到现在，五国防长会议也定期召开）。马来西亚第十计划的国防开支相对于冷战结束后的第六计划增长了近74%，在2016年马来西亚还向中国订购了4艘濒海多任务艇。从东盟国家的国防建设数据可以看出，马来西亚与新加坡存在某种地区军事竞争的态势，但是不管怎样，马来西亚在维护其半岛利益、领空领海领地等方面具有坚决的态度。此外，马来西亚也开始更为重视海军的发展，提升海军的地位，将其从"财产看护者"转变为"前沿防卫斗士"，加强对海上安保和相关军事任务的支援。马来西亚的国防投入和配置主要受到政治领导人判断的影响，保卫本国的岛礁安全和完整，进行海上阻遏将是马来西亚国防战略的关键。[1] 虽然冷战后马来西亚在东盟国家的军事建设中表现得并不出色，但是它在逐步调整其军事部署和国防政策，与本国以往的情况比较而言，马来西亚的军事能力实现了一定的提升。全球军力（Global Firepower）通过对50多个指数进行评估，界定了国家的威力指数，通过评定其数据显示2020年马来西亚的军事力量在138个国家中排在第44位，威力指数为0.6546，这较其2019年的排名并没有明显变化，[2] 但是相对于马来西亚在冷战后初期的情况而言，其军事能力实现了大幅度的增强。

从马来西亚的经济发展情况和军事能力可以看出，冷战后马来西亚的国家实力得到了快速的提升，其在东盟国家中的地位也不断凸显。国家实力带来了国家物质性权力的增强，而物质性权力及国际地位或者区域地位

---

[1] 蓝中华：《马来西亚外交与国防》，华社研究中心，2018年，第23—46页。
[2] "2020 Military Strength Ranking: Global Powers ranked by Potential Military Strength", Global Fire Power, https://www.globalfirepower.com/countries-listing.asp.

决定性地影响着国家的利益。马来西亚经济实力和军事实力的提升为国家制定内政外交政策提供了保障和基础。在物质性权力得到发展的前提下，马来西亚进一步坚定实施其独立自主的外交政策，不与世界上任何一个大国进行各种形式的结盟，这不仅体现在其国家政策方面，在其国家战略和实际行动中都有所体现。

冷战后，马来西亚的经济建设和军事实力都得到了大幅提升，这为其实行自主的国家战略奠定了基础。自1969年以来，马来西亚就实行不结盟、中立和实用主义的政策，在发展与其他国家的外交关系时不再以意识形态或者国家政权类型作为决定因素，积极主动地与别国建立友好关系，马来西亚以加强区域内的稳定和繁荣为基石，希望在东南亚地区建立一个充满公平正义的共同体。[①] 冷战结束后，时任马来西亚国家总理马哈蒂尔推动了向东方学习政策，坚定区域主义原则，同时以维护国家主权和对国内事务的管控为基础，这在其实施的国家发展战略和若干五年计划中都有所体现，在外交方面亦是如此。马来西亚充分利用东盟的合作框架，发展与域内和域外国家的友好关系，截止到2019年，马来西亚同全球132个国家建立了外交关系，在84个国家建立了110个使领馆。马来西亚还参与多个多边合作协议，既是东盟和伊斯兰合作组织的创始国，也是不结盟运动、77国集团、亚洲开发银行、五国联防等的成员国。2011年马来西亚加入《南极条约》，成为了缔约国。[②] 马来西亚尤其反对西方国家对其内政的干涉，坚决维护自己作为一个独立主权国的地位，同时反对西方的贸易保护主义，重视区域合作，主张在东亚地区形成一个区域性的共同体，以维护本区域的安全稳定。虽然马来西亚在诸多方面反对西方打着"人权"和"民主"的口号干涉内政，但马来西亚还是立足于建立友好合作关系，与美国等西方国家在多个层次开展了紧密合作。

马来西亚与一些国家在南海岛礁上有主权争端，但是马方并未像菲律宾那样公然将南海问题提交到国际法院，而是保持一个谨慎低调的姿态，究其原因在于马来西亚与中国在经贸方面的合作关乎其国家利益，同时马

---

① "Malaysia's foreign policy", Ministry of Foreign Affairs, Malaysia, https：//www.kln.gov.my/web/guest/foreign-policy.
② "Antarctica Treaty", The Secretariat of the Antarctic Treaty, https：//www.ats.aq/index_e.html.

来西亚的华人是国内的第二大民族，2016年的统计数字显示，华人在马来西亚总人口中占比23.4%，① 而在2010年的人口普查中，吉隆坡的华人比例达到了43.2%，② 可以说马来西亚华人是其国内重要的群体。鉴于此，马来西亚在与中国的交往中不仅要考虑本国的经济现实利益关切，还要考虑本国人口构成方面的因素。所以，即便马来西亚在美国的亚太战略中地位不断上升，双方在军事方面也有过多次合作，但由于美国曾对马来西亚的内政有过干涉，这与马方独立自主的外交政策是相悖的，马来西亚还是会与美国保持一定的安全距离。

除此之外，马来西亚还具有良好的投资环境。马方政府鼓励外资进入其制造业和服务业，政府在投资法律、激励机制等方面做出了重大改善，马来西亚的投资法律体系相对而言较为完备，与国际通行标准相一致，这些因素大大增加了马来西亚的投资吸引力。马来西亚地处东南亚核心地带，是两大洲和两大洋的交界处，是外资进入东盟市场的重要桥梁。从上文的分析中可知，自冷战后马来西亚的经济得到了长足的发展，经济基础稳固、资源丰富，虽然会出现排华现象，但是整体而言，其政治动荡的风险指数较低，营造了一种稳定的政治气候和具有长久发展潜力的商业环境。2018年马来西亚政府提出了"包容发展、惠及全民""发展高价值产业链""改革行政提高效率""环保永续发展"等新的发展蓝图，并在同年年底提出了"国家工业4.0政策"，着力在2025年将马来西亚发展为亚洲和太平洋地区的高技术解决方案提供国、高科技产业投资目标地和智能制造战略合作伙伴。可以看出，马来西亚的投资环境在东南亚地区具有很大的竞争优势。③ 世界银行的旗舰报告《2019年营商环境报告》中显示，马来西亚的营商环境在东盟地区仅次于新加坡，在190个经济体中排在第

---

① "Current Population Estimates, Malaysia, 2014 - 2016", Department of Statistics, Malaysia. Official Portal, July 22, 2016, https：//web.archive.org/web/20160812014710/https：//www.statistics.gov.my/index.php? r = column%2FcthemeByCat&cat = 155&bul_id = OWlxdEVoYlJCS0hUZzJyRUcvZEYxZz09&menu_id = L0pheU43NWJwRWVSZklWdzQ4TlhUUT09.

② "Population Distribution and Basic Demographic Characteristics Report 2010", Department of Statistics, Malaysia, May 8, 2011, https：//www.dosm.gov.my/v1/index.php? r = column/ctheme&menu_id = L0pheU43NWJwRWVSZklWdzQ4TlhUUT09&bul_id = MDMxdHZjWTk1SjFzTzNkRXYzcVZjdz09.

③ 《对外投资合作国别（地区）指南 马来西亚（2019年版）》，商务部国际贸易经济合作研究院、中国驻马来西亚大使馆经济商务处、商务部对外投资和经济合作司2019年版。

15位。① 从马来西亚吸引外资的态度和政策支持可以看出，马来西亚对自己本国的发展定位很明确，在维护本国独立自主地位的同时，以务实主义的原则实现国家利益的最大化。马来西亚的举措充分体现其有效和稳定的国家治理能力，这为国家能力的增强奠定了坚实的基础。

自冷战结束后，马来西亚在经济和军事上的实力不断增强，国家坚定地贯彻独立自主、中立和不结盟的外交政策，内防动荡外防干涉，同时统治精英以务实的精神维护和扩大国家权力。马来西亚国家能力的增强使得其有资本和条件在国家战略的选择上有更大的自主权。可以说冷战后马来西亚的国家能力为其在中美之间进行稳定对冲营造了良好的条件。

总而言之，冷战后马来西亚长久地实行对冲战略有多方面的原因，国家感受到的结构压力的下降和国家能力的增强，使得本来就地理位置优越、发展机遇充分的马来西亚获得了更大的战略选择空间。首先从其结构压力来看，冷战后，中国逐步崛起，在东亚地区和世界范围内的影响力都得到了大幅提升，美国的战略关注点逐步转移到亚太地区，提出了"重返亚太"战略和"印太战略"，意图建构中国的发展轨迹，将中国框定在美国建立的国际秩序中。中国坚持贯彻具有中国特色的社会主义道路，与美国在诸多方面存在分歧和矛盾，但同时还形成了紧密的经贸合作关系。中美两国的竞合态势成为了影响东南亚地区最为主要的因素。而冷战后，中美两国的竞合经历了相互对冲、包容性竞争、对抗性竞争和对抗性竞争逐步缓解的过程，马来西亚在这种外部环境下获得了对冲的空间，从与美国的军事合作中寻找安全保障，同时从与中国的经贸往来中获得经济发展。再加上马来西亚与中国同处东亚地区，中国"一带一路"倡议的实施及其他发展规划的实行都会对马来西亚产生重要影响，基于地缘政治的考量，马来西亚只有与中国建立良好的关系才能营造稳定的周边环境。其次，有效促成马来西亚实行稳定对冲战略的因素还在于冷战后马来西亚在国家宏观调控之下获得了经济的迅速发展，其军事实力也在不断增强，从其历史经验中得出了实行独立自主政策的必要性。马来西亚政府在20世纪60年代末开始执行独立自主的外交政策，虽然在不同政府执政时期马来西亚与西方国家的关系亲疏有所不同，但是从整体上来看，其外交政策一直被各界政府坚定执行。马来西亚还主动抓住国际发展机遇，通过营造有吸引力

---

① 《2019年营商环境报告：强化培训，促进改革》，世界银行2019年发布。

的投资环境吸引外资,为其本国带来较大的发展潜力,这些都体现了马来西亚的国家能力在不断增强。在这种整体结构压力下降、国家能力增强的背景下,马来西亚既有意愿又有能力采取更加符合本国发展方向的国家战略,所以马来西亚在冷战后实行稳定的对冲战略有其背后的必然性。

第二节 稳定对冲的具体体现

自冷战结束后,马来西亚在结构压力降低和国家能力增强的条件下对中国和美国实施了稳定的对冲战略。在马来西亚与美国的关系中,马方需要美国的安全保护及其提供的地区公共产品,但美国既有干涉马来西亚内政的历史又有打着"民主"和"人权"的口号干涉别国内政的习惯,所以马来西亚对美国始终存在着防范心理。在马来西亚与中国的关系中,中国"一带一路"倡议和其他项目都为马来西亚带来了巨大的发展机遇,中马两国在经贸方面实现了紧密的合作关系,但是由于存在南海岛礁争端等问题,马来西亚对中国也采取一种有限交往的模式。通过这种在大国之间对冲的战略,马来西亚的综合国力在不断增强。

一 马来西亚与美国:安全依赖和干涉忧虑

基于地区形势和马来西亚自身的条件,马来西亚与美国在军事安全上进行了亲密的合作,当然更多的是马来西亚需要美国为其提供安全上的保障,而美国则需要借助马来西亚部署其"印太战略"。虽然马来西亚不是美国的盟友,但是从冷战后,美国就成为了马来西亚最重要的军事伙伴,双边军事合作不断升级和深化。[①] 从美国倡导的《跨太平洋伙伴关系协定》(TPP)建立以来,马来西亚就对此保持高度关注,2010年马来西亚加入《跨太平洋伙伴关系协定》谈判正式成为其中的一员。虽然这与马来西亚想增加本国的市场准入机会、提高其在国际市场上的竞争优势有关,但是

---

① Mohd Najib bin Tun Abdul Razak, "U. S.-Malaysia defense cooperation: A solid success story", Washington, DC: The Heritage Foundation, 2002.

从战略的角度上考虑，这也与马来西亚欲加强与美国的多方合作形成某种功能外溢效应和降低对中国市场的依赖有很大关系。马来西亚处于中美两国在亚太地区竞争的背景下，其整体结构压力的降低和国家能力的增强使得马来西亚不可能单纯依赖一方的力量，而是需要在不同方面与中美采取不同的紧密合作关系，通过这种大国平衡策略降低国际社会的风险和不稳定性。马来西亚和美国在多个方面建立了紧密联系，尤其以军事上的合作更为显著，但同时马来西亚在一定程度上也在防范美国对其内政的干涉，刻意与美国保持着某种安全距离。

冷战结束以来，马来西亚和美国的贸易量不断增加。相关数据显示，2023年马来西亚与美国贸易额为2502亿令吉，美国是自2015年以来马来西亚第三大贸易伙伴。[①] 而从1991年至2024年4月，美国与马来西亚的贸易量不断上升，1991年马来西亚对美国的出口额为61.015亿美元，进口额为38.998亿美元，而到2023年，马来西亚对美国的出口额则增长到了461.91亿美元，进口额增长到了193.583亿美元。经统计，自冷战结束至2023年，马来西亚在对美国的贸易中，马来西亚处于连年顺差，1991年的顺差额为22.017亿美元，至2023年则增长到了268.327亿美元，是1991年的12倍多。[②]

除此之外，冷战后美国也一直是马来西亚重要的外资来源国，并且美国的投资额在马来西亚总的外资投资额中占比不断增加。马来西亚之所以能在冷战后与美国保持经济上的紧密合作有如下原因：马来西亚与美国有着正常的邦交活动，存在有效的沟通渠道和平台，即便双方在政治上存在一定的冲突也能迅速地利用已经建立的沟通网络进行协商；马来西亚在美国的合作中实行政治和经济相分离的政策；马来西亚始终将自己的安全与发展中国家的利益结合在一起；马来西亚能够充分利用国际舆论的作用，在国际舞台上声明自己的主张和维护国家利益。[③] 2019年东盟地区论坛（ARF）首次海上垃圾问题研讨会由美国联合主办，会上还就打击非法、未经报告与未受到监管的捕捞行为进行了执行海事法的沙盘演练。同年11

---

① 《马来西亚2023年贸易规模继续保持在2万亿令吉以上》，中华人民共和国商务部，2024年1月22日，http://my.mofcom.gov.cn/article/sqfb/202401/20240103467858.shtml。
② "Trade in Goods with Malaysia", United States Census Bureau, https://www.census.gov/foreign-trade/balance/c5570.html.
③ 廖小健：《冷战后的马美关系与马来西亚的外交策略》，《外交评论》2006年第6期。

月美国政府宣布将进一步扩大化和持久化美国与东盟国家之间的伙伴关系，并强化美国—东盟智慧城市伙伴关系（USASCP），使得美国的相关部门与东盟智慧城市网中的26个城市相连，解决城市在发展过程中的挑战和问题。①在2018年的世界城市峰会上，东盟国家共26个城市参加智慧城市网络，马来西亚有四个城市入选，分别是新山、亚庇、吉隆坡和古晋，这在东盟中是参与城市最多的国家。②

实际上，在马来西亚与美国的关系中，美国为马方提供的安全保障才是马方国家战略中的重要考量。冷战刚结束，马来西亚与美国就签订了准许美国海军使用马方海军基地修船厂的协议。美国在马来西亚建立了准军事基地，这一基地主要是为美国的军舰（包括航空母舰在内）和飞机提供补给和维修。在1999年之前"并肩作战"和"金色眼镜蛇"联合军演的演习规模并不大，很多时候也只是每年的军事惯例。但是从2000年开始，这两个军事演习不管在规模上、人数上还是投入上都骤然扩大，马来西亚、印度尼西亚、印度、韩国、日本等国被邀请作为军事观察员。2005年马来西亚和美国签署了新的后勤合作协议，这一协议是双方签订的第二个军事后勤合作协议，旨在加强两国在军事后勤上的合作，协议规定，基于在海啸救援行动中的军事合作，两国在后勤补给等领域也要达成共享机制。这个协议有助于美国扩大在马六甲海峡周围的行动范围，也使美国在亚太地区的影响力进一步增大。

在纳吉布（Mohammad Najib Abdul Razak）政府时期，马美两国强化了双边长期的军事合作，马来西亚曾协助美国在阿富汗地区的行动，为其派遣了40名非军事医疗人员。2011年在"金色眼镜蛇"的军事演习中，马来西亚从观察国正式成为参与国，演习从反恐、维和、人道主义救援等多方面展开，这在一定程度上反映出马美升级了双边军事关系。除此之外，美国还为马来西亚在东岸的沙巴州部署了一个海洋监测雷达系统，这一系统加强了马来西亚搜集信息的能力和水平。③同时两国还展开了更多高水

---

① 《美国与东盟：扩大持久的伙伴关系》，美国驻华大使馆和领事馆，2019年11月3日，https://china.usembassy-china.org.cn/zh/tag/%E4%B8%9C%E7%9B%9F/。
② 《越南的3座城市被纳入东盟智慧城市网络》，越南社会主义共和国中央政府门户，2018年10月7日，http://cn.news.chinhphu.vn/Utilities/PrintView.aspx?ID=24819。
③ 《南中国海大事记（2006年至今）》，《卡内基中国透视》2012年9月4日，https://carnegie-production-assets.s3.amazonaws.com/static/files/files__SCS_Timeline_since_2006.pdf。

平的军事访问、训练和互换项目，仅 2012 年就有 30 多艘美国军舰到访马来西亚。马来西亚空军从美国购买了 8 架 F/A–18 大黄蜂支援其海上作战，这有助于海空联合战斗能力的提升。

2014 年 4 月奥巴马访问马来西亚之际，两国关系得到了进一步的升级，提升到了全面伙伴关系，同年美国首次派遣 6 架战斗机和马方进行联合军演。2018 年 8 月美国国务卿访问马来西亚并参加东亚合作系列外交部长会议，同年 11 月美国副总统彭斯出席了东亚峰会和美国—东盟峰会。2019 年 6 月美国国防部公布了军售 4700 万美元的无人机计划，将 34 架扫描鹰出售给东南亚四国，马来西亚位列其中，这将增强马方的侦查和收集情报的能力。① 2019 年 9 月马来西亚内政部长访问美国，双方讨论将深化在反恐等方面的合作，同时美国扩展了与东盟在军事演习上的合作主体。在 2019 年的"东南亚合作与训练"演习中，包括马来西亚在内的 8 个东盟国家都参与其中，这项演习之后的一个月，美国与东盟展开了首次海上联合演习，一方面推进特朗普政府的"印太战略"，另一方面加强美国与东盟国家之间的关系，在建构亚太地区秩序上进行层层渗入。在 2019 年的香格里拉对话会议上，美国宣布将在未来五年内全面深化和东盟国家的军事合作，而马来西亚在这种防务合作倡议中积极主动与美国建立更深的关系。双方除了在军事和经济上展开紧密的合作，2019 年 10 月马来西亚和美国就双边免签证计划开始谈判，边境安全和信息共享等都将是免签证计划的内容，这一提案早在 2013 年就开始讨论，此次双方重新就这一问题进行会谈。美国在"印太地区"着力构建军事磋商机制和信息共享框架，在已有盟友的基础上扩大潜在的联盟对象，拉拢域内外国家进入该地区，形成"美式小多边"网络。②

马来西亚的国防投入虽然连年增加，但是相对而言其在东盟地区国防投入比仅处于中间水平，所以较长一段时间内马来西亚的国防水平一直不高，在保卫国家安全方面需要域外大国，尤其是美国的安全产品。虽然马

---

① 《美国敦促军售 南海硝烟风险乍生》，法国国际广播电台，2019 年 6 月 16 日，https://www.rfi.fr/cn/%E4%B8%AD%E5%9B%BD/20190616-%E7%BE%8E%E5%9B%BD%E6%95%A6%E4%BF%83%E5%86%9B%E5%94%AE-%E5%8D%97%E6%B5%B7%E7%A1%9D%E7%83%9F%E9%A3%8E%E9%99%A9%E4%B9%8D%E7%94%9F。
② 楚树龙、耿秦主编：《世界、美国和中国：新世纪国际关系和国际战略理论探索》，清华大学出版社 2003 年版，第 232—234 页。

来西亚与美国有密切的军事合作，马来西亚在安全上也很大程度上仰仗美国，但是马来西亚坚定地维护国家主权和完全掌握控制内政的权利，美国自由主义的国际政策使得马来西亚对其有所防范，尽量避免美国对它过多干涉，毕竟在此之前已经有过美国意欲干涉马来西亚内政先例，① 马来西亚的国民阵线联盟（National Front）也曾公开指责美国在干涉马来西亚的内政。② 马来西亚也认识到了其对美国安全产品的过度依赖，所以它在与美国保持有限军事合作的基础上，加强了与其他国家的军事联系，以分散马来西亚的安全风险。2015年马来西亚与日本签署了《日本和马来西亚战略伙伴联合声明》，规定在未来日本将防卫装备和部分领域内的军事技术转让给马来西亚，双方在尊重国际法的基础上加强灾害防控与海事安全合作，同时两国将进一步协商确认合作框架和内容。③ 日本在该声明协议之下，将协助增强马来西亚海事执法局的权力和作用，并成立维和中心。

在南海岛礁争端问题上，虽然马来西亚也是声索国之一，但是马来西亚更重视维护东南亚地区的和平、稳定与安全，主张所有声索国应该自己解决冲突和争端，尽量减少非声索国的加入，马来西亚较为抵制美国将南海问题复杂化。2019年4月，马来西亚国家投资基金设立的"一个马来西亚发展公司"涉及洗钱和贪污腐败案，对美国高盛公司和两名前银行家提起刑事指控，寻求75亿美元的赔偿，并要求对涉案人员进行人身监禁，虽然高盛希望通过道歉取得马来西亚的谅解，但是马方予以拒绝并坚决要求索赔。④ 马来西亚之所以态度坚决是因为这一事件被马方认为是对其国家事务的干涉，而坚定不移地贯彻独立自主的外交政策是马来西亚的战略基石，所以任何被马方认为是对其国事干涉的行为都会引起马方强烈的反对。

马来西亚是2020年亚太经合组织（APEC）峰会的主办国，但一度因

---

① 早在20世纪90年代，美国曾在安瓦尔·本·易卜拉欣的问题上指责过马来西亚，到奥巴马政府时期，美国也不时对马来西亚的宗教、法律、政治等问题发表评论，这使得马来西亚的领导者认为美国可能是马来西亚内政独立和完整的威胁。
② Sipalan, Joseph, "Don't 'pressure' Malaysia over Sedition Act use, home minister tells US", Malay Mail Online, October 19, 2014, https://www.malaymail.com/news/malaysia/2014/10/19/dont-pressure-malaysia-over-sedition-act-use-home-minister-tells-us/766425.
③ "Japan-Malaysia Summit Meeting", Ministry of Foreign Affairs of Japan, May 25, 2015, https://www.mofa.go.jp/s_sa/sea2/my/page3e_000345.html.
④ 《美国一金融机构卷入马来西亚投资基金腐败丑闻》，《中国纪检监察报》2019年4月15日。

为还没有选定举办的具体地点和时间，导致美国想从马方手中获取此次峰会的主办权。被马来西亚拒绝之后不久，美国联邦航空管理局（FAA）降低了马来西亚的飞行安全评级，由原来的一级降为二级。① 但即便如此，马来西亚也没有在该问题上对美国妥协。马来西亚和伊朗都是伊斯兰合作组织的创始国，该组织是代表伊斯兰世界的政府间组织，也是联合国大会的观察员，至2024年5月共有57个在籍成员国，旨在促进成员国之间在社会、经济、科技、文化交流等方面的合作交往，反对殖民主义，虽然并非每个成员国都是伊斯兰国家但是它们支持穆斯林的独立权、尊严权和民族权利。2020年特朗普政府以德黑兰发动了对美国目标和美国人的攻击，严重威胁到了美国的国家安全为由，1月3日下令刺杀了伊朗指挥官苏莱曼尼，意在恢复美国在中东的威慑力，这一行径导致了美伊对抗的升级。随后在1月7日马哈蒂尔谴责美国刺杀苏莱曼尼的行为既是不道德的，也违反了国际法的规定，美国虽然打着打击恐怖主义的旗号，但是其本身这一行径就可能会导致恐怖主义的升级，马哈蒂尔号召所有穆斯林国家应该团结起来共同反对外来干涉，同时马来西亚与伊朗依然保持着良好的关系。② 虽然马来西亚在安全上依靠美国为其提供保障，但是马来西亚坚决拒绝美国在马来西亚进驻军队。

综合来看，自冷战结束以来，马来西亚在受到更少结构压力的同时，其对本国的发展策略和方向进行了重新的调整。美国在亚洲和太平洋、印度洋地区与中国展开了竞争态势，马来西亚因其地缘优势在美国的亚太战略中占据着重要地位，马来西亚与美国在经贸合作、人员交往和军事联系方面的关系都得到了进一步的深化。尤其在军事上，马来西亚更是需要仰仗美国为其提供安全保护，但是马来西亚与美国的军事合作是一种有限的合作关系，美国多次指责马来西亚的内政问题，这有悖于马来西亚的国家政策和治国方略。所以在加强与美国各方面合作的同时，马来西亚不断拓展与其他国家的合作渠道，利用已经建立的框架协议与合作平台分散马来

---

① "Press Release：FAA Announces Results of International Aviation Safety Assessment（IASA）for the Civil Aviation Authority of Malaysia", Federal Aviation Administration, November 11, 2019, https：//www.faa.gov/news/press_releases/news_story.cfm? newsId=24354.
② "Dr Mahathir：Soleimani assassination is unlawful, as bad as Khashoggi murder", The Straitstimes, January 7, 2020, https：//www.straitstimes.com/asia/se-asia/dr-mahathir-soleimani-assassination-is-unlawful-as-bad-as-khashoggi-murder.

西亚对美国的军事依赖。马来西亚与美国保持了紧密的军事往来与合作，但是为了维护本国独立自主的权利，又对美国采取的是一种有条件的信任和无条件的防范。马来西亚在中国和美国之间实行一种典型的对冲策略，在军事上既需要美国的公共产品，与美国加强合作，又将这种合作限定在一定的范围之内，降低美国对马来西亚完全控制的可能，不仅如此还强化与其他国家和地区的交往与联系。在与中国的关系方面，马来西亚同样以一种有限交往的方式和中国在诸多方面展开合作。

二 马来西亚与中国：经济密切但矛盾仍存

在与中国的关系上，马来西亚奉行的是经济实用主义原则，与中国建立了密切的经济联系，并且两国在国家关系上也有一定程度上的推进。在"一带一路"倡议的引领下及国际产能合作中，马来西亚积极响应和热情参与中国政府的倡议，成为了"一带一路"的重要共建国。2002年4月中马两国成立了双边商业理事。从冷战结束后，中国和马来西亚的双边贸易额不断增长，2009年中马两国贸易额达364.6亿美元，因为受到金融危机的影响，虽然双边贸易额同比下降7%，但是中国从去年马来西亚第四大贸易伙伴国一跃成为了马方第一大贸易伙伴国、第一大进口国和第二大出口地。2010年中国超过日本成为世界第二大经济体，中马之间的贸易额增长了25.5%，而自2010年至2020年，中国连续十年是马来西亚的第一大进口国，从中国进口的贸易比例在马来西亚的所有进口贸易比例中所占的份额连年增长，从2010年的12.6%增长到了2019年的20.7%。[1] 据商务部公布的《对外投资合作国别（地区）指南：马来西亚（2018年版）》显示，2017年中马双边贸易额约为960.27亿美元，同比增长10.5%。不仅如此，近年来中马双边贸易额一直维持在1000亿美元左右，自2009年开始中国一直保持着马来西亚最大的贸易伙伴国、第一大进口来源地和第二大出口目的地的地位。[2] 在2019年中国政府的贸易报告中相关数据显

---

[1] "Malaysia Trade in Goods", Ministry of International Trade and Industry, https://www.miti.gov.my/index.php/pages/view/4824?mid=609.

[2] 《对外投资合作国别（地区）指南：马来西亚（2018年版）》，商务部国际贸易经济合作研究院、中国驻马来西亚大使馆经济商务参赞处、商务部对外投资和经济合作司联合发行，2018年。

示，2019年马来西亚向中国出口额为337.0亿美元，占马方总出口额的14.2%，从中国进口的货物额为423.9亿美元，占总进口额的20.7%，占比增加0.8个百分点，至此中国已成为马来西亚第一大出口目的国和第一大进口来源地。① 由此可见中马两国的经贸额呈现了指数型增长，不仅如此，中马两国在货物进出口的构成、产业结构等方面各具本国特色，货物互补性很强，其中机电产品、矿产品、塑料和橡胶是马来西亚对中国出口排名前三的商品类型，从中国进口的主要是机电产品、贱金属及制品和矿产品，两国的贸易结构逐渐从初级产品发展为附加值较高的制成品，并且根据中马两国签署的政治文件，双方将在科技、教育、数字信息、汽车制造等领域展开进一步的合作，新兴产业将会强化中马紧密的合作网络。

2013年中国正式提出"一带一路"倡议，2014年成立丝路基金，向"一带一路"共建国家的基建、产能开发与合作及其他相关行业提供资金支持，马来西亚作为"一带一路"共建国家，从此倡议下的项目中获得了巨大的发展契机，马来西亚也是亚投行的创始成员国之一，马来西亚、中国和第三方国家也充分利用各自优势展开项目合作。仅在2015年时任马来西亚总理纳吉布访华之际，双方就签署了14份价值344亿美元的商业合作备忘录，中马双方建立了更多合作框架和平台，利用双边关系和东盟这一多边机制强化了两国的各领域往来。从2011年开始，在东盟国家外，中国已经连续七年成为马来西亚最大的游客来源国。2011年中国海运"中海金星号"集装箱首次在马来西亚巴生港航行，"中海金星号"是当时世界上最大的标准集装箱货物轮船之一，此次在巴生港的首航标志着中国和马来西亚在货物运输领域的合作得到了进一步的深化，也为中国和马来西亚的经贸交流开拓了更多渠道。② 2014年是中马友谊年，同年马来西亚签署了中国主导的《筹建亚投行备忘录》，2016年中马两国签署了《防务合作谅解备忘录》，马来西亚与中国在经贸、国防等领域的合作更为紧密。

马来西亚与中国的政治关系也在不断深化，自1974年5月两国建立正

---

① 《2019年马来西亚货物贸易及中马双边贸易概况》，商务部综合司、商务部国际贸易经济合作研究院，2020年。
② 《柴玺大使出席中国海运金星号集装箱轮首航仪式并致辞》，中华人民共和国驻马来西亚大使馆，2011年5月23日，http://my.china-embassy.org/chn/zmgx/t824602.htm。

常的外交关系之后，整体发展稳定和顺利。1999年5月两国签署了关于未来双边合作框架的联合声明，就高层交往、企业和人民之间的交流提出了明确的建议，成立了高官磋商机制，使得双边问题、地区问题和国际问题有了稳定的沟通和解决框架；声明详细制定了两国在投资贸易、科技信息、金融、安全、文化、体育等方面的互利合作，奠定了双方全方位睦邻友好合作的基础。①从冷战结束到现在，中国高层15次访问马来西亚，马来西亚高层也频繁对中国进行国事访问，纳吉布在任的九年间进行了4次正式访华。②2004年是中马建交30周年，马来西亚总理阿卜杜拉·艾哈迈德·巴拉维（Abdullah bin Ahmad Badawi）对中国进行正式国事访问，两国就双方关心的各层次问题深入交换了意见，两国将充分发挥相对优势，巩固和强化两国经贸关系，继续保持领导人的交流访问，在农业、基建、能源、教育、卫生、反恐等问题上达成共识。③

2013年10月，习近平主席对马来西亚进行国事访问，决定将两国关系正式提升为全面战略伙伴关系，习近平主席和纳吉布总理在一些有助于双边利益、地区繁荣稳定的问题上达成一致意见，两国将继续保持领导人之间的友好往来传统，扩大双边的经贸合作，在投资、高铁、金融等领域加强合作，保持互联互通，同时还要注重在信息通讯、生物技术、遥感卫星和科技实验室建设等方面强化和深入双边交流，共同打击跨国犯罪和恐怖主义，在防务安全磋商机制的基础上加强两军合作，鼓励和支持民间交流。④之后两国高层互访和接触也更为频繁，两国不仅在经贸领域，更在农业、科教文卫、军事等领域展开了交流与合作。2014年是中马建交40周年，中马双方以此为契机，进一步充实了两国全面战略伙伴关系的内涵，两国领导人就马航（MH370）失联事件交换了意见，同时双方倡议扩大在航天、司法、防务、人文交流等方面的合作，推进钦州产业园和关丹产业园的建设，利用东盟自贸区的框架优势，拓展两国的经

---

① 《中国政府和马来西亚政府关于未来双边合作框架的联合声明》（1999年），南海问题，https://www.fmprc.gov.cn/nanhai/chn/zcfg/t1367523.htm。
② 《中国同马来西亚的关系》，中华人民共和国外交部，2020年5月，https://www.fmprc.gov.cn/web/gjhdq_676201/gj_676203/yz_676205/1206_676716/sbgx_676720/。
③ 《中华人民共和国与马来西亚联合公报》，中华人民共和国中央政府，2004年5月29日，http://www.gov.cn/gongbao/content/2004/content_62849.htm。
④ 《习近平同马来西亚总理纳吉布举行会谈 决定建立中马全面战略伙伴关系》，中华人民共和国驻马来西亚大使馆，2013年10月8日，http://my.china-embassy.org/chn/zmgx/t1085753.htm。

第四章　马来西亚：稳定对冲

贸往来。① 两天后两国发表了《中华人民共和国和马来西亚建立外交关系40周年联合公报》，就双边关系、地区合作和国际协作达成了更为广泛的共识。② 2019年，马来西亚海军司令出席在中国举办的马来西亚海军第一艘中国制濒海任务舰下水仪式。③ 2013年中马建立全面战略伙伴关系后，在经贸、文化、民间交往等领域的合作进一步深化拓展。2024年是中马建交50周年，50年来，两国相互尊重信任，双边关系不断发展，尤其在2023年，双方就共建中马命运共同体达成重要共识，两国关系进入新的历史发展阶段。④ 不难看出，随着中国地区和国际影响力的提升，马来西亚作为中国的东南亚邻国，采取灵活的外交模式调整国家策略以充分利用中国的发展契机，将更有利于其增强国力和营造稳定的外部环境。

在新冠疫情在全球蔓延之际，中国在研判疫情、管控疫情的执行力方面为世界各国做出了典范，马来西亚也深受新冠疫情的打击，中国及时给马来西亚提供了医疗物资支持，同时中国还积极筹措其他物资，鼓励中国企业和其他机构对马来西亚提供援助，巩固中马之间已经建立起来的好邻居、好伙伴关系，以"遇山一起爬、遇沟一起跨"的友好态度帮助马来西亚对抗疫情。⑤ 之后中国派出专门的抗疫医疗专家组赴马来西亚帮助抗击

---

① 《李克强同马来西亚总理纳吉布会谈时强调以中马建交40周年为契机 充实两国全面战略伙伴关系内涵》，中华人民共和国驻马来西亚大使馆，2014年6月3日，http://my.china-embassy.org/chn/zmgx/t1161635.htm。
② 在此次联合公报的会谈中，中国和马来西亚回顾了两国以往的友好交往史，重申了5份政治文件在指导两国关系繁荣发展中的重要作用，这些文件有1999年签订的《中华人民共和国政府和马来西亚政府关于未来双边合作框架的联合声明》，2004年签订的《中华人民共和国和马来西亚联合公报》，2005年签订的《中华人民共和国和马来西亚联合公报》，2009年签订的《中华人民共和国政府与马来西亚政府关于中马战略性合作共同行动计划》和2013年签订的《中华人民共和国和马来西亚联合新闻稿》。后续，马来西亚和中国又签署了四份重要的正式双边文件，分别是2015年11月签署的《中华人民共和国和马来西亚联合声明》，2016年11月签署的《中华人民共和国和马来西亚联合新闻声明》，2017年5月签署的《关于通过中方"丝绸之路经济带"和"21世纪海上丝绸之路"倡议推动双方经济发展的谅解备忘录》和2018年8月签署的《中华人民共和国政府和马来西亚政府联合声明》。
③ 《中国同马来西亚的关系》，中华人民共和国外交部，2020年5月，https://www.fmprc.gov.cn/web/gjhdq_676201/gj_676203/yz_676205/1206_676716/sbgx_676720/。
④ 《习近平同马来西亚最高元首易卜拉欣就中马建交50周年互致贺电》，中华人民共和国外交部，2024年5月31日，https://www.fmprc.gov.cn/web/zyxw/202405/t20240531_11366941.shtml。
⑤ 《中国将和马来西亚坚定站在一起——驻马来西亚使馆捐赠马首批医疗物资》，中华人民共和国外交部，2020年3月19日，https://www.fmprc.gov.cn/web/zwbd_673032/wshd_673034/t1758061.shtml。

疫情，并与马来西亚的中医药界人士进行视频交流会议，充分与马来西亚分享中国成功抗疫的经验。①

虽然中马两国在政治、经贸、社会、人员交往等领域保持了紧密的合作，同时还有一定范围内的军事交往，但是马来西亚与中国仍存在矛盾，尤其以南海岛礁问题最为突出。此外，2014年马航失联事件（MH370）也是中马关系中一个重要的节点，在此之后两国关系遭受挫折，中国人民对马来西亚的评价下降，国家关系也在一定程度上受到了冲击。2020年4月马来西亚称中国勘探船"海洋地质8号"曾在马来西亚的专属经济区：马来西亚海岸线325公里附近进行油气资源勘探，中国政府称是在执行正常的任务，但随后美国还是派出了美利坚号两栖攻击舰LHA－6、邦克山号航空母舰和巴里号驱逐舰DDG－52，澳大利亚派出海军护卫舰帕拉马塔号，两国在南海地区进行"联合军演"，意在对中国进行威慑。马来西亚并未对此事发表直接的声明，但此事引起了中、美、澳之间的冲突，就事件本身而言，当事国只是中国和马来西亚，应该由中马两国一起协商解决，美国和澳大利亚的过激行为属于干涉别国事务的违法行为，美国看似是在帮助马来西亚，实则是为了自己在亚太地区的利益，这与马来西亚一贯坚持的反对别国干涉内政事务相矛盾，也将中马两国的问题更为复杂化，同时马来西亚在对待中美两国的态度上将会有更深刻的考虑。

"一带一路"倡议和中马两国之间的贸易加深了马来西亚对中国的经济依赖，但是这也引起了马来西亚的顾虑和对中国的防范，担心国家会陷入经济安全的困境。对马来西亚来说，一方面中国的发展动力和市场可以深刻刺激马来西亚的经济活力；另一方面基于地缘政治上的因素和区域安全复合体理论的剖析，马来西亚不能在外部给自己塑造一个强大的敌人，这就是马来西亚在中国的核心利益问题（比如台湾问题、西藏问题和新疆问题等）上遵循中国原则的原因。从2009年到2020年中国一直是马来西亚最大的贸易伙伴国，2008年马来西亚从中国进口的贸易额在其总贸易额中占据首位，之后直到现在也是如此，2019年中国更是在对马来西亚的进口和出口方面都占据马来西亚进出口比例的首位，所以对马来西亚而言，在与中国所展开的如此紧密的经贸合作面前，为了维护本国独立自主的政

---

① 《中国赴马来西亚抗疫医疗专家组与马中医药界举行视频会议》，中华人民共和国中央人民政府，2020年4月23日，http://www.gov.cn/xinwen/2020－04/23/content_5505330.htm。

策，马来西亚一直在寻找途径缓解对中国的经济依赖，解决这种经济安全困境。再加上马来西亚与中国在一些问题上也存在矛盾和冲突，所以马来西亚通过与美国、日本等国在军事等领域的合作分散这种安全风险，平衡国家安全的杠杆，使得其经济安全和军事安全从不同的国家之中获得。这是一种"既买保险又押大注"的行为，中国和美国都既是马来西亚的保险国又是其押注国，马来西亚基于情感、困境和担忧三个方面的考量而主要在中美之间进行对冲，[①] 在不同行为体上获得不同层面和程度的收益或者以一方的收益抵消另一方的风险。综合来看，马来西亚与中国已经在经济上建立了不可分割的关系，双方在政治层面上也上升到了全面战略伙伴关系，在经贸上马来西亚不能割舍掉中国的投资和市场，但是因为两国在南海问题等方面存在冲突，同时马来西亚需要降低对中国的过度依赖，所以马来西亚刻意与中国在诸如国防军事等方面保持距离，而从更能为其提供安全产品的美国及其盟国寻求保障，这是马来西亚在中美之间的大国平衡之术，也是马来西亚实行对冲战略的具体考量和表现。

第三节　马来西亚国家战略的可能发展趋势

　　马来西亚处在中美竞争的焦点地区，但是由于整体国际环境氛围的缓和，中美两国也是在竞争与合作中进行关系上的磨合。马来西亚地缘政治资源丰富，中美两国都在努力争取马来西亚，就中国而言，马来西亚是"一带一路"重要共建国家，就美国而言，马来西亚是"亚太再平衡"战略和"印太战略"深化实施的利害相关国，所以在结构压力整体下降的情况下，马来西亚从中美两国的国家战略中都获得了可供选择的空间，这就为其进行自主选择治国方略奠定了基调。此外，马来西亚的经济实力和军事实力在冷战后也实现了长足进步，在国家大计划的指导下，马来西亚为吸引外资创造了优越的投资环境，这使得马来西亚的"硬实力"不断增强。再加上马来西亚自1969年之后开始坚持独立自主的政策，统治精英坚持实用主义的原则，马来西亚的国家能力也得到了提升。在结构压力下

[①] 蔡怡竑：《新棋局：丝路上的马来西亚与中国》，中华书局2018年版，第159—164页。

降和国家能力有效提升的情况下，马来西亚既有能力又有意愿在中美之间进行对冲，并从对冲中获得了极大的收益。从未来一段时间内马来西亚的地缘政治和国际环境，以及马来西亚在国家实力、战略文化和战略意图方面可以大概推出，除非发生直接、严重威胁到马来西亚国家安全的紧急事件，否则马来西亚还会继续实行对冲战略，对冲的形式可能会发生变化，但是其总体方向大致如此。接下来，本书将从马来西亚仍将继续推行对冲战略的缘由和其可能的特点各个方面对马来西亚国家战略的未来走势展开分析。

一 马来西亚在未来一段时间内仍将实行对冲的缘由

本书在所建立的理论分析模型和国际政治实况的基础上推测出马来西亚在未来一段时间内仍会实施对冲战略，究其原因主要有以下几个方面：

首先，未来一段时间内，马来西亚的结构压力不会发生显著变化。从上文的分析框架可知，结构压力的大小直接影响着国家战略的方向。特朗普政府推出了"印太战略"，重构和扩大美国在"印太地区"的主导权，《2017年美国国家安全战略报告》将中国看成是损害"印太"自由开放的"威胁"，所以美国将从政治、经济、军事和安全方面采取措施与中国进行全方位的竞争。[1] 还有学者基于美国国家安全战略报告建议美国纠正与中国的经济关系、拓展在"印太地区"的伙伴网、与中国台湾地区和印度建立战略伙伴联系以及增强美国在"印太地区"的军事存在。[2] 可以说不管是政界还是学术界，美国的"印太战略"都着力强化美国在"印太地区"的主导，遏制中国影响力的发挥。美国经常利用台湾问题干涉中国内政，同时美国还在人工智能、5G和导弹防御系统等高端科技领域强化与中国的竞争，但是中国并没有消极对待，与美国在上述领域开展竞争的同时也发展了本国强大的导弹部队，研制出了东风－26和东风－21D反舰导弹。在"一带一路"倡议框架之下，中国与共建国家签订的合同呈现指数型增长，2019年11月签订的项目合同就比2018年同期增长41%，2020年1—

---

[1] "National Security Strategy of the United States of America", The White House, December, 2017.
[2] James Jay Carafano, Luke Coffey, Nile Gardiner, Walter Lohman, Terry Miller, and Thomas W. Spoehr, "Preparing the U. S. National Security Strategy for 2020 and Beyond", *The Heritage Foundation*, No. 214, May 23, 2019.

3月中国企业对52个共建国家进行的非金融类直接投资增长了11.7%，高达42亿美元，主要投向了东盟国家。① 可以说中美竞争在不断继续，但是也在呈现着某种紧张态势强度下的平衡。

在无政府状态的世界中，没有人感到完全安全，权力竞争是国际体系中的惯例，安全和权力积累会导致恶性循环，② 但是与冷战时期的情形类似，竞争双方都同样面临着被毁灭的威胁，所以谁都没有攻击另一方的动机，反而营造了一种不稳定的和平。当前中美两国也处于一个相互竞争升级但都是在理性、谨慎的指挥下展开的态势，这反倒使得国际社会的整体结构不会发生性质上的变化，虽然在未来一段时间内，中美竞争可能会升级，但是双方的能力和权力都在不同程度上有所提升，可能会形成一种"竞争性共处"的模式，③ 两方权力平衡的形势不会发生显著改变。尤其在新冠疫情的抗击过程中或者之后，中美应该以此为契机，创造一种"合作式竞争"的方式。④ 所以在疫情之后，马来西亚所感受到的结构压力不会发生实质性转变，这也就直接影响着其对冲战略的实施可能会是未来一段时间内的常态。

其次，马来西亚从以往对中美的对冲战略中获利颇丰。冷战后马来西亚实行稳定的对冲战略，马方从与中国的经贸关系中获得了巨大的经济收益，从美国方面得到了强大的安全保障。中国和马来西亚签订了《避免双重征税协定》《政府贸易协定》《鼓励和保护投资协定》《航空协定》《迈向21世纪全方位合作的框架协议》《就中国加入WTO的双边协议》等12项双边协定，⑤ 随着中国—东盟自贸区的建立，两国还签署了《关于通过中方"丝绸之路经济带"和"21世纪海上丝绸之路"倡议推动双方经济发展的谅解备忘录》和《中国商务部同马来西亚交通部关于基础设施建设领域合作谅解备忘录》，双方在经贸上的联系更为紧密。尤其是马来西亚

---

① 《2020年1—3月我对"一带一路"沿线国家投资合作情况》，中华人民共和国商务部，2020年4月22日，http：//www.mofcom.gov.cn/article/tongjiziliao/dgzz/202004/20200402957605.shtml。
② Herz, John, "Idealist Internationalism and the Security Dilemma", *World Politics*, Vol. 12, No. 2, 1950, pp. 157–180.
③ 杨文静：《中美亚太"竞争性共处"模式探析》，《现代国际关系》2019年第3期。
④ Joseph S. Nye, "U.S. and China Need a More Cooperative Security Stance", *Belfer Center for Science and International Affairs*, Harvard Kennedy School, March 25, 2020.
⑤ 《双边协议》，中华人民共和国驻马来西亚大使馆经济商务处，2002年11月22日，http：//my.mofcom.gov.cn/article/sbhz/200211/20021100049790.shtml。

从与中国的贸易中获得极大的经济增长。2009年至2020年，中国一直是马来西亚在全球最大的贸易伙伴国，从2008年到2020年中国连续十余年是马来西亚的第一大进口国，从2009年开始，中国也是马来西亚第二大出口国，其中2011年和2019年中国是马方的第一大出口地，就目前两国经济的发展态势来看，双方经贸走势依然良好。从中国对马来西亚的投资方面看，2018年中国对马直接投资额达9.7亿美元，中国连续三年（2016年、2017年、2018年）成为马方制造业领域的第一大外资来源国。钦州和关丹双园、中车东盟制造中心、中广核收购埃德拉电力公司、山东岱银纺纱厂等项目进展顺利，除了给马来西亚创造更多就业机会之外，马来西亚的经济实力也会大大提升。[1] 2018年马来西亚的进出口贸易均排在全球对外贸易的前30。[2] 中马两国的经贸合作逐渐朝着制度化和成熟的框架模式发展，未来一段时间内，马来西亚仍会从这种合作模式中获得巨大利润，除非爆发严重阻碍两国经贸合作的事件，否则马来西亚仍会与中国保持紧密的经贸联系。

马来西亚与美国在反恐和贩卖人口等问题上加强了双边合作，美国海岸警卫队在东南亚地区参与了多次军演活动。美国国防部长曾参观马来西亚海军，马方国防部长还受邀登上美国的航空母舰，2015年马美海军陆战队在马来西亚东部进行了联合两栖演练。除此之外，马来西亚港口也对美国舰机保持着一定程度的开放，马来西亚为驻扎在亚太地区的美国军舰和飞机提供服务和补给。美国舰船访问马来西亚的次数在不断增加，从2000年到2011年，这一数字已从每年几次增加到了30多次。通过与美国在军事上的合作和联系，马来西亚从美国获得了安全上的保护，这为其在处理与其他国家的矛盾和冲突中提供了更多的底气，但针对一些违反马来西亚国家利益的问题上，马来西亚仍持有一种坚决的态度，比如坚决拒绝美国在马来西亚驻军。马来西亚在美国"印太战略"的部署中重要性不减，这从一定程度上就预示着在未来一段时间内，美国还是会愿意为马来西亚提供公共安全产品，马来西亚与美国的军事合作会继续有条件地深化。

最后，马来西亚的国内因素，尤其是其统治精英对优化合法性途径的

---

[1] 《对外投资合作国别（地区）指南 马来西亚（2019年版）》，商务部国际贸易经济合作研究院、中国驻马来西亚大使馆经济商务处、商务部对外投资和经济合作司，2019年。
[2] "Trade and tariff data"，World Trade Organization，https://www.wto.org/english/res_e/statis_e/statis_e.htm.

追求，也促进了其继续实行对冲，但这是一种兼具包容性和谨慎选择性（inclusive but selective）的对冲形态。① 领导人的认知和对形势的研判深刻影响着一国的国家战略，这从新古典现实主义理论框架基础上的模型的有效性和说服力上得到了体现。对相当一部分统治者而言，有意适当夸大或淡化一些国内外风险，是维护其自身政治合法性的重要方式，马来西亚也不例外。马来西亚的统治精英们不仅担心被牵连进紧张的地区局势中，也担忧与美国脱钩所导致的地区极化和东盟中心地位的边缘化，而这些都与国内选民对权威的态度息息相关，包容但有选择的对冲还可以使其多样化国内外关系，为统治精英适时降低或规避部门风险营造了空间，因此马来西亚与中国和美国有必要保持一种"等距"（equidistance）策略。② 马来西亚总理安瓦尔在2024年东盟—澳大利亚特别峰会上指出，马来西亚拒绝选边站，不会与一个利益集团绑在一起，而是要"专注于对我们最有利的事情"。③ 对马来西亚而言，在中美之间实行经济、政治、军事等多重关系网络的建立，是最能维护和扩展其国家利益的途径，至少在较长一段时间内，其政治精英的更迭并不会影响其对冲的整体策略，而可能只是在对冲的具体形态和强度上发生变化。

二 马来西亚未来对冲战略的特点和变化

从上文的分析中得出，在未来一段时间内马来西亚仍会继续坚持对冲战略，但国际形势的日渐复杂化以及一些新变化都会促使马来西亚的对冲战略发生新的变化。主要体现在：首先，马来西亚会充分参与和利用多边合作机制，尤其是更为倚重东盟平台和五国联防机制。马来西亚非常重视地区的稳定和繁荣，这不仅是为其营造良好的周边环境而考虑，也是其对外战略的定位使然。马来西亚已经加入了多个国际组织，包括不结盟运动、伊斯兰合作组织、联合国、东盟、英联邦等。它将东盟当作对外政策

---

① Cheng-Chwee Kuik,"Explaining Hedging: The Case of Malaysian Equidistance", Contemporary Southeast Asia, Vol. 46, No. 1, 2024, pp. 43-76.
② Cheng-Chwee Kuik,"Explaining Hedging: The Case of Malaysian Equidistance", Contemporary Southeast Asia, Vol. 46, No. 1, 2024, pp. 43-76.
③《马来西亚拒绝选边站说明了什么》，新华每日电讯，2024年3月7日，http://www.news.cn/mrdx/2024-03/07/c_1310766733.htm。

基石，优先发展与东盟国家之间的关系，1997 年第一届东盟"10 + 3"领导人非正式会议和 2005 年首届东亚峰会都在马来西亚主办。马来西亚反对西方国家打着"人权""民主"的口号实行强权政治，在国际社会中重视联合国的地位，在区域内倡导发挥东盟的重要影响，积极促进东盟自贸区的建设和湄公河盆地的经济开发。① 马来西亚在促进东盟一体化发展的过程中发挥着不可忽视的作用，这也是马来西亚的"东盟基石"政策的重要体现。② 除此之外，五国联防作为西太平洋的军事安全组织也受到了马来西亚的重视，虽然马来西亚更多利用美国提供的安全产品，可是基于美国对马来西亚内政的干涉使得马来西亚不能在安全上完全依赖美国，五国联防就起到了很好的替代作用。其次，马来西亚积极拓展与中美之外其他国家的合作。基于中立的外交原则，马来西亚积极发展与其他国家的外交关系，与各国都有较好的国家关系。③ 马来西亚重视穆斯林国家的团结，也着力推动与发展中国家的关系，通过"马来西亚技术合作项目"（MTCP）加强了国际对话和公共外交。与更多国家展开经济、技术、教育、科技等方面的合作，能为马来西亚开拓更为广阔的分散风险渠道，也更有利于马来西亚长远国家方略的实施。

第四节 小结

自冷战结束后，马来西亚的四届政府都在实行稳定的对冲战略，虽然在不同政府时期，对冲的形势和强度会有所变化，可是其整体的国家战略仍是在中美之间进行对冲和平衡。马来西亚之所以实行稳定对冲战略是因为冷战后形成的国际结构压力下降了，中美之间的包容性竞争和有限的对抗性竞争都为马来西亚创造了充分的对冲空间。马来西亚具有优越的地缘政治资源，美国的"印太战略"、中国"一带一路"倡议的实施都赋予了

---

① 《马来西亚概况》，中华人民共和国商务部·商务历史，http://history.mofcom.gov.cn/? bandr = mlxygk。
② 葛红亮：《马来西亚与东盟的区域一体化发展》，《学术探索》2017 年第 11 期。
③ "Malaysia's Foreign Policy", Ministry of Foreign Affairs Malaysia, https://www.kln.gov.my/web/guest/foreign-policy.

第四章 马来西亚：稳定对冲

马来西亚重要的战略地位，这为马来西亚从美国获得安全保障和从中国争取经济红利提供了契机，结构压力的降低奠定了马来西亚对冲的基调。在国家能力方面，马来西亚也实现了长足的发展。马来西亚自1969年开始实行中立、不结盟和独立自主的国家政策，强烈反对西方的强权政治和干涉，这在一定程度上抵抗了美国将马来西亚发展成盟友的可能性。在与中国的经贸往来中，中国巨大的经济发展体量和丰富的经济潜力为马来西亚的经济创造了充分发展的机遇，马来西亚的经济取得了巨大的进步，其经济实力也上升到了世界的前三十，而其军事实力相较于冷战之前有了大幅的飞跃。从马来西亚的经济实力和军事实力来看，其国家能力的硬实力方面已经取得了重要进步。再加上国家实行大经济发展计划，积极引进外资，创造良好的投资环境，统治精英坚持实用主义的原则，这都为马来西亚能够在大国之间展开平衡术提供了条件。在结构压力下降，国家能力不断上升的背景下，马来西亚成功地在国际社会中实行稳定的对冲战略。

从与中国的经济贸易发展交往以及与美国的军事合作中都体现了马来西亚对冲的国家方略。由于中美竞争态势日渐不明朗、国际公共卫生事件也在一定程度上扰乱了世界体系的既定发展逻辑、政局变动也进一步强化了马来西亚的国际和国内环境的复杂性，所以在未来一段时间马来西亚的国家战略会发生一定的变化，但是其整体的对冲战略方向不会发生变化。主要是因为马来西亚的结构压力不会发生显著的变化，中美竞争态势的升级和竞争强度的增强可能会使马来西亚所处的地区形势更为紧张，但这仍是一种高度紧张之下的平衡，所以在中美竞争仍处于平衡的情况下，马来西亚的外部结构性质没有发生根本性的变化。马来西亚在以往的对冲战略中获利颇丰，也获得了丰富的对冲经验，这有助于其继续实施对冲战略。基于马来西亚国内统治精英对合法性途径优化的需求，其在未来一段时间内并不会改变对冲的整体策略。与此同时，其对冲的形式会发生某些变化，比如马来西亚会更加重视多边合作机制，在东盟基石的基础上，积极发展和开拓多边合作平台，以多边的形式维护地区的繁荣稳定。除了在中美两国之间平衡之外，马来西亚会尤其重视与其他国家的全方位合作，这既是为了降低对中美的依赖强度，降低合作性依赖的风险，也是为了实现其长远发展的目标。总之，马来西亚自冷战后长久实行对冲战略，并在未来一段时间内继续坚持在中美两国之间对冲，但是对冲的形式和策略更为多样。

第五章　老挝：从追随到对冲

> 弓在需要的时候把弦张上，不需要的时候就松下。如果时刻保持紧绷，弓可能会断掉，当你需要用的时候将无法使用。人的本性也是如此。
>
> ——古希腊历史学家 希罗多德

> 如果我的表演还令你满意，请用温暖的告别表示感谢。
>
> ——英国杰出戏剧家 威廉·莎士比亚

在国际政治中，类似于老挝这样的国家往往是非对称性关系中的被塑造者和被影响者，随着冷战的结束、中国"一带一路"倡议的实施和美国"亚太再平衡"战略以及"印太战略"的展开，老挝的传统地位发生了微妙的变化。虽然老挝对于国际局势的影响有限，但是它也在发挥着独有的作用，在国际社会中不断扩大影响力。1997年老挝正式加入东盟，2004年和2016年老挝先后两次担任东盟轮值主席国，举办东亚峰会和东盟峰会。老挝还是大湄公河次区域经济合作机制（GMS）的成员。虽然中美两国的竞争导致很多国家的结构压力上升，但是对于老挝而言，这一新形势的变化反倒为其带来了更多的战略选择余地和获利空间。有别于菲律宾和马来西亚深受中美竞合关系的影响，老挝的战略选择所受的影响因素更加多维，既有外部中美关系发展的作用，又有泰国和越南这些地区较强邻国的影响。随着国际局势的发展，老挝领导人的认知也发生了变化，在兼顾本国国内发展需求和外部环境之下，老挝的国家策略从之前的追随越南、偏向中国逐步转变为在泰国、中国、美国、越南、日本等国家之间对冲，充分利用国际社会为其带来的战略机遇。根据本书建构的以新古典现实主义为基础的理论模型，国际环境、地缘政治结构影响着国家所受到的结构压力，国家实力和战略意图则对一国的战略形式和强度起着关键作用。在老挝的案例剖析中，本书也是依循这种国际政治分析框架来展开的，并在此基础上梳理了其战略转变的不同表现，同时也对未来一段时期老挝可能的战略趋势做出了合理的推断和预测，这对于认识国际社会的复杂性和国家形态的多样性，以及理解当前国际政治的演变轨迹具有重要的启示意义。

第一节　从追随到对冲的原因

冷战的结束对老挝的国家战略具有重要的影响，在此之前，老挝由于历史的原因和地区形势的需要而采取了追随越南的策略。随着美苏两极格局的瓦解，越南从老挝撤出了驻军，对老挝的援助也大幅度下降，再加上中国对东南亚地区的经济发展所产生的影响，老挝在冷战后较长一段时间内的战略更加偏向中国。"一带一路"倡议给老挝带来了巨大的发展机遇，但老挝也在试图减轻对中国的依赖程度，从2017年之后老挝开始充分利用国际局势的变化和老挝区位优势的凸显，逐渐朝着在多国之间对冲的道路上发展。这些战略转变的背后都有深刻的外部结构因素、国家因素以及个人因素的诱因，接下来本书将以新古典现实主义理论基础上的模型为依据，深刻剖析老挝战略转变的起源。

一　追随越南的缘由（19世纪末20世纪初至冷战结束）

老挝之所以在冷战结束前追随越南，是因为20世纪初老挝和越南都是法国的殖民地，两国具有相同的被殖民历史记忆，后来随着法国殖民的结束，越南战争时期美国对老挝的压力也迫使老挝与越南团结在一起，建立了特殊的团结友好关系。除此之外，老挝综合国力的脆弱使其严重依赖越南的援助和投资，越南也逐渐产生了地区野心，意图全面渗透老挝，老挝老一代领导人中有很多人曾加入越南共产党，对越南具有某种感情上的认同，基于此，老挝追随越南就具有了理论依据和现实支持。

首先，老挝与越南具有共同的被殖民记忆。1893年法暹战争之前，老挝是暹罗（泰国的旧称）的属地，19世纪末期，法国为了扩大全球的原料产地和商品市场逐步在中南半岛渗透，法国在打败暹罗之后获得了老挝保护国的身份，1898年老挝被并入法属印度支那，至此越南、柬埔寨、老挝都成为了法国的殖民地（越南和柬埔寨分别于1885年和1867年被法国殖民），法国开始从政治、国防、经济等方面对老挝进行全面的殖民统治。法国将老挝当作资源储备地，不仅不注重在老挝的投资建设、恢复生产，还通过在老挝强占土地和征收过重的捐税来支持法国政府的财政开支。[1] 越南也深受法国的殖民统治之苦，从20世纪初开始，越南共产党和老挝人民革命党开始合作进行反法斗争，在此过程中老挝和越南建立了特殊的紧密关系。太平洋战争后，老挝和越南沦为了日本的殖民地，在"二战"结束日本投降之后，法国卷土重来发动了侵略老挝、越南和柬埔寨的印度支那战争，越南和老挝又进行了针对法国的奠边府战役，战胜法国，获得独立。在印度支那战争中还出现了美国的干涉，美国意欲通过扩大战争并以中南半岛为基地对东南亚地区侵略，[2] 这也为之后越南战争中迫于美国的压力，老挝与越南团结起来反抗美国埋下了伏笔。法国将越南、老挝和柬埔寨作为一个整体进行统治，统治中心设在越南，三国共产党在反法运动中发挥着重要作用，它们最初在行动中很有默契，并且也在向组合成一个统一的共产党组织迈进，其中老挝人民党和越南共产党的合作更为密切，这也促使了后来老挝听从越南指挥。不管是在老挝人民党和越南共产党的协同合作上、在军事行动的部署上，还是在社会文化的发展中，老挝在很多问题上都是听从越南的指导，这为老挝追随越南奠定了坚实的基础。

其次，越南战争和美国的压力。美国将老挝视为东南亚多米诺骨牌中的第一张，也认为老挝是东南亚的"瓶塞"，如果这张"骨牌"倒下或者这个"瓶塞"被拔掉，东南亚其他国家会很快受到共产主义运动的影响，所以美国试图通过控制老挝对社会主义形成包围。美国不满《日内瓦协议》中确立的老挝中立地位，从1954年开始多次策划老挝政变，组建亲美的内阁阵营，并组织多次暗杀和逮捕行动，导致老挝国内政治混乱、经济凋敝、人才外流、发展停滞。[3] 在越南战争不断扩大之际，北方越南共

---

[1] Martin Stuart-Fox, *A History of Laos*, Cambridge University Press, 1997, pp. 20 – 58.
[2] 邓书杰、李梅、吴晓莉、苏继红编著：《重整河山（1950—1959）》，吉林音像出版社2006年版，第108—120页。
[3] ［泰］素拉猜·西里盖：《1975年以后的老挝》，蔡文丛译，《东南亚研究资料》1986年第2期。

第五章　老挝：从追随到对冲

产党在老挝境内开辟了给越南共产党支援的运输线抗击美军，该运输线被命名为"胡志明小道"，又被称为"北方生命线"和"大动脉"。"胡志明小道"有大约5条主要道路、29条支路和其他错综复杂的多条辅助小路，通过"胡志明小道"，中国和苏联为北越提供了大量的物资援助，这为越南共产党在抗美的军事行动中提供了关键支持。为了阻断这些补给线，美国在老挝投掷了约二百多万枚炸弹，至今仍有三分之一的哑弹，这给老挝的发展和安全带来严重的潜在威胁。1971年，美国为报复老挝对越南共产党的支援，支持南越军队入侵老挝，将越南战争引入老挝，老挝由于自身实力较弱，遂与越南共产党形成了更紧密的关系，在军事行动上听从越南方面的调遣。不仅如此，在越南战争之际，老挝内部也爆发了内战，越南、泰国和美国都直接或者间接参与进来，试图控制老挝，后来由于美国在越南战争中的失利，北越在苏联和中国的支持下获胜，老挝实际上被北越牢牢控制。在越南战争和老挝内战的过程中，北越对老挝的渗透越来越全面和深入，老挝追随越南成为了其国家战略的必然选择。

再次，老挝对越南援助的依赖和越南对老挝的渗透。通过共同反对殖民统治和在越南战争中结成的革命友谊，老挝和越南在1977年签署了《越老友好合作条约》，进一步加强了两国的全面长期合作关系。[①] 但越南为老挝提供大量军事援助和军备物资的同时，也在对老挝进行渗透。其中1976年越南从老挝撤军之后第二年又卷土重来，表面上是为了帮助老挝抗击来自泰国的叛乱和老挝东部地区的发展，实际上是在法国和美国势力撤退之际填补老挝的权力真空。在经济方面，越南还为老挝提供技术援助和经济支持，越南曾为老挝派遣了5000多名专家顾问，在老挝的所有经济部门中都设了负责与越南交流协调的专门机构，从经济政策的制定到实施，老挝都在接受越南的指导和控制。1975年至1985年，越南对老挝援助额高达1.334亿美元，设立了大约200个项目，在外交关系上老挝也基本听从越南的指示，在对外的关键问题上与越南保持一致。[②] 越南对老挝

---

① 《越老友好合作条约的基本内容》，越南人民报网，2012年6月21日，https://cn.nhan-dan.org.vn/documentation/item/657 - %E8%B6%8A%E8%80%81%E5%8F%8B%E5%A5%BD%E5%90%88%E4%BD%9C%E6%9D%A1%E7%BA%A6%E7%9A%84%E5%9F%BA%E6%9C%AC%E5%86%85%E5%AE%B9.html。
② Martin Stuart-Fox, *Buddhist Kingdom, Marxist State: The Making of Modern Laos*, White Lotus, 1996, pp. 143–164.

在政治、经济和社会等方面的援助塑造了老挝对越南追随的形式，也使得老挝对越南形成了安全和发展上的依赖。

最后，老挝老一代领导人对越南的深厚感情，以及巩固老挝人民党统治地位的需要。老挝和越南的关系很大程度上是通过党派方面的指导和联系建立起来的，越南共产党在中南半岛的反殖民斗争、越南战争和老挝内战中都对老挝人民党产生了深刻的影响。老挝人民党的老一代领导人相当一部分都参加过越南共产党组织的行动，也接受过越南共产党的培训和指导，在争取独立的过程中，老挝人民党和越南共产党有着共同的抗争记忆和同志友谊，[1] 这使得老挝老一代的领导人从情感上与越南有一种特殊的亲近感。除此之外，老挝和越南的高层领导人之间一直保持着紧密的接触和交流，不仅存在正式的高层互访和沟通机制，还有诸多非正式的政治干部间的商讨。在这种不间断的沟通和交流中，老一代领导人之间也逐渐培养了某种认同。国家战略的走向深受领导人认知的影响，在权力关系、经济发展和社会建设上深受越南渗透的情况下，老挝选择追随越南合乎逻辑。在老挝内部，人民党的统治也受到分离主义、党派主义和宗教主义的威胁，同时美国等西方势力试图通过人权、宗教等反政府势力挤压老挝人民党的执政空间，这给老挝带来了内部和外部的双重压力，老挝人民党是在越南共产党的指导之下发展起来的，所以当执政的人民党受到合法性危机时，除了从其国内方面加强合法性建设，越南共产党的外部支持对于老挝而言是紧迫而必不可少的。

总之，以冷战结束为分界点，老挝在此之前沿着追随越南的路线发展。老挝追随越南有着复杂的国际背景和影响因素，主要体现为老挝与越南有着共同的被殖民经历，并且在这种被殖民历史中，老挝从一开始就接受了越南方面的控制，同时在共同进行殖民斗争中，老挝和越南建立了特殊的紧密关系；越南战争的爆发和扩大也进一步促进了老挝对越南的安全和经济依赖，老挝成为了越南共产党对抗美军的物资运输重镇和中转站，美国对老挝的间接侵略使得老挝所受的生存压力更为巨大，在本来就依赖越南援助和指导的情况下，老挝又加深了对越南的追随程度；同时越南从政治架构、经济建设、社会发展和文化交流等方面对老挝进行了全面渗透，使得老挝完全掌握在越南的控制之下；再加上老挝老一代领导人与越

---

[1] 方芸：《革新开放以来老挝与越南特殊关系的新发展》，《东南亚纵横》2010 年第 1 期。

南共产党之间存在着某种深厚的同志情感，老挝从情感上也偏向越南。在这些因素的综合作用之下，老挝在这段时间选择追随越南并且冷战后也深受越南的影响。

二 偏向中国的原因（冷战结束后至2017年）

老挝在20世纪80年代后期提出革新开放，经济上进行市场化改革，对外关系上开始尝试向全方位外交的方向发展，[①]但是由于其综合国力仍然脆弱，短时间内难以形成自己的经济发展体系，对外国援助的依赖性较强，老挝与越南、泰国的政治、经济和社会联系在不断增强，但整体而言，从冷战结束后到2019年期间老挝的国家战略呈现了向中国倾斜的特点。本部分将从体系、国家和个人三个层面，结构压力和国家能力两个方面梳理老挝走上偏向中国道路的必然性。

中国经济发展有巨大的辐射作用，尤其是"一带一路"倡议的实施为老挝提供了难得的发展机遇和强大的经贸吸引力。从老挝追随独立而反抗殖民统治、在越战时期帮助老挝抵抗美国以及老挝内战的过程中，中国一直是老挝坚定的支持者和援助者。虽然老挝与越南建立了特殊的团结关系，且老挝长久以来对越南依赖程度较深，但在新时期老挝开始实行和平独立的外交政策之时，感受到了越南的掣肘和无所不在的影响，所以老挝努力降低越南的渗透，探寻其他更多发展对外关系的可能性。冷战结束后，中国在积累对外开放经验的同时"韬光养晦"继续发展本国综合国力，2001年中国加入世界贸易组织，开放本国市场并从世界范围内寻找潜在的市场，2010年中国成为世界第二大经济体，2013年中国政府提出了"一带一路"倡议，至此，中国的地区影响力和全球影响力不断铺展开来。中国在融入国际体系的同时也在为周边国家谋求发展福利，老挝是东盟国家中唯一一个内陆国，其与中国西南边境接壤，中国经济巨大的影响力对老挝产生了深刻的影响，中国成为老挝重要的援助国和投资来源地，同时由于老挝发展经验不足、技术落后，中国也给老挝分享了重要的发展经验。老挝提出要将"陆锁国"转变为"陆联国"，并将此作为重要的国家

[①] Prayaga, M., *Renovation in Vietnam since 1988: a study in political, economic and social change*, Sri Venkateswara University, 2005, p. 154.

发展战略，中国的"一带一路"倡议与此高度契合。老挝基础设施落后，其脆弱的经济发展不能为基础设施建设提供必要的支撑，但中国为其提供了帮助。中国提出了泛亚铁路建设的计划，分东、中、西三个方向将中南半岛上的国家和新加坡、马来西亚联结在一起，中老铁路就是中部线路的一个重要部分。中老铁路的建设能有效促进老挝和周边国家的联系，提高运输能力和效率，不仅可以提高铁路沿线农村的生活水平，还能较大程度上带动铁路沿线地区的服务业、工程、电力等产业发展。①

中国对老挝三大产业的多个领域都提供了重要的投资和援助。老挝作为东南亚的"蓄电池"水力资源非常丰富，但是其自身的硬件设施建设和软件方面的人才和技术水平难以匹配电力发展的需求，中国根据老挝现实发展需要为其提供了水电建设方面的投资和援助，中老两国合建了磨丁—磨憨经济合作区，在中国的支持下，老挝还计划建设多个经济特区和经济专区。② 此外中国还帮助老挝加强卫星通信、医疗防护、资源开发、农业生产等方面的技术水平，一方面为其提供资金支持，另一方面分享技术并提供人员培训。可以说中国以"一带一路"为平台为老挝的全方位发展作出了巨大的贡献。③ 老挝经历了殖民剥削和旷日持久的战争，其经济和社会状况早已不能适应新时代发展的需要，越南和泰国作为老挝的邻国可以在一定程度上提供支持和援助，但是相较于中国强大的发展潜力和影响力，这两个国家的作用相形见绌。在这种经济发展和援助的强大诱惑力之下，老挝的国家战略出现了朝中国倾斜的倾向。

世界格局和地区局势的转变刺激了老挝在国家战略上偏向中国。奥巴马政府上台之后调整全球战略，将重心转移到亚太地区，提出了"亚太再平衡"战略，老挝是美国亚太战略推进的重要区域。美国的亚太战略目的之一是遏制和围堵中国向东南亚地区的影响力扩散，老挝作为中国西南边境的邻国，具有重要的区位优势，同时如果中国与老挝的关系发展更为紧

---

① 《中老铁路是指什么？中老铁路线路图详解》，新华丝路：一带一路国家级信息服务平台，2020年1月7日，https：//www.imsilkroad.com/news/p/397693.html。
② 陈定辉：《老挝经济特区和经济专区简介》，《东南亚纵横》2013年第7期。
③ 《中国与老挝发展合作的评估与展望》，上海国际问题研究院，2016年9月，https：//www.sis.org.cn/updates/cms/old/UploadFiles/file/20170417/20170316_%E4%B8%AD%E5%9B%BD%E4%B8%8E%E8%80%81%E6%8C%9D%E5%8F%91%E5%B1%95%E5%90%88%E4%BD%9C%_%E4%B8%AD%E6%96%87%E7%89%88.pdf。

密，就可以使中国获得更为便利的陆路交通。中国通过铁路外交开展了与老挝的联系，美国则对老挝做出积极的姿态，不仅在2016年美国总统首次访问老挝，美国还承诺从2016年开始，将分三年向老挝出资进行对未爆炸弹（UXO）普查，金额高达9千万美元。① 不管是中国还是美国，都需要与老挝建立良好的关系。在如何发展与中美两国的关系上，老挝的选择有四种，分别是追随中国、追随美国、在中美之间对冲和忽略中美塑造的国际态势专注于与邻国（越南、泰国等）发展。通过分析国际形势可以得知，最符合老挝国家利益的策略就是追随中国。

首先，从国际社会来看，冷战后国际形势发生了深刻变化，中美竞争日益成了国际政治中的新常态，对于无力自主发展的小国和弱国来说，最节约成本的策略就是选择一方阵营，搭大国发展的便车。老挝便是如此，老挝积贫积弱的国内基础以及缺乏较强的外交优势、技术优势和能源优势让它无法在两个大国之间对冲。其次，从地缘上看，中国是老挝的邻国，中国"一带一路"倡议的实施为共建国家带来了较大的发展机遇，中国为老挝也投入了大量资金和社会发展的全方面支持，这种地理上的邻近性对于塑造共同的发展道路和民族情感有着不可估量的影响。再次，从历史来看，美国曾在老挝投射了大量的炸弹，至今老挝境内仍有大量UXO时刻威胁着老挝人民的生命安全，这是美国在历史上为老挝带来的灾难，且这种威胁并没有消除，老挝现在和未来一段时间在发展政治、经济、社会、文化、教育等方面的过程中都无法摆脱UXO的影响，也必然将此作为国家战略中的重要考虑因素。而老挝和中国虽然有过短暂的不合阶段，但是大部分时间中国都是以援助者的角色帮助和扶持老挝。所以综合这几方面的因素可知，冷战后在国际社会围绕着中美竞争展开的时刻，老挝选择偏向中国有着历史和现实的必然性。最后，从地区发展局势来看，东盟地区的发展也促进了老挝偏向中国，老挝1997年加入东盟，② 在与东盟的关系上经历了从规避到积极合作的过程，并在东盟框架内努力融入一体化进程。③ 而中国从1996年成为东盟的全面对话伙伴开始就不断深化与东盟的

---

① 《奥巴马：美国与亚太关系正深入发展》，美国驻华大使馆和领事馆，2016年9月6日，https://china.usembassy-china.org.cn/zh/obama-laos-20160912-zh/。
② Carolyn L. Gates, Mya Than, *ASEAN Enlargement: impacts and implications*, Institute of Southeast Asian Studies, 2001.
③ 方芸：《从规避到合作：老挝和东盟关系的演进》，《东南亚研究》2008年第1期。

合作，通过东盟"10+3"的会议机制协调地区发展事务，2010年建设东盟自贸区，中国与东盟的关系更为密切。老挝本来与东盟存在某种隔阂，在成为东盟成员国之后也与其他国家存在发展上的巨大差距，中国与东盟建立了紧密的联系，在这种情况下，老挝在战略上偏向中国会有力提升老挝在东盟内部的地位，也能有效促进其国家综合实力的发展。

综合来看，从冷战结束后到2019年老挝偏向中国有着诸多因素的促进和推动作用，不仅有世界格局演变进程的影响，还有地区局势的转变作用，同时中国巨大的经济影响力尤其是"一带一路"倡议的吸引力直接促使了老挝以现实发展的需要选择偏向中国。但是随着国际形势的变化，老挝也开始转变其国家战略，开始朝着另一个方向迈进。

三 转向对冲的原因（2017年至今）

从奥巴马首次访问老挝之后，老挝的国家战略逐步走向对冲的道路。本部分将以本书建构的理论框架为基础，对老挝从偏向中国转为对冲的战略转变进行深刻剖析，其中既有国际大环境的影响，还有地缘政治的作用，同时老挝本身所遇到的困境也是促使其改变的重要因素。

首先，国际社会不稳定性因素增加，中美竞争态势升级。中美两国已经成为国际环境的重要塑造者，从奥巴马政府将美国的战略重心转移到亚太地区开始，老挝的地缘优势更为突出，尤其以2016年奥巴马访问老挝为节点，这不仅意味着老挝和美国建交后60多年来首次有美国总统访问老挝，也体现了老挝正式作为美国亚太战略重要一环的地位。在特朗普政府出台的《印太战略》报告中，美国政府明确指出要加强与老挝的合作，[1]并在《亚洲再保障倡议法案》（ARIA）中指出老挝也在此法案的保护范围内。[2] 至此，老挝在美国国际战略中的地位不断显现，至少在老挝的领导人看来，他们有了更多的选择余地和权衡空间。就中国和老挝的关系而言，中老在历史上建立了深厚的友谊，现如今老挝也是中国周边外交和"一带一路"倡议中的重要部分，所以对于中美两国而言与老挝建立良好

---

[1] "Indo-Pacific Strategy Report Preparedness, Partnerships, and Promoting a Networked Region", The Deparment of Defense, July 1, 2019.

[2] "S. 2736 – Asia Reassurance Initiative Act of 2018", 115th Congress (2017 – 2018), Authenticated US Government Information, December 31, 2018.

关系都是其战略顺利推进的关键，老挝领导人也认识到自身区位的优势，不断进行战略调整。

2018年中美贸易摩擦爆发，中美两国先后经历多个谈判阶段；2020年年初新冠疫情也逐步向全球扩散开来。不管是中美贸易摩擦还是公共卫生事件都使得国际社会更加不稳定和不可预测。

中美贸易摩擦不仅是中美两国的问题，也影响到了世界其他国家的贸易和产业链，尤其是老挝这种发展规模较小的行为体。老挝对外部援助具有较强依赖性，所以当国际社会存在冲击时其经济脆弱性就会显露出来，未来经济增长就会面临巨大威胁。[1] 此外，虽然老挝是东盟国家中最晚出现确诊病例的国家，但疫情也对老挝的经济产生了重要影响，主要体现为原材料的出口供应链中断，劳务市场受到严重冲击，与此同时网络消费和电子商务悄然兴起，[2] 但总体来看疫情的负面影响要远远大于其带来的机遇。在中美贸易摩擦和全世界范围内的公共卫生事件影响下，老挝并不能不间断地固定受到来自某一国的援助和支持，并且在和平与发展早已成为时代主题的背景下，从战略上也不允许在国际社会动荡和不稳定之际单纯依靠其中一方，再加上美国和中国都能为老挝带来巨大的发展红利，所以在这种情况下，老挝选择了平衡术。

其次，老挝外债高涨，老挝领导人对华认知发生改变。如图5-1所示，2011年至2022年，老挝的外债额总体呈增长态势，其中2011年至2020年，老挝外债十年持续增长，2021年有所下降，但2022年的外债额相较上一年又小幅增长。[3] 2019年老挝的公共债务已经超过了老挝国内生产总值的60%，外债所占比例高达53.34%，老挝政府开始采取一系列措施来控制国家的债务水平，包括对于一些不必要的项目下令停建，对于新的项目严格审批程序。[4] 老挝本身经济基础落后，长久以来形成了严重依赖外国援助的模式，因此自中国"一带一路"倡议实施以来，老挝国内难免有顾虑和质疑。

---

[1] 《中国—东盟贸投指数 老挝国家风险机遇动态简报》，《走出去智库》2019年第25期。
[2] 《新冠肺炎疫情对老挝经济影响及政策建议》，广西大学中国—东盟研究院，2020年4月26日，https://cari.gxu.edu.cn/info/1354/18188.htm。
[3] 《老挝外债》，CEIC，https://www.ceicdata.com/zh-hans/indicator/laos/external-debt。
[4] 《老挝政府采取措施控制债务水平》，中华人民共和国驻老挝人民民主共和国大使馆经济商务处，2019年6月17日，http://la.mofcom.gov.cn/article/jmxw/201906/20190602873471.shtml。

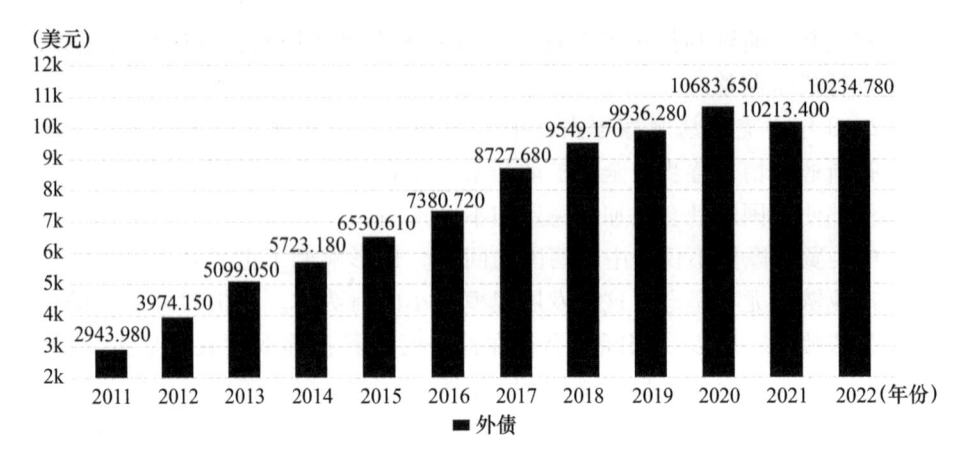

图 5-1 2011—2022 年老挝外债图

资料来源：CEIC, https://www.ceicdata.com/zh-hans/indicator/laos/external-debt。

400 亿美元的丝路基金项目和《亚洲基础设施投资银行协定》的 1000 亿美元融资额使得"一带一路"上的项目工程获得了充足的资金支持，老挝从中得到了巨额投资，仅 2018 年中国对老挝的投资额累计存量高达 66.5 亿美元，但是投资转化成收益需要多重因素的共同作用，再加上老挝本身经济基础的落后，所以想要获得合理的投资收益率确实是个巨大的挑战。[1] 但不可否认的是在"一带一路"项目之下，老挝的经济、社会、文化、交通各方面情况有了很大的改善，实现了以往没有过的发展趋势，并且一些基础设施的工程建设在短时间内还难以看到明显的成效，长期看来这是为老挝可持续发展奠定了基础。对于国际社会上对中国的负面评价，虽然这是对中国发展的污名化，但老挝领导人在这种背景下对华认知上也逐渐发生了变化，偏向中国的政策和行动都在不断调整，虽然老挝不会选择追随美国，但是其对中国也在渐渐疏离，这就为其战略对冲提供了可能性。

最后，与泰国和越南的良好关系是老挝在战略上的转圜。老挝作为东南亚唯一的内陆国，东面靠近越南、北面与中国交界、西面和泰国相邻，老挝的地理位置使其不得不在发展时考虑与周围邻国的关系。老挝与越南早在历史上就建立特殊友好关系，还曾在战略上追随过越南，虽然老挝实

---

[1] 高飞、李明江：《中国大周边关系：和平发展 VS 战略对冲》，Global Publishing，2017 年，第 197—224 页。

行革新开放以来尤其是冷战后随着中国的崛起逐渐偏向了中国,但是它与越南在政治、经济、社会方面保持着紧密联系,同时越南也不会轻易让老挝完全不受其影响。冷战后泰国的经济飞速发展,逐渐成为中南半岛上的发展引擎,老挝在全方面外交模式之下开始扩大交往范围,与周边国家谋求建立友好关系。泰国为了扩大地区影响力,积极推动老挝加入多个框架协议中,其中最明显的是促进老挝加入东盟,同时老挝与泰国在高层互访、经贸合作等方面也实现了新的突破。不仅如此,老挝积极发展与泰国的关系还因为通过泰国打通出海口的交通要远远比跨过长山山脉便利得多,这与老挝一直寻求从"陆锁国"到"陆联国"的战略相契合。所以当整个国际环境不稳定性增强、只偏向中国的边际成本增加、自身发展受限之时,泰国和越南都会成为老挝进行战略转圜的国家,这就为老挝实行战略对冲提供了条件。

综上所述,老挝整体的国家战略实现了从追随到对冲的转变。20 世纪初到冷战结束前这段时间,为了摆脱殖民统治获得国家独立,在越南战争中帮助越南共产党,后期为了扑灭本国内战以抵抗来自美国的压力、获得越南的援助和投资,再加上老挝老一代领导人对越南有着特殊的感情,老挝采取了追随越南的战略,不管是在国内政治建构、经济发展还是在国际事务中,老挝都在接受越南的指导。冷战结束后到 2016 年,老挝逐步转变了追随越南的战略,开始偏向中国,这是因为整个世界格局和地区局势都发生了深刻的变化,中美两国成为国际社会的重要建构者,东盟一体化加剧,这些为老挝偏向中国营造了环境。中国提出的"一带一路"倡议为老挝带来了巨大的发展动力,巨额投资和援助对于促进老挝的发展提供了强力支撑,所以老挝偏向中国有着现实的发展需求和战略上的考量。而自奥巴马访问老挝以来,老挝在美国的亚太战略中地位不断上升,中美贸易摩擦和新冠疫情的暴发都为社会增加了不稳定因素,使得有利于老挝偏向中国的国际环境发生了变化。同时老挝自身的债务问题再加上西方阴谋家对中国投资的污名化,老挝领导人的对华认知发生了变化,开始转变策略谨慎对待与中国的工程项目。而泰国和越南对老挝的重视和它们之间关系的改善进一步降低了老挝偏向中国的必要性,这些因素都促使老挝走向对冲的道路。但是并不是所有小国都如老挝一样处于当今冲突比较多发、矛盾比较聚集的地区,在内外因素相互作用的情况下,才促成了老挝向对冲战略的转变。老挝将在政策上做出何种具体的转变,也是需要进一步研究的重要问题。

第二节　从追随到对冲的具体体现

以冷战结束为节点，老挝的国家战略体现了从追随到对冲的特征，主要分为三个时期，分别是追随越南时期、偏向中国时期和战略对冲时期。这三个时期战略的转变都依循了本书所建构的新古典现实主义基础上的模型框架。在老挝所受结构压力发生曲折变化的情况下，其具体所处的国际格局和国际环境在改变，地缘政治态势也发生了深刻转变，而在国家能力方面，老挝的国家实力经过积累实现了较大的发展，其领导人对国际局势的认知和对老挝自身发展过程中的问题有了新的判断，在这些因素的综合作用影响下老挝实现了战略转移。在具体分析老挝各阶段的战略表现时，笔者会根据当时的形势和问题进行针对性的阐述，并对一些跨越两个或多个时期的问题做纵向对比，以此对老挝的战略转变做出更全面的论述。

一　追随越南时期的表现（20世纪初至冷战结束）

从被殖民时期到冷战结束之前，老挝采取的是追随越南的策略。这种追随体现在政治架构的设立上、经济发展的援助上、社会及文化上的渗透和影响方面。首先在政治方面，老挝的政治结构基本上模仿越南而建立，内部有大量亲越势力。在政治制度上，老挝将自己定为人民民主国家，目前还未实现社会主义，仍属于社会主义过渡阶段，[1] 但其本质仍是模仿越南的建制。从老挝1955年独立到现在，老挝人民革命党一直是老挝的最高执政党，不管是老挝主席还是总理以及其他政治干部都出自该党。老挝的权力结构设置之所以学习越南，是因为老挝人民革命党最早是从"印度支那共产党"分出来的。在进行反法殖民统治之际，老挝人民革命党当时还是"印度支那共产党"老挝支部，而"印度支那共产党"其实就是越南

---

[1]　王璐瑶：《老挝人民革命党十大规划党和国家未来发展》，《当代世界》2016年第3期。

共产党,在反殖民斗争和民族独立运动时老挝的支部党一直接受越南的统一指挥和领导,直到 1955 年老挝独立,老挝从属越南的支部改头换面成为老挝人民革命党,"印度支那共产党"后来也重新改回了越南共产党,成为越南的执政党。由此可知,老挝人民革命党和越南共产党是同宗同源的,都接受马克思列宁主义的政治思想指导和苏联方面的指挥。所以当老挝建国后,在进行机构设置和安排时,老挝很大程度上学习了越南的机构设置,一方面,越南按照本国的标准在老挝设立了政治框架;另一方面,虽然老挝人民革命党作为执政党也发挥了一定作用,但由于老挝各个方面都比较落后,所以主要还是按照越南的政治体制进行建设,并接受越南提供的大量顾问。

据统计,仅 1975 年年初,老挝就有大概五千多名越南顾问,在老挝的解放战争中,多达七万多名越南军人帮助老挝人民革命党从反对分子手中夺权。[1] 1977 年老挝和越南签署了友好合作条约,规定在经贸合作、干部培训、科技发展及文化交流方面互相帮助,其实按照当时老挝和越南的实际情况来看,完全是越南单方面对老挝的指导和控制。在外交上,老挝的外交态度与越南保持一致,在几乎所有重大问题上都听从越南的意见。[2] 在中越关系恶化和中越战争时期,老挝与越南一同指责中国,并与中国交恶,同时结束与中国的经济合作项目。虽然在 20 世纪中后期老挝宣布奉行中立、独立和友好的政策,但是仍受越南影响。所以综合来说,老挝在政治上严重受到越南的影响,这也是老挝当时追随越南战略的主要体现。

其次,在经济方面,老挝从越南获得了大量援助,建立其经济部门和发展体系。独立之后,老挝的财政基础非常薄弱,既缺乏资金,也缺乏经验和技术。越南对老挝不仅有资金方面的援助,还有技术和人员上的支持,除此之外,越南也帮助老挝建立了老越之间常规性的高层交流机制和一般性的互访项目,从人员到技术、从高层到底层,老挝的各个经济层次都与越南形成了紧密的交流网络。在老挝的大部分经济部门,都有越南的影响,大量越南顾问的存在使越南在实际上掌控了老挝的经济命脉,1975 年到 1985 年,越南在老挝开展了 200 多个项目。老挝独立初期,经济政

---

[1] 方芸:《革新开放以来老挝与越南特殊关系的新发展》,《东南亚纵横》2010 年第 1 期。
[2] Martin Stuart-Fox, *Laos: Politics, economics and society* (*Marxist Regimes Series*), Pinter Pub Ltd, 1986, pp. 171 – 182.

策上也学习越南进行"社会主义改造",在内容和形式上都体现了越南的影响。老挝对越南的经济效仿和依赖虽然对老挝独立经济体系的建立会造成一定的阻碍,但就当时的情况而言,老挝处于积贫积弱的发展阶段,实际上也需要越南在经济上的大量扶持。

再次,从军事上看,老挝在反殖民斗争、越南战争、老挝内战等过程中听从越南的军事指挥。越南和老挝都曾是法国的殖民地,在共同抗击法国的殖民统治中,老挝接受越南的指挥,听从越南共产党的反殖民策略。在第二次反法斗争中,由于越南斗争经验更丰富、军事实力相对于老挝和柬埔寨来说更强,所以越南也充当了实际上的军事领导者。越南战争期间,老挝前期帮助越南抗击美国,后期当美国将战火引到老挝之时,为了保持自己国家的稳定,在本国军事实力有限的情况下,老挝接受越南的统一领导,与越南共同抗美。此外,在老挝内战中,巴特寮组织与老挝人民革命党争夺政权,老挝人民革命党因为与越南共产党有着特殊的友好关系,所以在夺权打击反对派的过程中也接受了越南的军事帮助。老挝建国后,为了统一全国,老挝人民革命军获得了越南的军事支持。越南曾在老挝的驻军人数比老挝当时的军人总数还多,此外老挝也曾允许越南在其国内设立"西方工作委员会",这个委员会不仅负责和制定老挝的国家政策,还有权对老挝的政府人事进行安排,党务和政务的各个部门都专设了负责老挝事务的副部长职位。虽然在冷战结束之前,越南从老挝境内撤出了大部分军队和顾问,但两国在军事政策和部署上依然保持着密切的合作与往来。老挝的军政干部定期到越南集训和深造,老挝人民海军军官绝大多数在越南海军学院接受培训。可以说,在老挝进行的大多数战争中,越南都是老挝军事行动的指挥者,在老挝军队的建设和培训上,越南也承担起了输出人才和思想的作用,从军事上对老挝进行直接影响。老挝通过在军事上追随越南,维持着国家的独立。

最后,在社会方面老挝深受越南的影响。在历史上,越南受到了儒家文化的影响,越南国内也非常推崇儒学,这种影响不仅体现在越南的教育中,在其建筑设计上也有深刻的体现,比如越南建有孔庙、古寺,在其他建筑的结构和式样上也能体现中国的建筑风格。老挝在这一阶段从政治、经济、军事等方面都受到越南的影响,其社会方面也有所体现。老挝在建筑工艺上也在向越南学习,同时泰国、缅甸和印度的宗教艺术也对老挝产生了重要影响,除此之外,在一些社会礼仪与禁忌方面,老挝和越南也有诸多相似之处。① 这一方面是因为老挝与越南是邻国，有助于两国文化的传播，另一方面老挝与越南形成了紧密的联系，不仅有共同的殖民记忆和独立斗争经历，还有越南对老挝长时间的渗透。老挝和越南都是法语圈国际组织的成员，越南河内设有四大区域办公室之一，负责处理亚太事务，并且在法语圈国际组织的战略安排和政策上，越南也被认为具有较大的话语权，所以在此国际组织框架内诸多事务的处理上，老挝仍需要听从越南的部署。②

综合来看，20世纪初到冷战结束之前，老挝在战略上追随越南，在政治上主要体现为政治制度的效仿、政治架构的学习和对越南政治专家、顾问的依赖，这快速解决了老挝的政治建制问题，但是也在国内培养了一大批亲越分子。在经济上，由于老挝经济实力脆弱，国内基础薄弱，越南为老挝提供了大量援助，并参与老挝经济部门的建设，老挝的经济命脉和政策走向也都掌握在越南手中。在军事上，在老挝的大多数军事行动中，老挝基本都在接受越南的指导，根据越南的统一部署采取行动。最后在老挝的社会方面也都处处可见越南对它的影响，不管是建筑式样、思想文化还是礼仪禁忌和语言平台，老挝在这段时期的每一步发展都离不开越南。

二 偏向中国时期的表现（冷战结束至2017年）

世界格局的转变和地区形势的变化为老挝在冷战后到2017年这段时间偏向中国营造了环境，"一带一路"倡议所产生的巨大的经济吸引力更为老挝向中国靠近提供了现实的条件，所以在这二十多年间，老挝在一系列举措上都体现了偏向中国的趋势。虽然老挝和中国早在1961年就建立了正式的外交关系，但后来因为冷战时期老挝追随越南，随着中国与越南及苏联关系的恶化，中老关系也出现了曲折。但自冷战结束前夕老挝革新开放的国家战略确定之后，老挝根据国际形势的需要和老挝自身发展的现状，开始与中国在各个方面形成紧密联系，两国关系正常化。

---

① 陈李茂编著：《东盟国家礼仪与民俗文化》，西南交通大学出版社2016年版，第4—10页。
② 《社论：加强法语圈国家之间的合作》，越南人民报网，2016年11月25日，https://cn.nhan-dan.com.vn/political/item/4640901-%E7%A4%BE%E8%AE%BA%EF%BC%9A%E5%8A%A0%E5%BC%BA%E6%B3%95%E8%AF%AD%E5%9C%88%E5%9B%BD%E5%AE%B6%E4%B9%8B%E9%97%B4%E7%9A%84%E5%90%88%E4%BD%9C.html。

在政治上，中老两国领导人建立了常态的互访机制。从冷战结束到2016年，中老两国领导人的互访次数将近60次。2000年中华人民共和国主席首次对老挝进行正式的国事访问，这对于强化两国在21世纪的合作具有重要意义，在此次访问过程中，双方签订了《中华人民共和国和老挝人民民主共和国关于双边合作的联合声明》，达成在经贸、技术、旅游、投资、农林、司法以及科教文卫领域的合作，在合作框架之下，确立"长期稳定、睦邻友好、彼此信赖的全面合作关系"。① 2009年中老关系进一步升级，从全面合作关系提升到了全面战略合作伙伴关系，两年后在老挝国家主席访问中国时，双方表示要将中老的伙伴关系引向宽领域、深层次和高水平，进一步深化战略沟通、加强务实合作、强化两党之间的交流和在国际及地区事务内的合作与协调。② 2017年中老两国领导人一致同意将建立命运共同体。在这段时期，中老两国领导人高层互访不断。中老两国在政治上达成了紧密的互访网络，对一些重要的国际问题和地区事务能够及时沟通和协调，两国关系进入了历史最好时期。在中老两国的政治关系中，老挝是属于非对称性权力关系中的较弱一方，与中国建立密切的政治联系可以帮助老挝从中国方面获得更多支持，在中国与邻为善、以邻为伴的周边外交方针之下，老挝自然会在政治上与中国谋求更紧密的友好关系。

在经贸方面，这段时期中国对老挝的援助额大幅度增长，中老在经贸合作上的项目数量也迅速上升，尤其在"一带一路"倡议的推动之下，中老两国的合作领域不断扩大。中国对老挝的经济援助不仅形式多样、及时、无偿，还具有较强的导向性，为老挝摆脱贫困，增强综合国力创造了良好的条件。③ 从1991年到2011年，中国企业在老挝投资的热情高涨，在老挝进行投资的中国企业数量从30家增至300家，20年内企业数量增长了10倍，项目涉及水电铁路网、经济合作区、通信卫星等领域。进入21世纪，中老双边贸易大幅度稳步增长，从2012年到2017年，双边进出口总额从17.28亿美元上升到了30.17亿美元，仅2017年的贸易增幅

---

① 《中国和老挝关于双边合作的联合声明》，人民网，2000年11月12日，http://www.people.com.cn/GB/channel1/10/20001112/310048.html。
② 《胡锦涛与老挝人民革命党中央总书记举行会谈》，中华人民共和国驻旧金山总领事馆，2011年9月20日，http://www.chinaconsulatesf.org/chn/zgxw/t860424.htm。
③ 胡德坤、彭班：《试析中国对老挝的经济援助》，《现代国际关系》2019年第7期。

(28.6%)就在与中国贸易的东盟国家中排名第二。① 2014年在中国对外直接投资存量的国家中,老挝获得中国直接投资存量额高达44.91亿美元,位居第17位。在中国对老挝的投资构成方面,矿产行业、电力行业、农业和制造业是中国投资的前四大产业。随着中老贸易的发展,中国及时调整对老挝的投资结构,覆盖面已经扩展到了空间科技、金融和房地产行业。

在"一带一路"倡议之下,中国和老挝开展了铁路外交,在此基础上建立更深层次的合作,同时以"澜沧江—湄公河合作机制"为平台,双方在国际产能合作上就合作方式与合作目标达成了协议,2015年中老两国达成了建立磨憨—磨丁经济合作区的协议,实现两国关系的深入发展。② 2017年的统计数据显示,泰国、中国和越南成为了老挝的前三大进口来源国和出口目的地(三国所占进口比例分别是59.1%、21.5%、9.8%,所占出口份额为42.6%、28.7%、10.4%)。2016年中国对老挝的投资额从上一年的8890万美元上升到了10亿多美元,中国超过越南成为了老挝最大的直接投资来源地,投资项目多达七百多个。③ 中国对老挝的劳务承包所占份额也大量增加,2017年以承包的工程项目为平台,中国向老挝派出了1.5万多名劳务人员,同比增长了82.4%,这在东盟十国中居首位,在亚洲排名第二。从冷战结束后到2017年,中老两国形成了紧密的合作框架,这也体现在双方签订的一系列经贸协议上,在这段时期两国签订的经贸保护协议有近10个,涉及避免双重征税、相互保护和鼓励投资、汽车运输、客货运输、旅游、经贸技术、商船通航、边境经贸等方面。④ 从与中国的经贸合作中,老挝获得了巨大收益,这些合作项目和贸易额度的增长既是老挝偏向中国的具体体现,也是老挝在经历了冷战之后偏向中国的原因。

在其他领域方面,老挝也在一些重要的国际问题和地区事务上表现出

---

① 《老挝与中国的外交及经贸关系》,中华人民共和国商务部·商务历史,http://history.mofcom.gov.cn/?bandr=lwyzgdwjjjmgx。
② 《中国与老挝发展合作的评估与展望》,上海国际问题研究院,2016年9月。
③ 《对外投资合作国别(地区)指南 老挝(2019年版)》,商务部国际贸易经济合作研究院、中国驻老挝大使馆经济商务处、商务部对外投资和经济合作司,2019年。
④ 《老挝与中国的外交及经贸关系》,中华人民共和国商务部·商务历史,http://history.mofcom.gov.cn/?bandr=lwyzgdwjjjmgx。

了偏向中国的色彩。在这一阶段的其他会议或者国际交往中，老挝都是秉承着"四点共识"的原则对待南海争端。这与冷战结束之前老挝对此问题的态度相差甚远，综合老挝在其他领域的表现可知，在中国重视的问题上，老挝都是以谨慎的态度偏向中国。除此之外，冷战刚结束，中国和老挝就签署了《中老边界条约》，到 2011 年，双方又签订了五项边界协议及协定，这促进了中老边界的和平稳定，而中国和老挝对边界问题的处理也成为国家之间解决边界问题的典范。[①]

冷战结束后，老挝在战略上偏向中国，这在中老交往的多个方面和领域都有所体现。其中在政治方面，不仅两国关系实现正常化而且迅速升温，形成了紧密的高层交往机制和框架，两国关系也不断深化。中国巨大的综合国力和地区影响的辐射作用刺激了老挝进一步偏向中国，在与中国的经贸合作中，老挝的经济取得了巨大突破，综合国力也有了大幅度上升，中国为老挝提供了巨额援助，这为老挝坚定偏向中国和在其他方面尊重中国的国际立场奠定了坚实的基础。尤其在南海问题上，老挝一改追随越南指责中国的态度，以谨慎的态度用"四点共识"原则在南海争端中表明立场，这些共识符合中国对南海问题的态度，彰显了老挝在中国看重的关键问题上会充分尊重中国的国家利益。在边界问题上，老挝也迅速与中国达成了一致协议，在原则性和灵活性的基础上，为中老关系的深化发展清除了障碍。从冷战结束到 2017 年，老挝与中国形成了密切的关系网，而随着国际局势的变化，中美贸易摩擦不断升级，美国印太战略的深化实施，再加上全球新冠疫情的暴发，这些都对老挝继续偏向中国带来了挑战。而在下个阶段，老挝调整了其国家战略走向，逐步朝着在多国之间对冲的方向前进。

三 对冲时期的表现（2017 年至今）

老挝位于中南半岛，随着美国印太战略的部署和实施、中国以老挝为通道而开展的铁路外交，老挝的地缘政治优势逐渐上升。中美贸易摩擦导致的国际社会紧张态势升级，再加上越南和泰国这两个地区性强邻

---

① 《中国同老挝的关系》，中华人民共和国外交部，2020 年 5 月，https://www.fmprc.gov.cn/web/gjhdq_676201/gj_676203/yz_676205/1206_676644/sbgx_676648/。

的挤压，国际形势的不稳定性和不可预测性增强，老挝为了维护自身国家利益，需要获得更大的生存和发展空间。对于老挝而言，需要将美国、中国、越南、泰国、日本等多个国家行为体纳入到战略推演的沙盘中，在这些国家之间寻找获益和避险的空间，因此老挝从2018年开始走向了战略对冲的道路。虽然在历史上的某些时刻老挝也在寻求避险或对冲的策略，但是2018年之后对冲才成为其真正的战略趋势，老挝逐渐构建起与多国友好合作的网络框架。这在多个方面和层次上都有所体现，具体如下。

在政治层面，老挝和日本自2015年成为战略合作伙伴以来，两国战略伙伴关系逐渐强化。2018年日本外相首次对老挝进行国事访问；同年老挝总理出席了在日本举行的"亚洲的未来"国际会议并与安倍进行首脑会谈；2019年3月老挝国会主席访问日本，与日本首相会见就老日关系友好发展进一步协商。相比于前一阶段而言，这一阶段老挝对日本的态度更加积极。在老挝与美国的关系上，自奥巴马对老挝首次访问之后，美国高层领导人多次访问老挝，老挝领导人也多次利用多边国际会议平台与美国进行会谈。2018年12月美国通过《亚洲再保证倡议法案》，意在强化美国在"印太地区"的影响力，同时在美国与包括老挝在内的几个中南半岛国家发起的《湄公河下游倡议》中，美国积极促进湄公河流域内的国家开展友好合作和资源共享，并协助推动这些国家间的一体化进程，在此过程中，老挝积极参与并着力构建与美国更为紧密的关系。[1]

老挝与越南在历史上建立了特殊的团结友好关系，虽然当中美竞争态势升级时，老挝在前一阶段偏向中国，且历史上老挝也追随过越南，并受到可能被越南掌控的威胁，但是老挝和越南相邻这种地缘位置不会发生变化。为了获得可以对冲的资本和空间，也为了创造稳定和平的周边环境，老挝与越南依然保持着特殊关系，尤其在老挝获得美国和中国在战略上的支持和援助时，越南也积极与老挝通过密集的高层互访来构建新时期的两国关系。2019年越南国家主席访问老挝，进一步确认和巩固了两国

---

[1] 《〈亚洲再保证倡议法案〉和东盟国家》，ASEAN Briefing from Dezan Shira & Associates, April, 2019, https://www.aseanbriefing.com/news/%E3%80%8A%E4%BA%9A%E6%B4%B2%E5%86%8D%E4%BF%9D%E8%AF%81%E5%80%A1%E8%AE%AE%E6%B3%95%E6%A1%88%E3%80%8B%E5%92%8C%E4%B8%9C%E7%9B%9F%E5%9B%BD%E5%AE%B6theasiareassuranceinitiativeactandasean/。

"伟大友谊、特殊团结、全面合作"的关系，在此过程中双方签署了9个合作文件。① 泰国也是老挝另一个不可忽视的邻国，在历史上泰国曾侵略过老挝并支持老挝的反政府武装实力，但是冷战后泰国积极与老挝发展合作关系，不仅泰老两国关系更为紧密，泰国还推动老挝加入东盟、大湄公河次区域经济合作等多个国际组织。老挝在探索对冲道路的过程中，逐步从以前的静默外交状态转为积极合作的态度，从2018年开始老挝对泰国的态度明显更为主动和积极。在老挝的对冲战略中，中国既是重要的对冲对象，也是关键的反对冲行为体。虽然自2018年后老挝开始寻求在多个国家之间对冲，但与中国建立更紧密的关系仍是战略的需要，2019年中老双方签订了《中国共产党和老挝人民革命党关于构建中老命运共同体行动计划》，在高层互访的势头上有增无减。

在经贸和社会方面，老挝开始扩大在国际社会和区域内的经贸圈，同时在接受对外援助的审查方面也偏向更加多元化的来源地。2018年在老挝的日本投资额达1.58亿美元，项目数为100多个，1991年至2012年期间，老挝接受援助最多的国家是日本。老挝每年接受日本援助的金额高达1亿美元左右，有效推动了老挝的基建、农业、卫生等领域的发展。不仅如此，日本还援助老挝的能力建设，帮助老挝培养官员的专业能力，从1965年开始，日本为老挝提供了900多名志愿者和4500多名专家。② 2019年日本向老挝援助了17万美元的学校图书馆项目和27万美元的职业培训项目，③ 同年四月，日本援助老挝7个卫生领域的项目，价值约41万美元。④ 这不仅促进了老挝的经济、社会、卫生等方面的发展，也降低了老挝对单独某一国的依赖程度。除了与日本加强伙伴关系之外，老挝也充分利用美国的战略需求，与美国加强了在医疗卫生、打击人口贩卖、清除未爆炸弹等方面的合作，其中在卫生领域的合作是两国关系的重要支柱。

2019年在美国陆军工程兵团（USACE）成功完成老挝国家营养研究

---

① 《越老关系是伟大友谊、特殊团结、全面合作的关系》，《民族与山区画报》2019年2月26日。
② 《老挝与日本加强战略伙伴关系》，中华人民共和国驻老挝经商参处，2018年4月9日，http://www.mofcom.gov.cn/article/i/jyjl/j/201804/20180402729841.shtml。
③ 《日本援助老挝2个教育项目》，《中国日报》2019年3月5日。
④ 《日本在卫生领域援助老挝7个项目》，中华人民共和国商务部，2019年4月1日，http://teknik.pm/article/i/jyjl/j/201904/20190402848387.shtml。

所（NIN）前两个阶段的建设之后，老挝从 USACE 手中获得了价值 490 万美元的 NIN 主体，用于改善老挝的医疗和教育设施，这一设施意在解决老挝国内营养不良的问题，也纳入了老挝的国家粮食安全项目，到目前为止，这还是美国印太司令部资助规模最大的联合人道主义援建项目。[1] 老挝在 2020 年 1 月接受美国提供的 230 万美元资金，一方面用于增强执法人员预防和打击人口贩卖的能力，另一方面用于培训受害者，帮助他们重新就业。[2] 在新冠疫情暴发后，美国向老挝援助了医疗设备协助其进行疫情的防控。泰国与老挝在经贸往来上更为紧密，据《万象时报》报道，2019 年老挝的第一大贸易伙伴仍是泰国，截止到 2018 年 10 月，老挝从泰国的进出口额分别达到了 27.5 亿美元和 16.5 亿美元。[3] 与泰国的经贸合作，拓展了老挝的经贸合作渠道。与此同时，老挝与中国依然保持着紧密的合作关系，2018 年中国和老挝的双边贸易额达 34.7 亿美元，同比增长了 14.9%，并且 2018 年中国增加了对老挝非金融类的直接投资，额度增长了 3.2%，此外到 2018 年年底中方企业签订的工程承包合同额累计达 354.9 亿美元，完成比率高达 71.74%。[4] 可见老挝虽然逐渐偏离了以往偏向中国的道路，但是在经贸合作上还是借助中国"一带一路"倡议项目所带来的发展机遇。老挝一方面从中国方面获得发展红利，另一方面开拓多方合作渠道分散单一的经贸关系，同时老挝还利用与其他国家的军事合作对冲老挝的经贸关系网。

在军事上，老挝通过与其经贸关系较冷国的军事合作对冲可能出现的风险，并从中获得安全保障。自 2018 年以来老挝与俄罗斯加强在军事方面的合作，两国的军火贸易规模不断增长，2018 年老挝从俄罗斯购买了包

---

[1] 安娜·艾伦：《美国陆军工程兵团与合作伙伴共同对抗老挝的营养不良问题》，Indo-Pacific Defense Forum，2019 年 12 月 6 日，https：//ipdefenseforum.com/zh-hans/%e7%be%8e%e5%9b%bd%e9%99%86%e5%86%9b%e5%b7%a5%e7%a8%8b%e5%85%b5%e5%9b%a2%e4%b8%8e%e5%90%88%e4%bd%9c%e4%bc%99%e4%bc%b4%e5%85%b1%e5%90%8c%e5%af%b9%e6%8a%97%e8%80%81%e6%8c%9d%e7%9a%84%e8%90%a5%e5%85%bb%e4%b8%8d%e8%89%af%e9%97%ae%e9%a2%98/。

[2]《美国为老挝预防和打击人口贩卖提供资金支持》，中华人民共和国驻老挝经商参处，2020 年 1 月 16 日，http：//la.mofcom.gov.cn/article/ddgk/202001/20200102931108.shtml。

[3]《泰国持续成为老挝第一大贸易伙伴》，中华人民共和国商务部，2019 年 1 月 4 日，http：//tradeinservices.mofcom.gov.cn/article/tongji/guoji/201901/75582.html。

[4]《中国—老挝经贸合作简况》，中华人民共和国商务部亚洲司，2019 年 2 月 2 日，http：//yzs.mofcom.gov.cn/article/t/201902/20190202833044.shtml。

括YAK130战斗机、直升机和坦克等在内的军事装备，俄罗斯国防部还获得了进入老挝首都办事处的权限，由于老挝支付军备的财力有限，所以老挝拿出一部分矿业开发的特许权给予俄罗斯。2019年12月俄罗斯与老挝共同举行了"老俄—2019"（Laros 2019）军事演习，这在两国历史上属于首次，老挝和俄罗斯各有5000多名军人参加。[1] 通过这一信号可以得知，老挝通过积极与俄罗斯加强军事上的合作以获得安全公共产品，这有助于对冲老挝与其他国家的关系风险，也有助于增强老挝的地区影响力。除了与俄罗斯加强军事往来之外，老挝与越南的军事关系也很紧密，越南国防部的资料显示，越南每年都会为老挝人民军培养军事人才，2019年6月，越南的1号陆军军官学校为老挝的军事教师开设了培训班，旨在提升老挝下士官学校中军事教师的理论水平和业务能力，以及加强越南和老挝两军之间的友好关系。[2] 虽然老挝与中国的军事关系也在不断推进，但是相对于老挝与俄罗斯和越南的军事合作而言，中老军事只是一般性的合作项目。将老挝的军事举动放置国际政治中可以获得合理的逻辑解释，由于老挝与中国的经贸合作是两国合作的主流，与美国仍存在未爆炸弹等历史遗留问题，与越南和泰国的交往需要谨慎防止被控制的风险，所以老挝在军事上与俄罗斯积极建立合作关系，同时保持与其他国家的常态性交往，通过这种左右权衡和平衡术实现老挝国家利益的最大化。

总而言之，2018年以来在国际形势、地区局势和自身的战略需求基础上，老挝开始走上了对冲的道路，平衡与中国、美国、日本、越南、泰国、俄罗斯等国之间的关系。其对冲战略主要体现在政治方面扩大朋友圈，与多个国家建立良好的政治关系；经济方面逐渐分散对单一国家的依赖，重视东盟的作用和邻国的影响，同时发展与亚太其他国家之间的友好关系；在军事上老挝通过与俄罗斯形成紧密的合作关系、与越南保持特殊的团结军事往来，对冲老挝对其他国家经济的依赖度，将经济利益的获得和军事安全的保障分散在不同国家，以此实现在不同国家之间的平衡。目前老挝还在探索在大国和强邻之间的对冲之术，未来一段时间老挝的国家战略会受到哪些方面的影响、产生哪些变化是本书在下一部分将要探讨的

---

[1] 《俄罗斯与老挝首次举行军演 老挝出动最强坦克参战》，环球网，2019年12月13日，https://mil.huanqiu.com/article/3wBN6dvbWZT。
[2] 《为老挝军事教师开设培训班》，越南中央军委与国防部，2019年6月11日，https://cn.qdnd.vn/cid-6126/7185/nid-560935.html。

问题。

第三节　老挝国家战略的可能发展趋势

　　国际社会不稳定性、不确定性和不可预测性增加，中美竞争态势升级为老挝转向对冲战略提供了国际环境；自革新开放以来，老挝对外援助的依赖程度加深致使其外债高涨，西方媒体对中国在老挝投资的污名化使老挝领导人对华认知发生了微妙的变化，这些因素为老挝实施对冲战略提供了国家层面上的条件。再加上日本、越南、泰国、俄罗斯等国与老挝建立了良好的经贸关系或军事关系，这都为老挝对冲提供了战略上的转圜，这是老挝转向对冲的地缘政治因素。在这些国际环境、地缘政治、国家因素和领导人认知等综合作用之下，从2018年开始，老挝转向了对冲的战略，通过结合当前多方层次的因素分析，老挝在未来一段时间内依然会采取对冲战略，这背后有着深刻的复杂因素，既有结构性的原因也有内容性的因素影响，本书建构的新古典现实主义理论基础上的模型对于剖析促使老挝继续对冲有着理论上的指导意义。与此同时，老挝的对冲战略也会呈现出新的特点，这些新特征是结合外界因素和自身因素做出的及时调整，从中也能窥见局势的走向和影响。本节将就促使老挝继续对冲的原因加以剖析，同时梳理可能出现的新特征和变化，这将有助于更全面和本质性地认识老挝，也将为中国在处理与老挝关系时提供一些有意义的启示。

一　老挝在未来一段时间内继续对冲的原因

　　老挝的对冲不仅是在中美两个大国之间对冲，还在越南和泰国间对冲，同时日本和俄罗斯也是老挝对冲的国家，所以对于老挝而言，其对冲的行为体更多也更为复杂，采取单独依赖某一个行为体的策略从战略上来讲并不能实现利益最大化。当前，中美竞争态势尚不明确，在未来一段时间内国际社会的不稳定因素增加，这对于诸如老挝这样的东南亚小国而言，既是战略上的机遇也是挑战，虽然老挝类似于"间于齐楚"的滕国，但在地缘优势凸显的情况下，采取对冲战略是较为稳妥的策略。从利益层面上看，老挝从对冲的过程中获得了更大的利益，一方面经贸合作网进一步扩大，对外援助的来源国增加，另一方面军事安全上的保障也逐渐与经济利益相分离，这种"多方下注"的行为对于老挝而言有着较大的回报。老挝的战略文化也在潜移默化刺激着老挝在国际社会中广交朋友，这从其全国人民代表大会的内容上可以验证。最后老挝领导人对国家战略的未来规划也是其继续坚持对冲的一个重要因素，老挝人民革命党的领导人对于国家战略有重要影响，领导人的认知和潜在的规划是老挝对冲的关键，也能为预测老挝提供更全面的认识。

未来一段时间内国际社会的不稳定性因素增加。在国际安全上，大国竞争升级，"美国第一"加剧了国际社会的安全风险，到2020年6月中美竞争态势也在不断升级，战略博弈表现出了艰巨性和复杂性，欧盟一体化遭受众多阻碍。在经济上，国际经济增速放缓，全球贸易环境恶化，贸易摩擦增加。在地缘政治上，美国战略重心的东移使得亚太局势更为紧张，"亚太再平衡战略"和"印太战略"的推出和实施为亚太地区增加了更多不稳定因素，南海问题的国际化也为地区的和平稳定带来了风险。巴以冲突复杂且无法从根本上解决，美国的"世纪协议"加强了地区乱局，美国在伊朗和叙利亚的行为使得地区的宗教、民族、领土、恐怖主义、核问题、发展等问题纠缠在一起，带来了复合型的安全隐患。美国和俄罗斯之间的大国竞争致使乌克兰、克里米亚等东欧局势混乱。在全球治理层面上，非传统安全问题增多、科技战、信息战、舆论战等凸显了全球治理的艰难和挑战。[1] 美国出现了霸权可能衰落的不安感，所以重新调整地缘战略，竞争的面向增强，大国关系也在不断调整，新型军备竞赛显现并加剧，恐怖主义的威胁依然存在，核问题的隐患时常威胁地区和国际和平。全球贫富差距拉大，经济发展不平衡和不均衡，贸易保护主义势力抬头致使世界经济在未来一段时间内可能会持续下行，以人工智能（AI）、生物科技、量子信息等引发的动能转换会增加国际政治形势的复杂性和新变化。[2] 从2018年美国挑起贸易摩擦，到2020年6月为止，中美双方的竞争态势依然在不断升级，这其中也有着全球范围内的新冠疫情的影响，疫

---

[1] 苏格：《2019年国际形势与中国外交："中流击水、浪遏飞舟"》，《当代世界》2020年第1期。
[2] 杨洁勉：《当前国际形势的特点和展望——着眼于中国定位与应对的讨论》，《国际展望》2019年第1期。

情之下国际政治中的旧矛盾再现、新矛盾层出，贸易规则不断被打破，重构过程充满了挑战和障碍，全球产业链出现了不同程度的中断现象，新冠疫情的暴发正深刻改变着国际政治格局。逆全球化的不断涌现，民粹主义增加，意识形态的对峙死灰复燃，这些都使得国际社会的局势更加复杂。[①]在这种风云突变的国际政治格局中，与美国有过战争历史、与中国有过关系交恶史、越南和泰国都有过对其的侵略史、与日本有着紧密的对外援助关系、与俄罗斯的前身苏联有过间接依附和关系恶化史的老挝而言，对单纯哪一个国家"选边站"都有损于它与其他国家的关系，进而也威胁到其国家利益，所以在不稳定、不确定、不可预测的国际社会中，在未来一段时间内对冲对老挝而言更具有战略上的价值，也可能会增强老挝的地区影响力。

  老挝通过继续实施对冲战略将获得更多的利益。首先从利益的来源国来说，老挝通过拓展在国际社会上的关系网，与诸多国家形成了紧密的联系，既有政治上的联系，也有经济和军事上的联系。截止到2020年已有141个国家与老挝建交，革新开放以来尤其是冷战结束后与老挝建交的国家数量急剧增加，在当前老挝探索对冲路线的进程中，老挝进一步巩固了与其中一部分国家的关系。老挝与东盟国家的关系更为紧密，其中与越南、泰国这两个邻国的利益往来增加，自1997年加入东盟以来，老挝积极参与东盟内部事务，分别于2004年和2016年担任东盟轮值主席国。老挝与日本也建立了紧密的战略合作伙伴关系，在老挝对冲的过程中，日本与老挝的关系更加密切。美国虽然试图通过亚太战略和印太战略控制老挝，但是因为老挝与美国有着不佳的历史记忆，并且目前老挝境内仍有大量未爆炸弹时刻影响着老挝人民的生活，所以老挝追随美国的可能性并不大。根据老挝与中国的关系发展现状，老挝追随中国的可能性也不强，老挝仍会继续与美国的事务往来，在此过程中不断获益。俄罗斯希望通过老挝打通东南亚和南亚的脉络，在军事上给予了老挝大量的援助和支持。老挝与欧盟主要国家保持着友好关系，不对任何一个国家"选边站"符合欧盟对老挝的地区角色定位，而与欧盟的交往也能增加老挝的利益。其次从利益的总量来说，老挝自开始探索战略对冲的路线以来，其从其他国家中获得援助和支持大量增加。从老挝外债的额度上看，从2011年开始，老挝外债数据呈指数增长，2016年奥巴马访问老挝之后，老挝的地区影响力

---

① 吴志成：《追踪国际政治发展新动向》，《中国社会科学报》2018年第1504期。

和国家影响力增强，2017年老挝外债就比2016年增加了10.94%，而2018年老挝外债的涨幅又再次超过了上一年，达到了14.02%，并且外债的总体量也大幅增加，2019年老挝外债达到了97.615亿美元，相比于2010年的28.087亿美元增加了247.55%。[①]虽然外债的增加说明老挝对外依赖程度增加了，但同时也说明，老挝获得对外援助总量实现了较大的增长，在获得外国资本或者投资的过程中，老挝的经济和建设也会实现不同程度上的发展，获得的利益总量整体来讲增加了。最后从利益的品类上讲，老挝与其他国家的关系不仅体现在经贸上，还有军事合作上。在经贸上双方的贸易品类也更为丰富，并且也实现了不断升级，同时老挝还建立了与俄罗斯等国紧密的军事联系，老挝的军事安全也逐渐开放。综合来说，获得更大的利益既是老挝实行对冲战略的已得回报，也是其在未来一段时间内继续坚持对冲战略的刺激因素。

老挝的战略文化体现了向对冲战略的转移。1991年老挝"五大"召开，首次体现了全方位外交的理念，既要加强与越、柬等国的传统友谊，又要强化与其他国家的合作，积极参与地区事务和国际公共问题的解决。但当时老挝只是提出这一理念，在冷战结束后到2016年这段时间老挝仍是以偏向中国为主。在其1996年的"六大"上，老挝为加入东盟而努力，加强与邻国的友好关系。之后老挝的"七大""八大""九大"都在不同程度上体现了对于发展国内经济的关注，[②]而正是由于老挝积贫积弱的国内现状才使其全方位外交从提出到"十大"之前都一直是形式上的存在，其外交行动有所转变但并未发生根本性的变化，这与老挝本国的情况有关，也与当时的国际形势和地区环境有较大的关系。直到2016年的"十大"上，通过重申"少树敌、广交友"的政策，老挝才从以往的形式上真正转化到内容的贯彻实施上，2017年老挝开始采取对冲的战略路线，一改以往的静默态度，积极与越南继续保持传统友好关系，在东盟内以灵活谨慎的态度处理地区事务，与俄罗斯扩大军备贸易，与日本不仅强化援助往来，也进一步加强了双边的经贸交流和科教文卫合作。通过老挝"五大"到"十大"的内容变化和侧重点的转变，可以得知其战略文化也发生了潜

[①] 《老挝外债1996—2018年》，CEIC, https://www.ceicdata.com/zh-hans/indicator/laos/external-debt。

[②] 张传鹤：《老挝人民民主共和国的对外政策》，《东南亚》2006年第3期。

移默化的改变，老挝等距离外交的模式和色彩逐渐显现，并且在国际社会尤其是中美关系竞争大于合作之时，老挝的等距离外交道路会更坚定，其中立的地位可能会继续保持。[①] 除此之外，在未来一段时间内，老挝的投资环境会更优越，政府颁布了一系列行业鼓励政策，包括扩大了外国可以投资行业的范围，出台了新的税收优惠政策，并对地区进行分类，按照实际情况分成三类地区对其提供不同的优惠条件，[②] 老挝目前仍具有巨大的发展潜力，市场开发还不够充分，在这种投资环境改良的情况下，老挝对国际社会的吸引力会更大。

老挝领导人对国际社会的研判促使老挝采取对冲战略。2016年1月本扬·沃拉吉（Boungnang Vorachith）接替朱马利·赛雅贡（Choummaly Sayasone）当选老挝中央委员会总书记，同年四月本扬当选国家主席，与其前任一样来自老挝人民革命党。老挝人民革命党是老挝唯一的政党，而中央委员会总书记兼国家主席对于国家战略的走向有着较大的发言权和影响力，所以分析老挝领导人的研判对于认识老挝未来的战略趋势具有重要价值。本扬上台后，虽然老挝相对于其他大多数东盟国家而言依然弱小，但其已经积累了一定的国力，并且由于中美等国对老挝地缘政治的看重，老挝的地区影响力不断增强。本扬充分认识到当前和未来的老挝定位将会发生转变，小国的脆弱性和敏感性不可避免，但是依据地缘政治优势也可以在外交上发挥充分的灵活性，以中立、等距离外交的姿态在多国之间游弋，将更能维护和扩大老挝的国家利益。有学者认为老挝从中方获得了较多的投资和项目，老挝在充当中国物流据点的过程中对中国资本依赖程度增加，其外交上体现了亲中的色彩。这并不符合老挝当前的战略本质，实施对冲并不是与中国断绝经贸往来，而是分散对中国过度依赖的风险，开拓更多的合作渠道和国际关系网，与中国继续保持一定程度上的经贸合作正是老挝对冲的表现，毕竟中国强大的经济辐射影响力对于老挝而言是重要的发展机遇。本扬在任上开展了全方位外交的活动，频繁出访多国，与越南、日本、泰国、俄罗斯、中国、东盟其他成员国、新西兰、韩国等国开展了高层协商，并利用多边合作平台强化与目标国的关系，这在GMS会

---

① 傅聪聪：《东南亚国家对中美的外交政策趋于分化》，《国际政治科学》2018年第3期。
② 《对外投资国别（地区）指南 老挝（2019年版）》，商务部国际贸易经济合作研究院、中国驻老挝大使馆经济商务处、商务部对外投资和经济合作司，2019年。

议、东盟峰会、亚洲的未来国际会议等会议上有所体现。2021年3月通伦·西苏里接替本扬，成为老挝最高领导人，他通晓多国语言，被称为"国际派"领导人。通伦政府加强了与域内外多国之间的政治、经济、文化联系，实践一种典型的对冲战略。

总之，在未来一段时间内，老挝会继续实施对冲战略，主要是因为未来一段时间内国际社会的不稳定性因素有增无减，处于夹缝中又有着一定地缘政治优势的老挝就会获得更多的选择空间和资本。在以往的对冲经验中老挝获得了巨大的经济利益和战略利益，包括利益的来源国、利益的品类都有所增加，利益总的体量也大幅度增长，这对老挝而言是一种战略上的刺激。老挝的战略文化也促使其国家战略朝着对冲的方向发展，全方位外交经历了从理念到付诸实践的变化，老挝的对冲色彩会更加明显和突出。最后作为老挝最高领导人的本扬在任内实践了对冲战略，并巩固了老挝对冲的基础。基于此，老挝在未来一段时间采取对冲战略有着深刻的国际政治逻辑。

二 老挝对冲战略可能呈现的新特征

通过剖析一系列老挝在未来一段时间内所处的环境状况及其自身的情况可知，老挝会继续坚持对冲的战略，但是国际政治的竞争方式和国际产能合作的模式已经发生了深刻变化，所以在未来一段时间内老挝的对冲战略会呈现出新的特点。首先，老挝会更充分地利用国际社会和国际平台的作用，使地缘政治优势获得更大程度的发挥。自美国的亚太战略和中国的"一带一路"倡议提出及实施以来，中美两国对老挝的战略需求增加，俄罗斯需要借助老挝打通中南半岛、东南亚和南亚地区，越南和泰国试图扩大在地区的影响力因而对老挝也存在一定的控制野心，这种地区环境和国际环境既给老挝的生存和发展带来了挑战，同时也是老挝开展灵活务实外交的机遇。截至2022年，老挝加入的国际组织和地区组织有八个，包括东南亚国家联盟（ASEAN）、法语圈国际组织（Francophonie）、联合国（UN）、湄公河委员会（MRC）、世界贸易组织（WTO）、柬—老—越发展三角区（CLV）、陆锁国发展中国家（LLDCs）和柬埔寨、老挝、缅甸和越南四国峰会（CLMV）。老挝两度担任东盟轮值主席国，成功主办东亚系列领导人会议与合作会议，积极创建老挝重要的地区角色。2008年在老挝成功举办了大湄公河次区域经济合作第三届领导人会议，2013年在万象举办了四次重要的地区和国际会议，之后老挝参与地区和国际会议的频率逐渐增加。不仅如此，老挝与欧盟主要国家也建立了良好的关系，法国、瑞典、德国都是老挝的主要援助国，在这些援助之下，老挝的基建、科教文卫、人力资源开发等领域获得了较大的发展。

2013年欧盟理事会将老挝评选为"全球最佳旅游目的国"，为老挝创造了良好的国际社会旅游声誉。亚欧议会和亚欧首脑会议都曾在老挝举办，并且老挝领导人赴其他国家参加的地区或国际会议也越来越多。在诸多政府间国际组织之外，非政府组织也是老挝需要借助和把握的对象。到2018年年底，老挝国内共有159个非政府国际组织，非政府组织在老挝的活动对于老挝清除未爆炸弹、农村发展、教育和卫生发挥了重要作用，老挝政府也日益重视非政府组织的力量。[1] 2018年年初老挝代表团参加了在印度举办的东盟—印度商业和投资会议暨博览会，强化了老挝与东盟之间及东盟和印度间的经贸友好关系。[2] 2018年11月，老挝代表团参加了在日内瓦举办的联合国消除对妇女一切形式的歧视委员会（CEDAW）。[3] 随着中美贸易摩擦的展开和新冠疫情的暴发，老挝也参与多方的经贸会议及防控疫情会议，2020年4月老挝领导人率代表团在万象以视频会议的方式参加了第25届东盟协调理事会（ACC），同年老挝总理参加了新冠肺炎—2019的特别东盟峰会，同年四月，老挝外交部长率团视频参加了关于新冠疫情的东盟—美国外交部长特别会议，除此之外，老挝还参与了其他抗击

---

[1] 孔志坚、徐志亮：《国际非政府组织在老挝的活动及其影响》，《南亚东南亚研究》2018年第4期。

[2] "Minister to the Prime Minister's Office attending ASEAN-India Business and Investment Meet and Expo", Ministry of Foreign Affairs of Lao PDR, January 22, 2018, http：//www.mofa.gov.la/index.php/activities/other-news/2218 – minister-to-the-prime-minister% E2% 80% 99s-office-attending-asean-india-business-and-investment-meet-and-expo.

[3] "The Lao Delegation Attended the UN Review on its Implementation Under the International Convention on Elimination of All Forms of Discrimination Against Women（CEDAW）in Geneva, Switzerland", Ministry of Foreign Affairs of Lao PDR, November 2, 2018, http：//www.mofa.gov.la/index.php/activities/other-news/2925-the-lao-delegation-attended-the-un-review-on-its-implementation-under-the-international-convention-on-elimination-of-all-forms-of-discrimination-against-women-cedaw-in-geneva,-switzerland.

疫情的国际会议。① 总之，自老挝实行对冲战略以来，老挝参加的国际会议次数逐渐增加，级别也在不断提升，其在国际社会和地区的影响力也在慢慢积累，这种影响力的累积反过来又促进了老挝进一步实施对冲战略。

此外，老挝更加注重本国经济的发展和国防力量的建设。冷战时期和冷战结束后初期，老挝主要以摆脱殖民统治的影响和维护国家的独立为主，虽然从20世纪七八十年代的革新开放开始，老挝政府提出了要进行改革、扩大开放，但是这一政策的实施力度并没有那么强。老挝经过稳定了人民革命党的政权之后，开始将经济发展提上日程，通过搭乘中国"一带一路"倡议的顺风车实现了较大的发展，但总体而言，老挝的综合国力在东盟内部还处于比较弱势的地位。澳大利亚罗伊国际问题研究机构（Lowy Institute）的一份报告对2023年亚太地区26个国家及地区的经济实力、军事力量、居民生活状况、未来的资源、外交影响力、国防网络及文化影响力等因素进行了综合评估，综合指数的总分为100，老挝综合指数6.4，排名第23位，仅高于蒙古国、尼泊尔和巴布亚新几内亚，老挝的综合实力在东盟国家中处于末位，其中越南和泰国这两个邻国都以指数17.5和18.7分别排名第12位和第10位，即使是西南边境的柬埔寨综合实力排名也高于老挝。② 在老挝意欲发挥更大国际和地区影响力的过程中，强大的综合国力是影响力的重要保障和条件，所以这对于老挝而言是一个重要的刺激。通过对比老挝经济、军事、居民状况、外交影响力等方面的排名可知，老挝在所有参与排名的指数中都处于较低的发展态势，其中经济实力在26个国家中排在倒数第二位，仅高于巴布亚新几内亚。其防务网力量也以2.6排名第24位，常规军事力量在所有26个国家中排名倒数第三位。相比于老挝在2022年的实力排名，2023年老挝综合实力整体增加了0.3个指数，其中提升幅度最大的是老挝的外交影响力（2023年这一领域排名仅在第22位），此外其地区防务外交、防务网能力及经济联系的表现都有所提升，这与中美竞争态势的变化及老挝在美国"印太战略"中日益

---

① "The Special ASEAN-United States Foreign Ministers' Meeting on COVID – 19（via Video Conference）", Ministry of Foreign Affairs of Lao PDR, April 23, 2020, http：//mofa.gov.la/index.php/activities/state-leaders/3575-the-special-asean-united-states-foreign-ministers-meeting-on-covid-19-via-video-conference.

② "MAP｜Asia Power Index", Lowy Institute, 2023, https：//power.lowyinstitute.org/.

发挥比较重要的作用有重要关系。①

这一情况对于老挝实行灵活的对冲战略而言是一个巨大的挑战,但是根据形势和老挝自身发展状况的分析可知,老挝在未来一段时间内实行对冲战略相对而言是更好的策略,因此在这种背景下,老挝会加大力度重视本国经济的发展和军事建设,通过报告的数据趋势显示,老挝的排名已经有了一定的上升并且在未来还有较强的发展潜力,因此在老挝实行对冲战略的过程中,增强国家经济和军事力量的建设将是未来一段时间老挝的重中之重。

虽然老挝在未来一段时间会继续走对冲的路线,但是其对冲之路会与之前的方式有所差别,呈现出新的特点,主要体现在老挝会更加重视国际平台和多边国际合作组织的作用,积极参与并发挥一定的影响力,这是老挝摆脱陷于地区发展困境的重要策略,也有助于扩大其地缘政治优势。同时,客观分析老挝的综合实力发现,老挝虽然经过了长时间的发展积累但仍然较弱,不管是其经济实力还是军事力量,在东盟内部和亚洲地区都较弱,所以为了有效实施国家的发展战略和增强影响力,未来一段时间老挝会更加重视内在硬实力的发展,提升经济和军事的影响。

综合来看,由于国际社会环境已经并在不断发生着新的变化,国际格局不稳定性和不确定性增强,老挝通过尝试对冲战略在战略和经济上都获得了较大的利益,老挝的战略文化也逐渐向对冲和全面外交方向转变,再加上老挝领导人对华认知和对国际社会的研判也促使了国家对冲战略的实施,在这些因素的综合之下可以合理推测,老挝在未来一段时间会走对冲的道路。但是这种道路又不同于其他国家的对冲,带有老挝自身的发展特点,即更充分地利用国际平台的作用,更加重视经济和军事实力的建设。也许在老挝进行对冲的过程中还会出现其他不可预测的因素,但是对冲本身就具有极强的灵活性,老挝也会对此作出一定的调整,所以在对老挝进行客体研究时,进行及时、准确的监测和信息追踪是必要的。

---

① "Laos Ranked 23 of 26 for comprehensive power, with an overall score of 6.4 out of 100", Lowy Insititute Asia Power Index, https://power.lowyinstitute.org/countries/laos/.

第四节 小结

老挝地处中南半岛，虽然是东南亚唯一一个内陆国，但是联结着东亚、东南亚和南亚，北面与中国相邻，是中国以铁路外交打通中南半岛到达东南亚的通道，也是美国试图遏制中国发展的利用对象，同时还是俄罗斯开展东南亚战略的重要实施对象，所以老挝具有优越的地缘政治优势。老挝整体的战略走向体现了从追随到对冲的转变，中间一段时间虽然老挝采取了偏向中国的战略，但是整体而言，老挝的战略仍然是从追随到对冲。在分析老挝的国家战略之所以能够实现从追随到对冲的变化时，本书进行了时间上的划分，分别是追随越南时期起源、偏向中国时期和转向对冲时期。由于老挝和越南都是法国的殖民地，在共同抗击殖民统治时两国结成了特殊的团结友好友谊，在越南战争中迫于美国的压力，老挝人民革命党与越南共产党站在统一战线，使著名的"胡志明小道"成为越南重要的物资运输通道，此外越南对老挝进行了大量的援助和投资，虽然与越南意欲称霸中南半岛不无关系，但是站在老挝的立场上，越南的援助是重要的发展资源，再加上老挝老一代领导人很多都是越南共产党的成员或同志，两国两党具有共同的革命历史记忆，所以在这些因素的促进之下，老挝从20世纪初到冷战结束前夕都在追随越南。从冷战结束到2017年老挝在战略上逐渐偏向中国，主要是因为中国的"一带一路"倡议为老挝提供了良好的发展契机，而美国在老挝境内留下了大量未爆炸弹时刻威胁老挝人民的生命和财产安全，对于老挝整个国家而言，它对美国的印象更差，所以在中美竞争成为东南亚地区和平稳定发展的重要影响因素时，老挝在战略上更加偏向中国。但是随着国际社会不稳定因素增加，中美竞争态势升级，中美贸易摩擦的展开已经不是中美两个国家的事情，对亚太地区乃至世界的经济都产生了深刻的影响，老挝的国家战略也在根据形势作出不断的调整。在发展过程中，老挝外债高涨，西方社会舆论对中国"一带一路"项目污名化，潜移默化地影响着老挝领导人的对华认知，再加上泰国和越南对老挝的积极拉拢，使得老挝在战略上获得更多转圜的余地和空间，在这些因素的影响下，老挝走向了对冲战略。

老挝追随越南时期、偏向中国时期和对冲时期在政治、经济、社会文化、与其他国家和国际组织的关系等方面都有具体的体现，这些表现都符合老挝的战略特点，也是老挝不断探索外交发展新模式的必要之路。在追随越南时期，老挝的政治结构和权力关系架构很大程度上沿袭了越南，其政治内部培养了一大批亲越分子；经济上越南的综合实力要强于老挝，对老挝进行了大量的投资和援助；老挝的社会和文化也深受越南的影响。偏向中国时期，老挝与中国的政治关系更为紧密，高层互访次数也大幅增加；中国通过"一带一路"倡议与老挝在经济上建立了紧密的合作关系，也对老挝经济建设和社会发展发挥了重要作用；尤其在南海问题上，老挝与中国达成了"四个共识"，既符合中国的国家利益也促进了中老关系的良性发展。奥巴马首次访问老挝之后，老挝开始尝试探索对冲的道路，老挝的全方位外交到此时才开始真正发挥实质性的影响，老挝与多个国家和国际组织都积极建立良好的关系，并主动参与地区事务和国际公共事务的处理。

在未来一段时间，老挝会继续坚持对冲的路线，是因为国际社会在一定范围内的不稳定性降低了小国的"选边站"压力，老挝通过对冲获得了大量既得利益，其战略文化和领导人的认知也都促进了国家继续实施对冲战略。但是在这一过程中，老挝的对冲会呈现出新的特征，即对多边合作平台的重视度增加。在内部，老挝人民革命党短时间内无党派争权之忧，其中心聚焦在了经济和军事力量的建设上。通过这种调整，老挝的对冲之路会充分体现国家发展的典型特征，也会逐渐在地区问题和国际事务中发挥更加重要的影响。

第六章 结论

> 人类特有的东西之一是对社会的渴望，也就是对同类人的共同体的渴望，不是指任何类型的共同体，而是和平的拥有理性秩序的共同体。
>
> ——荷兰政治家、国际法学家 格劳修斯

> 要说一个国家与另一个国家是永久的盟友或永久的敌人，那是一种狭隘的观念——只有我们的利益才是永恒的。
>
> ——19世纪英国首相、外相 亨利·坦普尔·帕默斯顿勋爵

本书以新古典现实主义为理论基础，在此之上结合国际政治的变化特征，将外部结构变量和国内变量的因素稍作调整，重新建构了新的分析模型，为解释和认识国家战略提供了新思路。具体到实证研究上，本书以冷战结束为关键节点，对东盟国家的战略进行了分类梳理，并从中提取出以菲律宾、马来西亚和老挝三国为典型的战略变化案例加以详细分析，不仅验证了新理论模型之下的三个解释性推论，也有助于研判东南亚乃至整个国际社会的发展态势。为了进一步强化对东盟国家的战略趋势的理解，本书将进一步对案例进行比较研究，概括整个东南亚地区的对冲战略变化背景，比较三国战略的异同，同时通过总结三国对冲选择的历史规律，继而厘清三国战略选择的内在机制和启示。在此基础上，本章对之前的理论逻辑和案例验证进行了总结性的回应。在最后一节本书将对整个研究做出简单的评价，并探讨未来可以进行研究的方向。

第六章 结论

第一节 比较东盟国家的对冲战略

冷战结束后，国际社会逐渐形成了"一超多强"的局势，随着中国综合国力的提升，2010年中国一跃成为世界第二大经济体，至此美国正式开始将战略重心东移，以"亚太再平衡"战略和"印太战略"等遏制中国的发展，中美之间的竞合关系成为了影响当今国际政治格局的主要影响因素。东盟国家在国际背景和自身情况的作用之下，重新对各自国家战略进行了调整，这构成了该地区国家转变战略选择的底色。三国的战略变化对于研究整个东南亚地区而言较有代表性，这三个国家在实际的战略实施中既有大体上的共同之处，也有各自的特征差异，进行这类对比和总结对于从纵向和横向两个维度认识三国的战略选择或东南亚地区的态势变化具有重要的参考价值。

一 东盟国家对冲的背景

两极世界格局的瓦解、冷战结束是东盟国家整体对冲的国际背景。冷战时期，美苏两国分别形成了自己的联盟体系，大国之间的对抗性竞争使得东南亚大部分小国几乎没有自主选择战略的空间，若想保障国家生存，它们只能在两个阵营中择一而存。冷战结束后，国际社会的紧张局势随之转变，产生了"一超多强"的局面，短时间内尚未形成能与美国权力相匹敌的国家，美国陆续从东南亚部分国家撤军，放松了对这一地区的控制。在这种情况下，东盟国家获得了相对宽松的生存和发展环境，其战略选择空间也在一定程度上得以扩大。对于当时的东南亚小国而言，追随或制衡（对于东南亚小国而言通常是追随一方形成间接地制衡另一方）已经不再是唯一的战略对象，以更灵活的方式既从国际社会中获益，又通过其他渠道分散可能产生的风险是一个可行且更符合国家利益的战略，至此，对冲战略逐渐成为东盟国家普遍的战略选择，也是国际社会的一个新特征。

后冷战时代东盟国家的对冲战略研究：以菲律宾、马来西亚和老挝为例

东盟国家与中美之间是一种非对称性权力关系，[①] 这是东盟国家将对冲作为战略选择的国内背景。非对称性权力关系是国家之间实力不均衡所引发的一种关系模式。相对于影响东南亚地区局势的美国和地区大国中国来说，东南亚基本都是弱国和小国，综合国力较弱，自身发展就存在很多问题，再加上其对国际社会变动的敏感性和脆弱性，使他们处于一种既有内忧、又防外患的境地。总之它们在国际社会上的影响力也较弱，对于一些重要的国际问题所拥有的话语权很小。在这种关系中处于弱势的一方会注重通过某一方面的专长优势增强自身的权力，比如外交斡旋优势、地缘政治优势、能源优势等。除此之外冷战后国家自主发展的氛围逐渐增强，民族主义情绪在东南亚地区也不断高涨，这些因素刺激了东南亚小国逐渐摆脱以往被殖民统治或被主导的阴影，寻求国家发展的道路或体制模式。相对而言，对冲战略更能彰显国家的自主性，也在一定程度上促进了国内政权的稳定。可以说，正是由于这种非对称性权力关系的存在，才一方面让东南亚小国认识到了自身发展的局限，强化了它们突破局限的意识，另一方面也确实为政治、经济、社会、文化等方面增添了新的发展动力。

在地区局势稳定、战略选择空间扩大和非对称性权力关系存在的背景下，东盟国家普遍对冲的实质是小国在权力不均衡之下争取更多国际生存空间的过程。由于东南亚地区的地缘政治优势不断凸显，矛盾也逐渐聚集，大国竞争任何阶段的形势变化都可能为该区域内的国家带来重要影响。但是冷战结束后大国竞争的性质与冷战时期有着本质区别，从原来的对抗性竞争转变成为了包容性竞争，大国之间虽有竞争，但也会在其他领域开展合作，是一种"边拉边打"的形式。这种环境为处于夹缝中的东南亚小国创造了一定范围内的选择机会，大部分国家没有了"选边站"的压力，所以对它们而言，努力在增强国家实力的同时如何扩大国家影响力成为了发展的目标，而不管是强化自身实力还是增加相对权力，都是为了获得更大的生存空间，获得生存空间体现了向内和向外两个维度。而这种本质的存在体现了体系、国家、人三层因素的综合作用，也使得东南亚地区的局势变化逻辑更为清晰。以新古典现实主义理论基础上的新模型为分析

[①] [美]布兰特利·沃马克：《非对称与国际关系》，李晓燕、薛晓芃译，上海人民出版社2020年版，第4页。非对称关系的特征是相关国家之间存在明显的、相对稳定的实力差距，这种差距又不具有压倒性。

框架，选择三个典型案例验证本书的三个解释性论断，既可以认识到三国对冲战略的共同点和相似模式，也可以突出三国在具体的战略变化时体现的特征差异。

二 三国对冲战略的共同之处

冷战的结束对东盟国家的战略选择有着深刻的影响，虽然东盟十国每个国家都有自己的战略特色，但是受到类似外部压力的影响和地区局势的构造作用，本书这三个案例国家围绕对冲战略进行战略转变有时也存在某些共同之处。

中美之间的竞合关系都对这三国的战略产生重要影响。冷战后随着中国的崛起，美国逐渐开始转移战略重心，在奥巴马政府时期和特朗普政府时期先后提出了针对亚太地区或印太地区的战略部署，目的在于遏制中国影响力的扩散和有可能对国际政治经济旧秩序的重建。从地缘政治上看，中国本来就属于亚太地区的大国，亚太地区的诸多国家由于边界争端、主权争议、能源等问题的存在，该地区的形势本来就很复杂。当美国重返亚太之后，这一地区的局势更加不可预测，形势更为不稳定，诸如在南海问题上，正是因为美国的支持和鼓动，菲律宾才肆无忌惮地将南海问题这一本来属于声索国之间的事务提交到国际法庭，将此问题国际化，这既不利于南海问题的解决，也使得东南亚地区的局势更混乱。东南亚地区外部环境中主要的影响因素是中美关系的竞争，中国通过"一带一路"倡议等诸多发展机遇带动东南亚地区的发展和进步，美国基于对自身地区霸权的不自信和地位可能松动而带来的不安感而处处遏制和围堵中国。菲律宾是美国的盟友，不管是在战略过渡期、对冲期、追随期还是在战略调整期，菲律宾都与美国在安全和军事上建立了紧密的联系，至今还有《共同防御条约》和《加强防务合作协议》的合作项目。菲律宾与中国本来就存在岛礁争端，所以对菲律宾而言，菲中关系更加复杂，但不管怎样，中美关系的走向都是菲律宾战略转变的重要影响因素。马来西亚实行独立自主的外交政策，政治精英坚持实用主义的原则，美国和中国都会为马来西亚带来某些领域的利益，从美方获得安全保障，从中国赚取经济利益，这已经构成了马来西亚的对冲战略典型特征。中美关系进展顺利时，马来西亚的对冲压力更小、对冲空间也更充裕，随着中美关系可能向对抗性竞争发展时，马来西亚的安全利益和经济利益都受到了一定程度的损失。相对于菲律宾和马来西亚而言，老挝需要对冲的对象不仅是中美两国，地区强邻泰国和越南、日本、韩国、俄罗斯、澳大利亚都是老挝加以发展良好关系的国家，但即便是这样，中美两国关系的态势仍是影响老挝战略的主要因素。

三国都是为了维护本国的国家利益，并在此基础上将利益最大化。在当今时代，国家利益的内涵早就已经不纯粹是某一个国家能够确定的，在定义和所包括的范围上，传统认知模式已远远被超越，从某些方面讲，国家利益是一种包含内生变量和外生变量的综合加权指数。① 但即便这样，国家利益仍然是国家尽力维护和扩大的主要目标，因为国家利益既体现了国家的生存和发展，也体现了国之所以为国的重要问题。所以自《威斯特伐利亚和约》签订之后，国家行为体成为国际社会上的普遍存在，如何获得利益、争取利益、扩大利益早已成了国家发展的动力和目的。以冷战结束为节点，菲律宾、马来西亚和老挝三国的战略变化各有区别，但是在菲律宾阿罗约时代的尝试对冲时期和杜特尔特战略迷茫期（对冲为主要特征）、马来西亚的一贯对冲表现、老挝从2017年之后逐渐开始的战略对冲，都彰显了三国不仅在维护本国利益，同时还努力将利益最大化。

这并没有否定国家在其他战略时期对国家利益的维护，但是相对而言，对冲战略时期的表现更为突出。菲律宾在对冲时期，利用灵活外交策略从不同的国家获得不同有利于菲律宾发展的利益，既与美国保持着惯常的交往关系，又与中国和其他国家在经贸、科教文卫等方面建立密切的合作关系，在此时期菲律宾达到了黄金发展的阶段，杜特尔特时期菲律宾与美国保持一定的距离，拉近与中国已经疏远的关系，利用中国巨大的发展辐射力增强菲律宾的经济建设，这也在一定程度上扩大了菲律宾的国家利益。马来西亚从对冲战略中所获的利益更是深刻体现了这对其国家利益的增益，就马来西亚而言，不仅经济利益、安全利益获得了保障和增加，也促进了其政权的巩固，也对马来西亚谋求建立独立自主的国家形象有较大的帮助。老挝经历了被殖民统治、内战及越南战争的影响，不仅国家积贫积弱，国家形象也需要重新确立和维护，随着老挝地缘政治优势的突出，相关大国对老挝的重视，老挝抓住机遇探索能最大化增强国家利益的道路具有重要的意义，在革新开放后尤其是冷战结束后，老挝才逐渐以独立主

---

① 王逸舟：《国家利益再思考》，《中国社会科学》2002年第2期。

权国家的姿态开始思考国家利益的问题，转向对冲战略对老挝而言是其国家利益的重要转变。总之，菲律宾、马来西亚和老挝在各自国家战略转变的过程中，对冲战略的探索和实施都是为了维护本国的国家利益，也是对国家利益扩大的深刻思考。

三 三国对冲战略的特征差异

本书提取的这三个国家国家形态各异、体制不同、意识形态也有所差别，在其各自的战略发展中当然会存在特征上的区别，但是这并非本部分研究所侧重的方面，而是要对三国在实施对冲战略阶段的特征进行一定的比较和研究，从中梳理出除了国家本身的差异之外，同属于东盟国家的三国在进行战略调整时所表现的特征会有哪些方面的不同。

其一，三国偏向或偏离对冲所依据的侧重点和基础不同。美菲同盟是影响菲律宾战略调整的最大因素，独立自主外交政策和中立是马来西亚所依据的关键，地缘政治优势凸显但国力弱小是老挝的客观现实。对于菲律宾而言，目前依然有效的1951年《美菲共同防御条约》大致奠定了菲律宾以后的战略走势和发展方向。美国在亚太地区的战略重心短时间内不会发生实质性转变，这就意味着即使菲律宾会在某个阶段实施对冲战略也只是在美国允许的范围内展开的，与马来西亚和老挝的对冲战略有着本质的区别，虽然菲律宾奉行独立的外交政策，但在进行战略部署时必须考虑美国的因素，这就是菲律宾战略变化与其他两国在侧重点上的最大区别。马来西亚实行独立自主的外交政策，坚持以完整的国家形象在地区和国际社会中行事，虽然限于对美国安全产品的依赖也会在一定程度上顾及与美国的关系，但是相对于菲律宾那种严重的依赖程度而言，马来西亚明显更具有自主性，马来西亚这种模式的构建既是其政治精英努力的结果，也是以灵活务实的实用主义原则维护国家利益的体现。相对而言，老挝的综合国力最弱，即使在2019年的综合国力排名中，老挝也是东盟十国中最弱的国家，但是不可否认的是其地缘政治优势在不断显现，因为对于中国、美国、俄罗斯、日本、韩国、澳大利亚等国而言，老挝是一个可资利用的重要战略国家，通过老挝可以贯穿东亚、东南亚和南亚，对美国来说可以通过老挝建立对中国的包围圈，对中国来说，铁路外交是一项重要的大战略，对其他国家也是如此，总之老挝凭借其被其他国家重视的地缘政治优势可以获得一定的对冲空间。

其二，一定时期内，三国所要实现的目标不同。在国际社会中，处于不同权力关系地位的国家所追求的发展目标不同，菲律宾、马来西亚和老挝这三个国家也是如此。从菲律宾方面看，自冷战后菲律宾虽然经历了四个阶段的战略调整，但自2015年菲律宾放弃千年发展目标（MDGs）而采纳联合国的可持续发展目标（SDGs）之后，① 至2019年菲律宾在实现这些目标方面已经取得了重大的发展。② 菲律宾本身综合国力并不是很强，根据2019年的综合国力排名数据显示，菲律宾在东盟国家中仅排名第六，③ 但是由于与美国存在军事上的联盟关系，所以其在军事和安全上仍具有一定的地区影响力，菲律宾的发展目标是维护国家主权和安全，保障领土完整，保持在全世界范围内的竞争力。④ 菲律宾的目标并没有局限在东南亚地区，还要争取全球的更多权力空间。就马来西亚而言，其千年发展目标取得了巨大成功，联合国认为2030年马方的可持续发展目标将会全面实现，⑤ 从马来西亚本身的综合国力和发展态势上看，其不仅重视地区的影响力建设，还在全球范围内建立了关系网，并且相对于菲律宾的全球战略而言，马方的全球战略在逐渐实施且更具有可行性。以东盟为基石，反对贸易保护主义，大力推动经济外交，加强南南合作，积极建立与不结盟国家和伊斯兰国家的关系，维护国际组织的地位，尤其是联合国，对国际政治经济新秩序的建立比较关注。⑥ 反观老挝，较弱的综合国力使得其目前的关注点仍然在国内经济和社会建设上，短时间内其发展目标仍然限于建立和维护与强邻的友好关系，在"少树敌、广交好"的基础上增强国家的综合国力。

---

① 《菲律宾计划采纳联合国可持续发展目标》，中华人民共和国驻菲律宾共和国大使馆经济商务处，2015年9月14日，http://ph.mofcom.gov.cn/article/jmxw/201509/20150901111832.shtml。
② 《菲律宾在落实联合国可持续发展目标上取得长足进步》，中华人民共和国商务处，2019年5月23日，http://www.mofcom.gov.cn/article/i/jyjl/j/201905/20190502865893.shtml。
③ "Asia Power index 2019", Lowy Institute, 2019, https://power.lowyinstitute.org/。
④ 《菲律宾国家概况》，中华人民共和国外交部，2020年5月，https://www.fmprc.gov.cn/web/gjhdq_676201/gj_676203/yz_676205/1206_676452/1206x0_676454/。
⑤ 《〈马来西亚千年发展目标2015年报告〉出炉》，中华人民共和国商务部，2016年2月24日，http://www.mofcom.gov.cn/article/i/jyjl/j/201602/20160201261877.shtml。
⑥ 《马来西亚国家概况》，中华人民共和国外交部，2020年5月，https://www.fmprc.gov.cn/web/gjhdq_676201/gj_676203/yz_676205/1206_676716/1206x0_676718/。

其三，对冲战略的运用经验不同。虽然冷战后宽松的外部环境为东盟国家营造了充裕的对冲空间，但是具体到单个国家就会存在各种不同的问题。菲律宾、马来西亚和老挝虽然都在某些阶段实行对冲战略，但是它们的运用经验和方式也存在很大差异。菲律宾在阿罗约时代实行了明显的对冲，在杜特尔特时期国家战略呈现一定的对冲性，而老挝从奥巴马首次访问老挝之后才开始尝试探索对冲之路，这两个国家相对于马来西亚而言，对冲经验都不那么丰富。马来西亚从冷战结束后就一直实行稳定的对冲战略，虽然在此过程中与中国和美国都发生过影响双边关系的事件，但这没有改变马方对冲战略的方向和趋势。马来西亚在长时间稳定对冲的过程中积累了丰富的经验，这为与其同类型的国家在进行战略选择时提供了可供参考的范本。老挝虽然对冲经验欠缺，国力的羸弱也在一定程度上限制了其战略的灵活性，但就老挝的地缘政治优势和国际社会多方行为体对老挝的重视程度看，老挝也会不断地在发展过程中慢慢探索适合本国的对冲道路。

总之，冷战后，东盟国家在一定时间内普遍具有对冲的特征且具有复杂的国际背景和国内背景。本书的这三个案例在兼具典型性和全面性的同时，也有助于对亚太地区局势形成更深刻的认识，三国的对冲战略既有共同之处，也存在整体性的特征差异，这种比较案例模式对于进一步认识和总结东盟国家的战略选择机制，获得对于国际政治的启示具有重要的意义。

第二节　东盟国家战略选择的机制和启示

在结构压力和国家能力的多重作用之下，东盟国家在不同阶段不断调整着国家战略。不过，东盟国家对冲战略的不均衡发展也表明，东南亚地区具有复杂性和多样性，每个国家面临的内外问题具有差异性，发展目标也各不相同。三国对冲战略的转变所呈现出的综合特征是东南亚不同类型国家战略选择历史规律的外在表现。总结这些一般性规律有助于揭示东盟国家对冲战略的内在机制。以这两者为基础，考察东盟国家的战略机制对于理解在权力转移的过渡时代，小国如何应对大国竞争和国际政治结构具有较强的启示价值。

一 东盟国家战略选择的历史规律

结构压力是东盟国家战略考量的重要影响因素。对于东南亚地区的众多中小国家而言,由于历史的因素和明显的地区特色,外部的结构压力深刻影响着这些国家的战略选择。在冷战结束之前,国际社会处于美苏争霸的紧张氛围中,处于矛盾中心的小国迫于强大的结构压力只能在两个阵营中选择更能维护其生存的一方,否则可能会受到双方阵营的挤压。冷战的结束也宣告了国际紧张趋势的暂时延缓,国际社会中短时间内还没有任何一个行为体与美国相抗衡,美国建立了一家独大的地位,再加上冷战终结后,美国对中东能源的重视和"9·11"事件后对恐怖主义的打击,亚太地区暂时获得了喘息的机会,正是因为此时结构压力的降低,东盟国家才走上了整体普遍对冲的道路。后期,随着中国的崛起,美国逐渐感受到地位的不稳固和忧虑,不允许与自己意识形态完全不同的社会主义国家获得任何地位上升的机会和可能性,所以美国先后在两届政府时期完成了战略重心的东移。美国联合其在该地区的盟友,同时扩大发展与其他国家的伙伴关系,以军事和安全诱惑一些国家形成针对中国的包围圈,中美之间构成了对冲与反对冲、制衡与反制衡的关系模式。在这种情况下,东盟国家本来较为宽松的地区环境变得更加紧张,不管是在安全上还是在经贸上,都受到不同的压力限制,这就大大挤压了东盟国家自主选择国家战略的空间。所以在这种外部环境和国际权力关系发生不断转变的过程中,"间于齐楚"的小国为了生存和发展只能及时调整发展战略和关系的亲疏程度,这也是东盟国家在战略上分成多个类型的原因,也是国家战略具有阶段性特征的主导因素。

领导人的认知深刻影响着国家战略的具体实施形式。韦伯(Max Weber)依据权威的合法性来源将领导人分为三类,分别是法理型、传统型和克里斯玛型,第一种以法律为基础,第二种以传统的尊严或传承为基础,第三种以个人魅力为基础。[1] 在东盟国家中,三种类型都有体现,也有某

---

[1] Max Weber, *The Theory of Social and Economic Organization*, New York: The Free Press, 1947, pp. 328 – 334.

第六章 结论

两种或者三种类型因素的综合,尤其以传统型和克里斯玛型的融合更为突出。但不管是第二种还是第三种类型的领导人都会因极强的领袖个人认知对国家战略发挥关键作用。在国际政治的研究中,对政治领导人的研究也是重要的领域,不仅有针对威尔逊的专门考察,还有对专制个性、马基雅维利个性和克里斯玛个性进行的研究。① 以菲律宾、马来西亚和老挝为案例的三国领导人在现实的政治世界中,也都体现了专制个性、克里斯玛个性或者是马基雅维利个性,可能是由于东南亚地区的历史传统或国家的成长史,领导人在内政外交上都以不同的方式或者不同的作用影响着国家的战略走向。

综合国力是国家战略调整的前提和基础。不管在国际社会中与周边大国的关系如何,是盟友、伙伴抑或敌人,本国的综合国力都首先是战略调整的前提。东南亚地区各国之间发展不均衡,地区差异性较大,具有极强的多样性,各国的综合实力也差别巨大,既有像新加坡这样的"小强国"又有类似老挝这样的"小弱国"。国家在进行战略调整的过程中需要考量的因素丰富多样,既要考虑到外部环境的影响,也要对未来的国际局势有一个准确的预判,同时国内的因素也需要进行充分的梳理。国家的经济实力、军事力量、政权的稳定性和社会的安定是影响国家未来发展的关键。只有在综合国力得到保证的基础上,才可能进一步谋其权力地位。根据克莱因公式,$Pp = (C + E + M) \times (S + W)$②,基本实体的力量与经济和军事力量共同构成的国家的硬实力,战略意图和贯彻实施战略的意志是软实力的重要部分,在硬实力和软实力相结合的作用下,国家的综合国力就形成了大致轮廓。可见综合国力不仅象征着国家发展的基础,还意味着发展

---

① 针对威尔逊的分析主要见 Alexander and Juliet George, *Woodrow Wilson and Colonel House*, New York: Dover, 1964; Freud and Bulliet, *Thorn as Woodrow Wilson: A Psychological Study*, Boston: Houghton Mifflin, 1967. 阿多诺等人写过《专制个性》一书,探讨了希特勒的个性特征,参见 Frenkel Brunswic Adomo et, *The Auttoritarian Personalities*, New York: Harper, 1950. 马基雅维利个性主要体现在《君主论》之中,教导君主善于运用包括欺骗在内的各种手段进行政治统治,参见 Niccolo Machiavelli, *The Prince*, New York: Washington Square Press, 1963. 而克里斯玛型领导人完全是建立在个人魅力的基础上,领袖被神圣化,参见 Ann Ruth Willner, *The Spellbinders*, New Haven: Yale University Press, 1984. 张清敏教授在其文中详细区分了这三种个性的区别,参见张清敏《国际政治心理学流派评析》,《国际政治科学》2008年第3期。

② Pp (Perceived Power) 代表综合国力, C (Critical Mass) 代指实体力量, E (Economic Capability) 代指经济实力, M (Military Capability) 指军事力量, S (Strategic Purpose) 指战略意图, W (Will to Pursue National Strategy) 是指实施战略的意愿。

的潜力，是内政外交的综合体现。正因如此，国家才时刻注重综合国力的增强，国家战略是构成综合国力的一部分，较强的综合国力反过来也更能促进战略朝着最大化国家利益的方向发展。

二 东盟国家对冲战略的内在机制

其一，三国都是为回避内外联动的风险而实施（或在某些阶段实施）对冲战略。东盟国家在冷战后虽然整体上获得了对冲的战略空间，具体到菲律宾、马来西亚和老挝，它们实施对冲战略（或在某些阶段实施）是为了回避来自内部和外部双方的风险而制定的避险策略。阿罗约时代（2001—2010年）之前，菲律宾面临较大发展困境，国内政权也经历了多场混乱，与最大周边国家中国的关系也对菲律宾的发展并无助益，在东盟内部和国际社会中尚未建立起紧密的合作关系网。在这种局面下，阿罗约上台后全面改善与中国及周边国家的外交关系，与美国也形成了更密切的联系，以对冲战略在一定程度上有效管控了内外风险，使得菲律宾获得了发展上的"黄金十年"。马来西亚自冷战后开展稳定对冲战略，对于马来西亚而言也有诸多民族问题、反政府分子、恐怖主义等的威胁，基于马来西亚的历史和国家所处的权力地位，实行追随中美两国中的任何一方都会损害马来西亚的国家利益，并且这样做也并无必要，实行对冲战略反而是更能回避内外联动引发的风险。马航（MH370）失联案造成了中国与马来西亚关系的降温，尤其是民间关系更是降到冰点，但是在随后马方领导人主动与中国缓和关系的情况下，中马经贸往来重新密切起来。对于老挝而言，实施对冲战略可以说是一个战略上的技巧，经过一段时间的债务累计，2019年老挝外债高筑，所占比率甚至达到了国内生产总值的一半以上，国家偿付能力有限，很容易陷入债务困境。不仅如此，老挝内部还有大量美国遗留下来的未爆炸弹时刻威胁国民生命和财产安全。老挝还有可能沦为美国、俄罗斯、越南、泰国等国战略利用的工具。在此背景下，老挝从2017年开始探索对冲道路正是为了回避这些风险，在风险中谋求生存和发展之道。

其二，三国军方对国家对冲战略的态度因利益和所持立场不同而反映各异。美国在对菲律宾殖民统治时期已从思想上将菲律宾整个国家引导为偏向西方或美国的模型，菲律宾的军方大部分都是在美军的训导之下成长起来的。不管是在军官的培养方面,还是在军用武器的技术上,菲律宾都受到美国军队的极大影响。菲律宾军队内部形成了一大批亲美势力,同时他们对中国持有一种敌视态度,虽然在平常的国际事务或外交问题上不发表态度,但是涉及实质性的军事行动和军事政策时,他们会最大程度上偏向美国,即使在菲律宾的对冲时期也是如此。马来西亚在长期的对冲战略实践中形成了经济上依靠中国、安全上依赖美国的形式,但是在马来西亚最终能对军购产生决定性影响的并不是军队领袖的意见,而是国家政治领导人对国际形势和地区形势的研判。马来西亚军队的政策和发展方向控制在政治领袖的手中,多年的对冲经验和策略使得政治领导人也以对冲的技巧部署军队的力量,对军方来说,海上阻遏是关键。[①] 由于历史原因,老挝军方与越南共产党有着紧密的联系,大量老挝军官会到越南军官学校进修和培训,越南对老挝军方的发展战略和军事政策有着莫大的影响,但老挝的政治领袖也兼任军队的最高统帅,所以军队的意见和态度并不能决定军队的发展方向。值得注意的是,老挝的最高领导人与越南也存在类似于国家的特殊友好关系,尤其是老一代的政治领袖更是对越南有一种特殊的亲近感,所以对老挝而言,其对冲战略需要权衡的行为体更复杂和多样。

其三,对冲战略是一个平衡外部国家多方利益和内部多领域利益的政策过程。具体而言,菲律宾要平衡的是中美两国在亚太地区的竞争可能带来的不确定性风险,菲律宾与中国存在岛礁争端,内部也有一些反政府势力威胁政权的稳定,国内政治、经济、社会和军事发展不均衡,在探索更好平衡多方利益之时,对冲战略是一个值得尝试和实践的战略。马来西亚需要平衡的也是中美两国的竞争,除此之外,海上恐怖主义、国内恐怖分子和分离主义也是需要管控的挑战。马来西亚的对冲战略平衡的是多领域、多层次的风险和利益。老挝首先在外部需要平衡的行为体不限于中国和美国,还有越南、泰国、俄罗斯、澳大利亚、韩国、日本等。其内部需要在亲越、亲泰、亲中、亲美等不同势力中间权衡,探索能有效平衡各方利益的最佳策略,在这个过程中,形成既要兼顾外部多方国家利益的因素,又要顾及内部不同势力之间、民众对未爆炸弹的忧虑与社会发展之间的政策。总之,对于菲律宾、马来西亚和老挝而言,在某一阶段实行对冲

[①] 蓝中华主编:《马来西亚外交与国防》,华社研究中心,2018年,第23—46页。

战略或长久稳定对冲不纯粹是外交战略，还是国家为了平衡外部利益体和内部利益体的政策过程，体现了内外的双重作用和政治、经济、社会、军事等方面的综合影响。总结案例三国的对冲战略内在机制有助于获得关于此战略的更多启示，这种启示不仅表现在理论上，还表现在国际政治的实践中。

三 有关三国对冲战略的启示

在新古典现实主义基础上的理论模型结构下阐述体系、国家和人的互动，是分析东南亚三国对冲战略变化的基本框架。新古典现实主义结合了外部环境的体系刺激和国内多方面因素，在中间层面分成了认知、决策和政策的执行，是一个较为完整的政治分析系统，而在三层过程之下，领导人的意向、国内制度、国家与社会的关系和战略文化被用来作为重要的变量加以分析，最后做出政策反应，导致某些国际结果，继而对体系产生新的刺激。可以说，新古典现实主义较全面地解释了整个政治系统，但是在要素的分类和梳理方面还存在某些问题，比如领导人的意向与战略文化之间的边界相当模糊，国内制度的实施情况与国家—社会的关系密不可分等。除此之外，这一分析框架并没有考虑到国家实力的情况，尤其是硬实力的发展状况对于刺激的认知、决策和执行都有着重要影响。

所以，在此基础上，结合国际政治的现状，本书对此模型进行了调整。将所有变量分为两个方面，分别是结构压力和国家能力，在结构压力层面，重点考察国际环境和相对权力，国家的实力和战略意图决定着国家的能力，其中经济和军事实力是国家实力的关键变量，而战略文化和领导人的认知则影响着一国的战略意图。当然，在分析具体的案例时并不必要将每一个小变量都考察到，但是整体上结构压力和国家能力是发挥关键作用的因素。在新的框架中，国际环境和相对权力将体系的作用考虑了进来，同时相对权力位置也在一定程度上兼顾了国家要素，而在分析和考量经济实力和军事实力时，国家的影响更为突出，此外还有战略文化这一软实力的作用，将国家的综合作用都体现了出来，领导人的认知加入了人的因素，这就使得分析框架更合理和科学。在对菲律宾、马来西亚和老挝的对冲战略进行研究时，国际政治局势和中美竞争背景下的东南亚地区局势都彰显了体系的影响，三个国家的综合实力不同、地区影响力也有所区

第六章　结论

别、领导人对于国家发展的定位也各异，所以这体现了体系、国家、人之间的三者互动，对于认识和理解东南亚地区政治局势和国际社会的变化态势具有重要意义。反过来，对于东南亚三个典型案例的研究也进一步促进了国际政治理论框架的完善，推动了理论的进一步发展，可以说这是一个双向促进的过程。将分析范围扩展开来，在对其他地区和国家进行研究的过程中，这一框架模型同样具有重要的理论价值，同时，理论获得了进一步的发展。所以对菲律宾、马来西亚和老挝对冲战略演变的考察，是对国际政治实践和理论相结合的尝试。

三国的对冲战略变化体现了一些国家在国际政治格局发生变化和大国权力转移进程中对于安全困境的战略选择。在权力的转移过程中，权力中心外围的国家发展环境和生存空间会因大国之间的竞争而产生一定的变化，尤其对于与大国有利害相关关系的国家而言更是如此。虽然中美竞争与美苏之争有着本质上的区别，但是不容置疑的是，中美竞争对于东盟国家的发展空间产生了重要影响。菲律宾、马来西亚和老挝在进行战略选择时必须要考虑到这一关键的外部环境，因为不管是与美国存在盟友关系的菲律宾，还是稳定对冲的马来西亚，抑或是近期才开始探索对冲道路的老挝，它们与中国和美国都存在某些领域上的紧密联系，经贸是中国与东盟国家的主要合作领域，而军事和安全则是美国与东盟国家的核心关系。中美关系已经成为21世纪国际政治局势的主要影响因素，在未来一段时间内，两国的竞合依然会对其他国家产生深刻的作用。但是两国竞合态势并不明朗，未来政治格局也尚不明确，在这种背景下，东南亚众多中小国会面临选择上的战略困境。对于菲律宾而言，虽然阿罗约时代实践了美国允许范围内的对冲路线，但是在阿基诺三世时期菲律宾采取了全面追随美国的战略，其后继者杜特尔特即使想创立菲律宾独立自主的国家形象，但是美国早在19世纪殖民时期已经在菲律宾国内埋下了思想上亲美的种子，并且美菲同盟关系的存在是菲律宾战略中核心的考量要素，所以在当前的国际背景下，菲律宾在未来一段时间内可能会采取追随美国的策略，以此来缓解其在安全上的困境。马来西亚与菲律宾不同，它有着较为适宜的对冲环境，并且在长期稳定对冲的过程中，马来西亚形成了如何谨慎巧妙地在大国之间权衡，采取对冲战略也是马来西亚在对自身情况和外部局势综合分析后作出的最符合其国家利益的选择。反观老挝，国家发展道路较为曲折，在摆脱殖民统治之后，受到了越南长时间的控制，革新开放之后，老挝逐渐积累了自主的资本，但是长期对外援的依赖使得国家的发展和战略选择依然受限。随着地缘政治优势的凸显，大国对老挝的重视程度不断加强，虽然存在中美关系的不稳定变化，但是老挝还受到其他强邻的影响，所以对于老挝而言需要平衡的外部因素更为复杂，选择实施对冲战略也是老挝对缓解安全困境的新尝试和探索。

第三节　对核心问题的综合回应

本书提出的核心问题是，为何在后冷战时代，东盟国家普遍实施对冲战略？经验证，本书认为，冷战的结束标志着美苏两极对抗性竞争暂告终结，之后逐渐凸显的中美之间包容性竞争态势降低了东盟国家整体的外部结构压力。在获得更充裕的战略选择空间的背景下，对冲战略能更好地维护东盟国家的国家利益和地区利益，因此东盟国家普遍采取对冲战略成为这一地区的基本事实。而就具体国家而言，其国家能力的强弱和在特定时期感受到结构压力的变化则影响着国家的对冲形态和强度。

本书所依据的国际政治理论是新古典现实主义，同时调整某些关键变量，提取出了结构压力和国家能力这两大变量来剖析和衡量东盟国家以对冲为中心所做的战略调整，并根据理论模型提出了核心假设。此外，就论证方法而言，本书首先分析了作为整体的东盟所体现的战略特点，研究发现，自始至终东盟都在对冲的道路上不断探索，虽然在金融危机等特殊时期东盟偏向美国、日本等国家，但其对对冲之路的追求从未间断。之后对东盟国家进行分类，并依据一定的标准选择典型案例进行个案研究。对案例进行深入探究之后，之前假设得到了切实的验证。

冷战结束后，东盟国家一方面想追求独立自主获得更多的话语权和地区影响力；另一方面由于自身实力的孱弱，这些国家以一种矛盾的心态对美国、日本等一些大国存在某种依赖，这种依赖既有国家行为上的，也有领导人心理认知上的。东盟就是在这种多重复杂的矛盾中建立并通过"大东盟计划"逐渐扩展的。在"印太地区"国际政治局势的变动和东盟国家自身国家利益的驱动下，不仅作为整体的东盟自成立之初就以"中立"、独立自主为诉求，对冲战略更是成为了东盟国家普遍的战略选择和典型特征。随着"印太地区"越来越成为全球地缘政治的中心，同时东盟是此地区最大的地区性组织，那么对东盟，尤其是东盟国家战略的研究将可以透视整个国际政治局势的发展和演变，一定程度上也将为认识中国、美国、日本、俄罗斯、英国、印度、澳大利亚等国家之间的关系提供了重要思路。但是值得关注的是，针对这一国际政治现象，国内外学术界的研究尚不充分，特别是国内学术界，对此的研究还处于起步阶段。基于此，本书提出了这一重要的研究问题：为何东盟国家在冷战后普遍采取对冲战略？在这个大问题下衍生出了几个小问题，对冲的形态有哪些？对冲的强度会受到哪些要素的影响？东盟内部不同的国家有何典型表现？这些都是本书已经研究并解决的问题。

在理论框架和假设方面，新古典现实主义是本书理论依据的基础，通过适度调整其中某些关键变量，主要提炼出两个关键变量：结构压力和国家能力。将原来的领导人的意象、战略文化、国家与社会关系、国内制度调整为国家能力，同时下分国家实力和战略意图，战略意图中既包括战略文化又包括领导人的认知。在此基础上尝试创建了新的理论分析模型。这一理论模型传承了新古典现实主义的优点，包含了体系结构、国家和个人三个层面的因素要件，同时兼顾主、客观两个方面的影响条件，既关照到了结构的强大解释力，同时也注重结构和国家、个人之间的互动。通过对结构压力和国家能力的剖析，理清了影响东盟国家战略选择的主要动因。本书提出了两大关键假设来解释东盟国家在后冷战时代普遍实施对冲战略的影响因素。假设一，冷战后，中美之间的包容性竞争态势降低了东盟国家的结构压力，东盟国家获得了普遍采取对冲的战略空间，结构压力的整体性下降决定了东盟国家普遍采取对冲战略。承接假设一的逻辑，假设二认为国家能力的不同影响着不同的对冲形态和强度。主要包括三个更为深入的层面。其一，在特定时期，当结构压力相对增强时，国家采取对冲的倾向就会下降，追随意图就会显示其主导作用，菲律宾是典型的由对冲转为追随的国家，随着越南受到的结构压力逐步增强，国家能力又相对较弱，其对冲的倾向开始由弱转强。其二，当结构压力降低时，国家实施对冲的意愿上升，此时对冲的形态和强度主要受到国家能力的影响。当结构压力小，国家能力强时，国家会采取稳定对冲的策略，诸如新加坡、马来西亚、印度尼西亚和泰国。其三，当结构压力降低，国家能力又相对较弱时，国家可能会在对冲和追随这两种策略之间取舍，一是采取长时段的对

后冷战时代东盟国家的对冲战略研究：以菲律宾、马来西亚和老挝为例

冲策略，诸如缅甸和文莱，二是当地缘政治位置的重要性上升时，国家战略可能由追随逐步转为对冲，比如柬埔寨和老挝。

在案例选择方面，本书根据国际政治现实和东盟国家的特殊情况，在上文所建构的理论框架内，将后冷战时代东盟国家大体分为了三种类型：从对冲转为战略调整并可能倾向追随的国家、稳定对冲的国家和由追随到试图转变成对冲的国家。通过对意识形态、对冲的强度和形态、政治体制及与中美两国关系的把握，本书分别从这三类国家中各选取一个典型国家作为代表性案例进行考察，即菲律宾、马来西亚和老挝。因为从对冲的强度和形态来看，这三个国家分属不同的对冲类型，马来西亚大体上实行较为稳定的对冲之路，菲律宾和老挝都在不同时间有不同的战略变化。再者这三个国家也分别代表了三种强弱不同的对冲强度。从意识形态看，菲律宾、马来西亚和老挝分别属于资本主义形态、社会主义性质和混合形态的国家，对他们三者的研究具有国家类型上的全面性。从政治体制上看，这三个国家属于不同政治类型的国家，从这个角度上讲，研究这三个国家也更具有典型性。最后从与中美之间的关系来看，菲律宾是美国的盟友国；马来西亚一直着力于在中美之间寻求中间路线，积极对冲；老挝与中国关系更为密切。在中美竞合成为影响印太地区主要因素的背景下，从这个角度选取这三国进行学术研究也更具有现实意义。

经过理论逻辑和现实案例相结合的双重验证之下，可以发现，正是因为东盟地区结构压力的整体性下降才导致了东盟国家在冷战后普遍实施对冲战略。而不同国家表现出了不同的对冲形态和强度，这主要受国家能力强弱的影响。经过比较菲律宾、马来西亚和老挝的对冲战略可知，中美之间的竞合关系都对这三国的战略产生着重要影响。相对而言，对冲战略对于国家利益有更大的助益作用。同时也可发现三国偏向或偏离对冲战略所依据的侧重点和基础不同；在一定时期内三国所要实现的目标和诉求不同；三国对对冲战略的运用经验不同。综合国力是国家战略调整的前提，而领导人的认知深刻影响着国家战略的具体实施形式，三国军方对国家战略的态度因所持立场的不同而反应各异。

以新古典现实主义基础上的新理论框架来分析东盟国家的对冲战略演变，不仅可以总结出东盟国家战略选择过程中的历史规律，还可以揭示该地区对冲战略的内在机制。这对于验证和支持本书的解释性推论、为理解冷战后东盟国家对冲战略演变的历程提供了新思路。在此基础上获得的一

些启示也为理解东南亚地区的对冲战略和国际政治局势提供了分析框架。这为未来中国如何开展周边外交和"一带一路"倡议中的项目等提出了重要的思考。

第四节 未来的研究

深入完善现实主义的理论分析框架。由于目前现实主义的理论发展还不充分，本书以新古典现实主义为基础的新模型还不完善，同时现实主义又是国际政治理论中的经典派别，所以在未来的研究中，需要深入完善和发展现实主义的模型。从古希腊、古罗马时代开始，关于权力的争夺和积累就已经成为国际社会的常态，现实主义也以隐性但关键的影响力引导着族群、城邦和后来的民族国家的演变和发展。现实主义先后经历了古典现实主义、新现实主义、新古典现实主义的变化过程，之后国内外的学术界对现实主义也进行了一定的发展，但都未形成广泛的共识。本书虽然建构了新的分析框架，但也只是在新古典现实主义模型之上的调整。随着国际形势的转变，国际政治格局的深刻变化，现实主义的发展环境也有了新的变化，在以后的研究中，突破现实主义的既有发展，建构新的理论模型是一项值得深入研究的议题。

其一，继续深入对冲理论的研究。具体包括要进行对冲战略有效性的研究、在周边诸多国家采取对冲战略的情况下，中国如何开展有效的反对冲、跳脱出东盟框架，尝试建立一个一般性的对冲理论框架、同时将对冲的适用时间范围拉长，探讨冷战时期一些国家在美苏两大集团间采取对冲的动力、表现及原因。冷战结束后，对冲成为国际社会中国家行为体的普遍行为特征，尤其是在东南亚地区更为明显。国外学术界对亚太、中东地区等国家的对冲战略进行了广泛的讨论，国内学术界也对东南亚地区的对冲进行了有限的研究，到目前为止，还未形成较为系统和完善的对冲理论，对对冲战略有效性的探讨也极不充分。在国外的相关研究资料中，有对对冲有效性的考察，但其量化要素和标准并不具有代表性，也只是不成体系的个案研究，未形成具有普遍意义的考量方法。① 但是在国际政治的现实中，国家实施某一战略需要获得战略实施效果的反馈，并在此基础上做出修正和调整，为以后的实施方式和手段提供借鉴和参考，对冲战略亦是如此。如果形成较为科学的对冲有效性衡量方法，对对冲战略的研究和国家战略的发展都是莫大的进步。同时探究中国如何反对冲将会有助于中国公共外交的发展，而将对冲理论一般化也能进一步增强这一理论的效力和国际关系理论的丰富。

其二，探究美国如何构建其印太安全网络体系。尤其是拜登政府上台后，美国的印太安全网络将会如何部署，原来的轮辐体系将会产生什么变化都是关系到整个世界政治格局的重要问题。就目前而言，美国对俄罗斯和中国态度强硬，中美、美俄关系发展态势似乎并不乐观，为了遏制中国的发展和影响力，美国与其印太盟友进一步的举动将对中国产生重要的影响。同时另一个小主题是，在美国构建其印太安全网络之时，作为这一地区最大的组织——东盟将会作何反应？中国如何利用东盟的战略忧虑对抗美国？这些都是需要继续深入研究和探讨的问题。

其三，进一步追踪中美竞合关系之下的小国战略。中美之间的竞合关系已经成为影响当今国际社会变化的主要背景。地区一体化进程也不断加剧，地区组织的涌现为国际政治增加了新的行为体。国际社会中除了大国和强国，小国在其中占了较大比例，如果以数量衡量的话，小国是国际社会的绝大多数，也是国际政治的基础，小国也在以其独有的方式发挥着小国大道的作用，对小国战略的研究可以从另一个角度重新认识国际政治的发展态势。在小国数量如此众多的背景下，如何与小国有效交往是一个值得深入研究的问题，在中国不断塑造负责任大国形象、获得更多国际话语权和影响力的过程中，追踪中美竞合背景下小国战略的变化能为中国开展更有效的外交提供有价值的参考意义，也能进一步丰富非对称关系的实践。虽然东盟国家并不都是小国，但是小国在其中占据了相当大的比例。在东盟框架内进一步探究小国的影响和效用，以及小国在其他地区组织中的影响力都是非常有价值的研究课题。

---

① Mohammad Salman, Moritz Pieper and Gustaaf Geeraerts, "Hedging in the Middle East and China-U. S. Competition", *Asian Politics & Policy*, Vol. 7, No. 4, 2015, pp. 575 – 596; Mohammad Salman, "Strategic Hedging and Unipolarity's Demise: The Case of China's Strategic Hedging", *Asian Politics & Policy*, Vol. 9, No. 3, 2017, pp. 354 – 377.

第六章 结论

总之，未来仍需要做出不断的努力和创新，仍需要经年累月地学习和进步，在弥补不足的同时，开拓出更多、更前沿、更有价值的研究议题。本书以新古典现实主义国际关系理论为背景，创建了更科学的分析模型，系统深入研究了东盟国家的对冲战略，对菲律宾、马来西亚和老挝三个国家进行了细致的实证探讨，也获得了符合国际政治现实的结论。接下来，进一步完善理论分析模型，深入对冲战略，对对冲战略进行有效性评估，追踪东盟国家的战略转变，评估"一带一路"倡议之下诸多项目在东南亚地区的实施情况都将是笔者在未来要继续研究的重要议题。与此同时，这些议题也值得学术界的持续关注和深入探讨。

参考文献

一 中文资料

（一）中文专著

蔡怡竑：《新棋局：丝路上的马来西亚与中国》，中华书局 2018 年版。

陈李茂编著：《东盟国家礼仪与民俗文化》，西南交通大学出版社 2016 年版。

楚树龙、耿秦主编：《世界、美国和中国：新世纪国际关系和国际战略理论探索》，清华大学出版社 2003 年版。

邓书杰、李梅、吴晓莉、苏继红编著：《重整河山（1950—1959）》，吉林音像出版社 2006 年版。

高飞、李明江主编：《中国大周边关系：和平发展 VS 战略对冲》，中国环球出版有限公司 2017 年版。

荆兴梅：《卡森·麦卡勒斯作品的政治意识形态研究》，中国社会科学出版社 2015 年版。

陆建人主编：《东盟的今天与明天——东盟的发展趋势及其在亚太的地位》，经济管理出版社 1999 年版。

罗金义、秦伟业：《老挝的地缘政治学：扈从还是避险？》，香港：香港城市大学出版社 2017 年版。

司马迁：《史记·货殖列传》，中华书局 1982 年版。

时殷弘：《国际政治——理论探究·历史概观·战略思考》，当代世界出版社 2002 年版。

苏冠群：《中国的南海战略》，新锐文创出版社 2013 年版。

王绍光：《分权的底限》，中国计划出版社 1997 年版。

汪新生：《世纪的回顾：现代东南亚政治与外交》，广西人民出版社 1998

年版。

王德华：《列国争雄与亚太安全》，上海社会科学院出版社1996年版。

王鹏：《聚焦亚太安全》，新华出版社2016年版。

韦民：《小国与国际关系》，北京大学出版社2014年版。

杨武：《当代东盟经济与政治》，世界知识出版社2006年版。

阳阳、庄国土主编：《东盟黄皮书：东盟发展报告（2018）》，社会科学文献出版社2020年版。

（二）中文译著

［菲］格雷戈里奥·F.赛义德：《菲律宾共和国：历史、政府与文明》，吴世昌、温锡增译，商务印书馆1979年版。

［加］诺林·里普斯曼、杰弗里·托利弗、斯诺芬·洛贝尔：《新古典现实主义国际政治理论》，刘丰、张晨译，上海人民出版社2017年版。

［加］约翰·C.赫尔：《期货期权入门》（第三版），张陶伟译，中国人民大学出版社2001年版。

［老挝］富米·冯维希：《老挝和老挝人民反对美国新殖民主义的胜利斗争》，蔡文丛译，人民出版社1974年版。

［美］布兰特利·沃马克：《非对称与国际关系》，李晓燕、薛晓芃译，上海人民出版社2020年版。

［美］汉斯·摩根索：《国家间政治：权力斗争与和平》，郝望等译，北京大学出版社2006年版。

［美］肯尼思·华尔兹：《国际政治理论》，信强译，上海人民出版社2008年版。

［美］罗伯特·杰维斯：《国际政治中的知觉与错误知觉》，秦亚青译，上海人民出版社2015年版。

［美］帕特里克·奥沙利文：《战争地理学》，荣旻译，解放军出版社1988年版。

［美］塞缪尔·亨廷顿：《文明的冲突与世界秩序的重建（修订版）》，周琪译，新华出版社2010年版。

［美］詹姆斯·多尔蒂、［美］小罗伯特·普法尔茨格拉夫：《争论中的国际关系理论》，阎学通、陈寒溪等译，世界知识出版社2013年版。

［新］马凯硕、孙合记：《东盟奇迹：一个充满活力且真实存在的现代奇

迹》，翟崑、王丽娜等译，北京大学出版社 2017 年版。

［英］艾瑞克·霍布斯鲍姆：《革命的年代：1789—1848》，王章辉等译，中信出版社 2014 年版。

［英］D. G. E. 霍尔：《东南亚史》（下），中山大学东南亚历史研究所译，商务印书馆 1982 年版。

（三）中文论文

布鲁斯·麦斯基塔：《国内政治与国际关系》，王义桅译，《世界经济与政治》2001 年第 8 期。

蔡亮：《多维度对冲与兼容性竞争："印太构想"下日本的对华战略剖析》，《日本学刊》2021 年第 2 期。

陈定辉：《老挝经济特区和经济专区简介》，《东南亚纵横》2013 年第 7 期。

陈庆鸿：《菲律宾对华对冲战略评析》，《当代亚太》2015 年第 6 期。

方芸：《革新开放以来老挝与越南特殊关系的新发展》，《东南亚纵横》2010 年第 1 期。

方芸：《从规避到合作：老挝和东盟关系的演进》，《东南亚研究》2008 年第 1 期。

傅聪聪：《东南亚国家对中美的外交政策趋于分化》，《国际政治科学》2018 年第 3 期。

葛红亮：《马来西亚与东盟的区域一体化发展》，《学术探索》2017 年第 11 期。

黄黎洪：《韩国对中美的对冲战略分析》，《当代世界》2013 年第 1 期。

胡德坤、彭班：《试析中国对老挝的经济援助》，《现代国际关系》2019 年第 7 期。

鞠海龙：《美国奥巴马政府南海政策研究》，《当代亚太》2011 年第 3 期。

孔志坚、徐志亮：《国际非政府组织在老挝的活动及其影响》，《南亚东南亚研究》2018 年第 4 期。

林恺铖：《菲律宾南海政策的转型》，《世界经济与政治论坛》2015 年第 3 期。

刘丰、陈志瑞：《东亚国家应对中国崛起的战略选择：一种新古典现实主义的解释》，《当代亚太》2015 年第 4 期。

刘江永：《论日本的"价值观外交"》，《日本学刊》2007年第6期。

刘若楠：《次地区安全秩序与小国的追随战略》，《世界经济与政治》2017年第11期。

刘琳：《美菲防务关系的演变与发展前景》，《当代美国评论》2017年第1期。

廖小健：《冷战后的马美关系与马来西亚的外交策略》，《外交评论》2006年第6期。

聂文娟：《美国盟国管控机制与菲律宾对华政策调整》，《国际政治科学》2018年第3期。

祁怀高：《中美在西太平洋的海权博弈及影响》，《武汉大学学报》（哲学社会科学版）2019年第3期。

任远喆：《杜特尔特时期美菲防务合作的调整及其局限》，《国际问题研究》2020年第1期。

阮宗泽：《美国"亚太再平衡"战略前景论析》，《世界经济与政治》2014年第4期。

沈红芳：《菲律宾拉莫斯政府的经济外交政策》，《南洋问题研究》1994年第3期。

宋清润：《杜特尔特执政后美菲同盟关系演变》，《和平与发展》2019年第4期。

素拉猜·西里盖：《1975年以后的老挝》，蔡文丛译，《东南亚研究资料》1986年第2期。

苏格：《2019年国际形势与中国外交："中流击水、浪遏飞舟"》，《当代世界》2020年第1期。

王逸舟：《国家利益再思考》，《中国社会科学》2002年第2期。

王文良：《新殖民主义的发端：二十世纪初美国对菲律宾的统治》，《美国研究》1993年第3期。

王璐瑶：《老挝人民革命党十大规划党和国家未来发展》，《当代世界》2016年第3期。

王栋：《国际关系中的对冲行为研究——以亚太国家为例》，《世界经济与政治》2018年第10期。

韦宗友：《澳大利亚的对华对冲战略》，《国际问题研究》2015年第4期。

温尧：《东南亚国家的对华对冲：一项理论探讨》，《当代亚太》2016年第

6期。

吴志成:《追踪国际政治发展新动向》,《中国社会科学报》2018年第1504期。

薛力:《杜特尔特对华政策是否可持续》,《世界知识》2017年第13期。

杨文静:《中美亚太"竞争性共处"模式探析》,《现代国际关系》2019年第3期。

杨洁勉:《当前国际形势的特点和展望——着眼于中国定位与应对的讨论》,《国际展望》2019年第1期。

张景全:《美菲同盟强化及其在美国亚太再平衡战略中的作用》,《南洋问题研究》2014年第1期。

张清敏:《国际政治心理学流派评析》,《国际政治科学》2008年第3期。

张清敏:《中国解决陆地边界经验对解决海洋边界的启示》,《外交评论》2013年第4期。

张传鹤:《老挝人民民主共和国的对外政策》,《东南亚》2006年第3期。

二　英文资料

（一）英文著作

Adomo, Frenkel B, *The Auttoritarian Personalities*, New York: Harper, 1950.

Agoncillo, Teodore A, *A Short History of Philippines*, Caloocan: the Philippines, 1975.

Art, Robert J, *America's Grand Strategy and World Politics*, New York: Routledge, 2009.

Benson, Bret V, *Constructing International Security: Alliances, Deterrence and Moral Hazard*, Cambridge: Cambridge University Press, 2012.

Brendan, Taylor, and Bateman, Sam, *The Four Flash Points: How Asia Goes to War*, Carlton: La Trobe University Press, 2018.

Chan, Steve, *Looking for Balance: China, the United States and Power Balancing in East Asia*, Palo Alto: Stanford University Press, 2012.

Ciorciari, John D, *The Limits of Alignment*, Washington: Georgetown University Press, 2010.

Cooper, Andrew, and Higgott, Richard A, *Relocating Middle Powers: Australia and Canada in a Changing World Order, Vancouver: Vancouver University Press, 1993.

George, Alexander L, and George, Juliette, *Woodrow Wilson and Colonel House a Personality Study.*, New York: Dover, 1964.

Goldstein, Judith and Keohane, Robert O., eds, *Ideas and Foreign Policy: Belielfs, Institutions, and Political Change*, Ithaca: Cornell University Press, 1993.

Hans, Morgenthau, *Politics among Nations: The Struggle for Power and Peace*, New York: Alfred A. Knopf, 1989.

Hicks, J. R, *Value and Capital: An Inquiry into Some Fundamental Principles of Economic Theory*, Oxford: Oxford University Press, 1946.

Iain, Johnston A, and Ross, Robert, *Engaging China: The management of an emerging power*, New York: Routledge, 1999.

Jervis, Robert, *Perception and Misperception in International Politics*, Princeton: Princeton University Press, 1976.

Johnson, Chalmers, *MITI and the Japanese Miracle: The Growth of Industrial Policy, 1925-1975*, Palo Alto: Stanford University Press, 1982.

Johnston, Alastair L, and Ross, Robert., eds, *Engaging China: The Management of an Emerging Power*, New York: Routledge, 1999.

Keohane, Robert, and Nye, Joseph S, *Power and Interdependence*, Upper Saddle River: Pearson Longman Classic, 2001.

Koziol, Joseph D, *Hedging: Principles, Practices and Strategies for the Financial Markets*, New York: John Wiley & Sons, 1990.

Lye, Colleen, *America's Asia: Racial Form and American Literature, 1893-1945*, Princeton: Princeton University Press, 2004.

Machiabelli, Niccolo, *The Prince*, New York: Washington Square Press, 1963.

Mann, Michael, *States War and Capitalism*, Oxford: Blackwell, 1988.

Mearsheimer, John, *The Tragedy of Great Power Politics*, New York: W. W. Norton, 2001.

Norris, Pippa, *Making Democratic Governance Work: How Regimes Shape Prosperity, Welfare, and Peace*, Cambridge: Cambridge University Press, 2012.

Nye, Josephs, *Bound to Lead*, New York: Basic Books, 1990.

Nye, Josephs, *The Paradox of American Power: Why the World's Only Superpower Can't Go it Alone*, New York: Oxford University Press, 2002.

Prayaga, M., *Renovation in Vietnam since 1988 a study in political, economic and social change*, Tirupati: Sri Venkateswara University, 2005.

Ripsman, Norrin M, Taliaferro, Jeffrey W, and Lobell, Steven E, *Neoclassical Realist Theory of International Politics*, Oxford: Oxford University Press, 2016.

Shambaugh, David, *China Goes Global: The Partial Power*. Oxford: Oxford University Press, 2012.

Stuart-Fox, Martin, *A History of Laos*, Cambridge: Cambridge University Press, 1997.

Stuart-Fox, Martin, *Buddhist Kingdom, Marxist State: The Making of Modern Laos*, Manila: White Lotus, 1996.

Stuart-Fox, Martin, *Laos: Politics, economics and society*, London: Pinter Pub Ltd, 1986.

Thomas, Hobbes, *Leviathan*, New York: W. W. Norton, 1997.

Thucydides, *The Peloponnesian War*, New York: New American Library, 1951.

Waltz, Kenneth, *Theory of International Politics*, Boston: Addison-Wesley Publishing, 1979.

Weber, Max, *The Theory of Social and Economic Organization*, New York: The Free Press, 1947.

Wendt, Alexander, *Social Theory of International Politics*, Cambridge: Cambridge University Press, 1999.

Willner, Ann R, *The Spellbinders*, New Haven: Yale University Press, 1984.

Zaide, Gregorio F, *The Pageant of Philippine History*, Manila: Philippines education, 1979.

（二）英文论文

Austin, Greg, "Unwanted Entanglement: The Philippines' Spratly Policy as a Case Study in Conflict Enhancement", *Security Dialogue*, Vol. 34, No. 1, 2003.

Carafano, James J, Coffey, Luke, Gardiner, Niel, Lohman, Walter, Miller, Terry, and Spoehr, Thomas W, "Preparing the U. S. National Security Strategy for 2020 and Beyond", *The Heritage Foundation*, No. 214, 2019.

Castro, De, and Source, Renato C, "Philippine Defense Policy in the 21st Century: Autonomous Defense or Back to the Alliance", *Pacific Affairs*, Vol. 78, No. 3, 2005.

Chen, Ian Tsung-Yen, and Yang, Alan Hao, "A Harmonized Southeast Asia? Explanatory Typologies of ASEAN Countries Strategies to the Rise of China", *The Pacific Review*, Vol. 26, No. 3, 2013.

Christensen, Thomas J, "Posing Problems without Catching Up: China's Rise and Challenge for US. Security Peace", *International Security*, Vol. 25, No. 4, 2001.

Christopher Hughes, "Japan's Emerging Arms Transfer Strategy: Diversifying to Re-centre on the US-Japan Alliance", *The Pacific Review*, Vol. 31, No. 4, 2018.

Chung, Chien-peng, "Southeast Asia-China Relations: Dialectics of 'Hedging' and 'Counter-Hedging'", *Southeast Asian Affairs*, ISEAS-Yusof Ishak Institute, 2004.

Chung, Chien-peng, "Creeping Assertiveness: China, the Philippines and the South China Sea Dispute", *Contemporary Southeast Asia*, Vol. 21, No. 1, 1999.

Cootner, P H, "Speculation and Hedging", *Food Research Institute Studies*, No. 7, 1967.

Corey Wallance, "Japan's strategic pivot south: diversifying the dual hedge", *International Relations of the Asia-Pacific*, Vol. 13, No. 3, 2013.

De Castro, Renato Cruz, "The Philippines in 2011, Muddling through a Year of Learning and Adjustment", *Asian Survey*, Vol. 52, No. 1, 2012.

Deng, Yong, "Hegemon on the Offensive: Chinese Perspectives on U. S. Global Strategy", *Political Science Quarterly*, Vol. 116, No. 3, 2001.

Foot, Rosemary, "Chinese Strategies in a US-hegemonic Global Order: Accommodating and Hedging", *International Affairs*, Vol. 82, No. 1, 2006.

Friedberg, Aron L, "Ripe for Rivalry: Prospects for Peace in a Mutipolar Asia", *International Security*, Vol. 18, No. 3, 1993.

Friedberg, Aron L, "Malaysia Between the United States and China: What do Weaker States Hedge Against", *Asian Politics & Policy*, Vol. 8, No. 1, 2016.

Gary, R W, "The Search for a Risk Premium", *Journal of Political Economy*, Vol. 69, No. 3, 1961.

Geeraerts, Gustaaf, and Salman, Mohammad, "Measuring Strategic Hedging Capability of Second-Tier States Under Unipolarity", *Chinese Political Science Review*, Vol. 1, No. 1, 2016.

Goh, Evelyn, "Southeast Asian perspectives on the China challenge", *Journal of Strategic Studies*, Vol. 30, No. 4, 2007.

Gries, Peter Hayes, "China Eyes the Hegemon", *Orbis*, Vol. 49, No. 3, 2005.

Han, Sukhee, "From Engagement to Hedging: South Korea's New China Policy", *Korean Journal of Defense Analysis*, Vol. 20, No. 4, 2008.

Heydarian, Richard Javad, "Tragedy of small power politics: Duterte and the shifting sands of Philippine foreign policy", *Asian Security*, Vol. 13, No. 3, 2017.

Heydarian, Richard Javad, "Evolving Philippines-U. S. -China Strategic Triangle: International and Domestic Drivers", *Asian Politics & Policy*, Vol. 9, No. 4, 2017.

Hiep, Le Hong, "Vietnam's Hedging Strategy against China since Normalization", *Contemporary Southeast Asia*, Vol. 35, No. 3, 2013.

Jeffrey W. Hornung, "Japan's Growing Hard Hedge Against China", *Asian Security*, Vol. 10, No. 2, 2014.

Jervis, Robert, "Realism in the Study of World Politics", *International Organization*, Vol. 52, No. 4, 1998.

John, Herz, "Idealist Internationalism and the Security Dilemma", *World Politics*, Vol. 12, No. 2, 1950.

Kei Koga, "The Concept of 'Hedging' Revisited: The Case of Japan's Foreign Policy Strategy in East Asia's Power Shift", *International Studies Review*, Vol. 20, No. 4, 2018.

Lampton, David M., "Paradigm Lost: The Demise of Weak China", *National Interest*, Vol. 81, 2015.

Lee, Jiyun, "Hedging Strategies of the Middle Powers in East Asian Security: the Cases of South Korea and Malaysia", *East Asia*, Vol. 34, No. 1, 2017.

Lee, S. H., "The Hedging Strategy of Great and Middle Powers in the East Asian Security Order", *Korea and World Politics*, Vol. 28, No. 3, 2012.

Ll. López Vidal and Àngels Pelegrín, "Hedging Against China: Japanese Strategy Towards A Rising Power", *Asian Security*, Vol. 14, No. 2, 2018.

Lim, Darren J, and Mukherjee, Rohan, "Hedging in South Asia: balancing economic and security interests amid Sino-Indian competition", *International Relations of Asia-Pacific*, Vol. 10, 2019.

Manning, Robert, and Przystup, James, "Asia's Transition Diplomacy: Hedging Against Future Shock", *Survival*, Vol. 41, No. 3, 1999.

Mearsheimer, John, "The Gathering Storm: China's Challenge to US Power in Asia", *Chinese Journal of International Politics*, Vol. 3, No. 4, 2010.

Medeiros, Evan S., "Strategic Hedging and the Future of Asia-pacific Stability", *The Washington Quarterly*, Vol. 29, No. 1, 2005.

Michael J. Green and Benjamin L. Self, "Japan's changing China policy: From commercial liberalism to reluctant realism", *Survival*, Vol. 38, No. 2, 1996.

Korolev, Alexander, "Shrinking room for hedging: system-unit dynamics and behavior of smaller powers", *International Relations of the Asia-Pacific*, Vol. 19, No. 3, 2019.

Kuik, Cheng-Chwee, "How Do Weaker States Hedge? Unpacking ASEAN States' Alignment Behavior Towards China", *Journal of Contemporary China*, Vol. 25, No. 100, 2016.

Quintos, Mary Fides A., "The Philippines: Hedging in a Post-Arbitration South China Sea?" *Asian Politics & Policy*, Vol. 10, No. 2, 2018.

Pape, Robert A., "Soft Balancing Against the United States", *International Security*, Vol. 30, No. 1, 2005.

Pempel, T. J., "Soft Balancing, Hedging, and Institutional Darwinism", *Journal of East Asian Studies*, Vol. 10, No. 2, 2010.

Richard J. Samuels, "Japan's Goldilocks Strategy", *The Washington Quarterly*, Vol. 29, No. 4, 2006.

Roy, Denny, "Southeast Asia and China: Balancing or Bandwagoning?" Contemporary Southeast, Vol. 27, No. 2, 2005.

Salman, Mohammad, "Strategic Hedging and Unipolarity's Demise: The Case of China's Strategic Hedging", *Asian Politics & Policy*, Vol. 9, No. 3, 2017.

Salman, Mohammad, Pieper, Moritz, and Geeraerts, Gustaaf, "Hedging in the Middle East and China-U. S. Competition", *Asian Politics & Policy*, Vol. 7, No. 4, 2015.

Scobell, Andrew, and Harold, Scott W., "An 'Assertive' China? Insights from Interviews", *Asian Security*, Vol. 9, No. 2, 2013.

Shogo Suzuki, "The Rise of the Chinese 'Other' in Japan's Construction of Identity: Is China a Focal Point of Japanese Nationalism?", *The Pacific Review*, Vol. 28, No. 1, 2015.

Smith, C. W, and Stultz, R. M., "The Determinants of Firms' Hedging Policies", *Journal of Financial Quantitative Analysis*, Vol. 20, No. 4, 1985.

Tasman, Brock, "System Structure and State Strategy: Adding Hedging to The Menu", *Security Studies*, Vol. 21, No. 2, 2012.

Tessman, Brock, and Wolfe, Wojtek, "Great Powers and Strategic Hedging: the Case of Chinese Energy Security Strategy", *International Studies Review*, Vol. 13, No. 2, 2011.

Van, Jackson, "Power, trust and network complexity: Three logics of hedging in Asian security", *International Relations of the Asia-Pacific*, Vol. 14, No. 3, 2014.

Vennet, Nikolas Vander, and Salman, Mohammad, "Strategic Hedging and Changes in Geopolitical Capabilities for Second-Tier States", *Chinese Political Science Review*, Vol. 4, No. 1, 2019.

Weitz, Richard, "Meeting the China Challenge: Some Insights from Scenario-based Planning", *The Journal of Strategic Studies*, Vol. 24, No. 3, 2001.

Working, Holbrook, "Futures Trading and Hedging", *American Economics Review*, Vol. 43, No. 1, 1953.

Yang, Fuchang, "China-Arab Relations in the 60 Years' Evolution", *Journal of Middle Eastern and Islamic Studies*, Vol. 4, No. 1, 2010.

索 引

A

安全承诺可信度 16
安全依赖 67，89，93，109，111，113，134

B

百年未有之大变局 7，9，75
包容性竞争 26，64，69，77，114，123，127，133，150，188，200，201

C

脆弱性 18，27，40，48—50，106，161，179，188

D

低强度的制衡 20
地缘政治 4，8，17，23，32，34，40—42，60，65，69，78，83，85—87，95，100，102，107，112，114，115，118，119，121—127，133，144—146，150，152，160，164，170，175，176，179，180，183，184，188—191，193，200—202
东盟 2，4—9，13，18，20，26—28，30—34，39，41，42，45，48，51，52，55—58，60—73，75—83，85，88，91—93，102，104，108，117，118，121，124—127，129—132，135—137，141，142，147—152，157，159—161，163，168，169，172，174，177—183，186—189，191—194，196，199—205
东盟方式 66，69，70
对冲形态和强度 26，30，63，200—202
对冲战略 3—15，17—20，26—28，30，31，33，34，36—43，46，47，54，56—58，60，61，63—69，71，72，76—78，80—83，85，86，91，92，97，102，106，121，122，124，127，128，133，134，145—147，149—151，163，172，174，175，177—180，182—191，193，196—205
对抗性竞争 1，77，114，123，127，133，150，187—189，200

E

遏制 1，8，12，14，40，58，60，65，69，78，87，90，91，107，112，115，124，125，146，158，184，187，189，204

F

反对冲 13，41，42，172，194，203，

204

非对称性权力关系 168，187，188

风险转变 41

G

规避风险 4，14，43，47

国际格局 2，4，5，18，30，53，84，99，164，183

国际局势 2，4，7，9，23，28，34，39，56，64，86，113，117，120，128，152，153，164，170，195

国际社会话语权 18

国家规模 48—50

国家能力 6，21—27，29，31，32，53—58，60—65，72，77，80，83，85—87，92，98，119，121，122，128，130，133—135，145，146，151，157，164，193，198，200—202

国家—社会关系 21，22，54

国家战略 4—6，9，19，21，25，26，28，30—32，42，60，61，63，65，66，76—81，83—89，92—94，97—101，106，109，111—114，116，119，121—123，128，131，133，134，136，145，146，149—151，153，155—160，163，164，167，170，174—176，179，180，184，186，187，191，193—196，201，202，204

H

后冷战时代 4，26，32，72，76，83，200—202

J

建构主义 16，49，73，74，76

结构现实主义 9，24

结构压力 6，23—27，29，31，32，44，50，52，53，56—58，60，61，63—66，72，77，78，80，83—89，92，98，114，117，119，121，122，125，127，128，133—135，139，145—147，150—152，157，164，193，194，198，200—202

经济实用主义 13，18，39，93，97，140

竞合态势 2，7，8，60，125，127，133，199

均势思维 30

L

冷战 1—9，12，15，18，28，30—34，37，39，42，46，48，51，52，55—58，60—67，70—72，77—79，81，84—89，92—94，97—101，103—106，113，119，121—123，125，127—136，139，140，142，145，147，150—153，156，157，159，160，163，164，166—170，172，177，178，182，184，186—190，192—194，196，200—203

领导人认知 84，156，175

Q

潜在威胁 16，40，155

权力真空 16，67，71，155

T

体系 1—3，8—11，13—19，21—24，26，27，29，30，36，38，40，41，44，46—48，51—55，57—60，63—65，67，73，80，81，83，84，86，95，107，

115，118，121，122，124，126，128，132，147，151，157，165，166，187，188，198，199，201，203，204

W

位势竞争　51
稳定对冲　6，27，31，32，57，65，78，83，84，121，122，133，134，193，198，199，201，202

X

相对权力　29，51—53，58，83，85，121，188，198
小国大道　66，204
新古典现实主义　5，6，9，20—22，24，28，29，31，34，38，53，57，58，63，80，85，97，113，121，122，149，152，153，164，175，186，188，198，200—203，205

Y

亚太再平衡　2，4，51，58，60，64，65，83，87，89，91，107，109，115，123，124，127，128，145，152，158，176，187
意识形态　1，6，8，16，18，31，81，83，131，177，191，194，202

Z

战略观念　34
战略文化　11，12，19，21，22，25，26，29，33，54—56，61，83，84，121，128，146，176，178，180，183，185，198，201
战略演变　28，30，31，66，199，202
战略意外　3，30
政治体制　81—83，116，165，202
制衡　2—7，9—11，14，15，18—20，28，30，34，36—39，42—44，46，55，61，64，69，70，77，78，83，85，87，89，101，125，128，187，194
中立　6，36，47，48，66，67，69，70，72，75，82，128，131，133，150，151，154，165，179，191，200
追随　2—7，9—11，13—16，18—20，26—28，30—34，36，37，39，42—44，46，55，57，61，63—65，67—70，72，75，77—81，83—87，89，91—94，97—99，101，106—108，113—115，117，119，120，128，152—157，159，162—167，170，171，177，184，185，187，189，196，199，201，202

后　记

　　写作本书之前，令我困惑的问题是，当两个大国或大国集团进行竞争时，众多的中小国家如何选择？都是选边站队加入某一行列中呢，还是也有那么一些国家"在夹缝中生存"？在阅读文献的过程中，发现"对冲战略"早已进入国际政治的研究领域，而自冷战结束后，相当一部分东盟国家在中美之间对冲，其对冲的原因、形态、强度有何异同也就成为了我关注的对象。本书在新古典现实主义国际关系的基础上尝试建立新的分析模型，同时尽可能系统而深入地研究对冲战略，并结合当前的亚太地区局势，从横纵两个维度对东盟国家进行类型化分析。本书选取菲律宾、马来西亚和老挝这三个典型国家作为实证研究的对象，既从纵向对三个国家的国家战略进行了严密的剖析，又横向比较了三国的对冲战略演变异同，同时在对单个国家进行纵向分析的过程中，还插入了国家内的横向研究。这一研究过程，对于人们重新认识东盟国家战略和国际政治现状提供了某种意义上的新路径。

　　本书的大部分内容是在山东曹县的一个宁静、漂亮的小院里完成的。当时我刚从欧洲联培结束回国，就在那里开始了紧张而有序的写作。走出小院，穿过一条短街就到了热闹的城中心，但很妙的是，只要进了小院，整个世界都静了下来。每天吃过晚饭都会绕城散步，有时散步到晚上十点多，仍看到很多人在吃夜宵。人间烟火气，最抚凡人心。想起那段日子，至今仍很心动。

第十一批《中国社会科学博士后文库》专家推荐表 1

《中国社会科学博士后文库》由中国社会科学院与全国博士后管理委员会共同设立，旨在集中推出选题立意高、成果质量高、真正反映当前我国哲学社会科学领域博士后研究最高学术水准的创新成果，充分发挥哲学社会科学优秀博士后科研成果和优秀博士后人才的引领示范作用，让《文库》著作真正成为时代的符号、学术的示范。

推荐专家姓名	王灵桂	电话	
专业技术职务	研究员	研究专长	"一带一路"、民主政治
工作单位	国务院港澳事务办公室	行政职务	副主任
推荐成果名称	《后冷战时代东盟国家的对冲战略研究：以菲律宾、马来西亚和老挝为例》		
成果作者姓名	杨美姣		

（对书稿的学术创新、理论价值、现实意义、政治理论倾向及是否具有出版价值等方面做出全面评价，并指出其不足之处）

该书稿研究了冷战结束后东盟国家的对冲战略倾向并选取菲、马、老三国作为案例，得出一系列相关结论。该书稿具有较强的学术意义和现实价值，丰富了国内外学者对对冲战略尤其是东盟国家对冲战略的研究，有助于我国在百年未有之大变局的特殊背景下理解东盟的战略选择倾向。书稿文献较为丰富可靠，对对冲理论的把握较为全面准确。其创新之处在于：1. 梳理了东盟国家在后冷战时代的战略演变。2. 在新古典现实主义的分析框架基础上建构了东盟对冲战略的分析框架。3. 该书稿融合了国际关系、区域国别和国际战略研究。同时，该书稿对于后冷战时代东盟国家战略调整的描述还可进一步丰富。

该书稿具有较高的出版价值，能进一步丰富国际政治理论的发展。

推荐出版该书稿。

签字：（签名）

2022 年 3 月 24 日

说明：说明：该推荐表须由具有正高级专业技术职务的同行专家填写，并由推荐人亲自签字，一旦推荐，须承担个人信誉责任。如推荐书稿入选《文库》，推荐专家姓名及推荐意见将印入著作。

第十一批《中国社会科学博士后文库》专家推荐表 2

《中国社会科学博士后文库》由中国社会科学院与全国博士后管理委员会共同设立，旨在集中推出选题立意高、成果质量高、真正反映当前我国哲学社会科学领域博士后研究最高学术水准的创新成果，充分发挥哲学社会科学优秀博士后科研成果和优秀博士后人才的引领示范作用，让《文库》著作真正成为时代的符号、学术的示范。

推荐专家姓名	梁云祥	电话	
专业技术职务	教授	研究专长	亚太国际关系
工作单位	北京大学国际关系学院	行政职务	无
推荐成果名称	《后冷战时代东盟国家的对冲战略研究：以菲律宾、马来西亚和老挝为例》		
成果作者姓名	杨美姣		

（对书稿的学术创新、理论价值、现实意义、政治理论倾向及是否具有出版价值等方面做出全面评价，并指出其不足之处）

　　本书以东盟三国为例，重点分析、比较了冷战后三国对冲战略的实施，尝试建立新的理论分析模型，探讨其中存在的体系、国家和个人三方面因素，并理清影响国家战略选择的主要变量。本书选题具有较为重要的现实意义，对相关理论分析框架的诠释也有较强的理论价值。本书引用了较为丰富的中外文献资料，所用材料及数据相对真实可靠，有较强说服力。本书主题明确，思路清楚，逻辑性较好。书稿可就作为整体的东盟部分做进一步阐述和扩展研究。

　　本书具有较高的出版价值，对于国际关系领域的学术发展具有重要意义。

　　推荐出版。

签字：梁云祥

2022 年 3 月 24 日

说明：说明：该推荐表须由具有正高级专业技术职务的同行专家填写，并由推荐人亲自签字，一旦推荐，须承担个人信誉责任。如推荐书稿入选《文库》，推荐专家姓名及推荐意见将印入著作。